# MÉLANGES
# PHILOSOPHIQUES

## OUVRAGES DU MÊME AUTEUR

### PUBLIÉS DANS LA BIBLIOTHÈQUE VARIÉE PAR LA LIBRAIRIE HACHETTE ET C⁽ᵉ⁾

---

**Nouveaux mélanges philosophiques.** 4ᵉ édition. Un vol.

**Cours de droit naturel.** 5ᵉ édition. Deux vol.

**Cours d'esthétique.** 4ᵉ édition. Un vol.

Chaque volume, format in-16, broché. 3 fr. 50

# MÉLANGES

# PHILOSOPHIQUES

## PAR TH. JOUFFROY

SEPTIÈME ÉDITION

PARIS
LIBRAIRIE HACHETTE ET C<sup>ie</sup>
79, BOULEVARD SAINT-GERMAIN, 79

1901

*Droits de traduction et de reproduction réservés.*

Je cède au désir de quelques amis de la philosophie en réunissant dans ce volume et en donnant au public une partie des morceaux que j'ai écrits sur les diverses branches de cette science durant ces six dernières années, et qui se trouvaient épars dans différents recueils.

Je ne sais quel sort attend ces essais, ni quelle figure ils pourront faire, ainsi ressuscités et rapprochés. Je crains que des idées qui eurent leur nouveauté ne paraissent vieillies, et j'ai peur que des morceaux, qui devaient être ce qu'ils sont, publiés isolément, n'offrent, ainsi réunis, plus d'une répétition et quelque uniformité

Bien qu'un grand nombre de ces morceaux aient été composés pour un journal que je rédigeais avec mes amis, et que le pays n'a peut-être pas oublié, on s'apercevra en les lisant qu'ils portent tous sur des questions générales et d'un intérêt durable. Je me suis fait une loi de ne reproduire dans ce volume que des articles de cette espèce. C'est déjà une assez grande licence de présenter une seconde fois au public ce qui lui a été soumis une première, sans y joindre celle de lui offrir des choses qui, se rattachant à des circonstances ou à des ouvrages oubliés, ne peuvent plus avoir pour lui aucun intérêt.

J'aurais pu multiplier beaucoup les morceaux inédits qui se trouvent dans ce volume, mais je ne l'ai pas voulu. La présence de ces morceaux aurait altéré le caractère de cette publication, qui a pour objet de rendre à ceux qui les ont goûtés dans le temps quelques essais qui, par la nature éternellement intéressante de leurs objets, méritent peut-être encore d'être lus aujourd'hui, et valaient la peine d'être conservés. Aussi, les seuls fragments non publiés que je me sois permis d'introduire dans ce volume ont été écrits dans le même temps et sous la même inspiration que les autres, et n'ont échappé à la même destination que par des circonstances tout à fait accidentelles.

Je m'étais d'abord proposé d'étendre ce recueil à deux volumes; mais j'ai pensé que je devais au public de le consulter avant de lui prodiguer ainsi des choses dont peut-être il ne se soucie guère. J'attendrai donc son arrêt sur ces premiers essais avant d'aller plus avant. S'il arrivait qu'il y prît quelque plaisir et qu'il y trouvât quelque instruction, je me hasarderais à lui en offrir un second recueil. Dans le cas contraire, je me féliciterais de ma réserve, et le volume que je lui aurais épargné vaudrait peut-être à celui que je lui donne un peu plus d'indulgence.

J'avais distribué les morceaux que je comptais publier sous neuf points principaux : la philosophie de l'histoire, l'histoire de la philosophie, la psychologie, la morale, la logique, la religion naturelle, l'esthétique, la critique littéraire, et l'histoire proprement dite. On ne trouvera dans ce volume que ceux qui se rattachent aux quatre premiers; et encore n'ai-je pu y faire entrer cinq à six leçons de mon cours de morale qui font suite à celle qui le termine. On s'apercevra que la plupart de ces morceaux sont moins des chapitres détachés des sciences auxquelles ils se rapportent que des considérations générales sur l'objet et la méthode de ces sciences. Ils doivent ce caractère à deux circonstances : la première, qu'ils ont été écrits pour des recueils qui n'admettaient guère que des généralités; le seconde, qu'ils portent sur des sciences qui ne sont point organisées ou qui le sont mal, et qui inspirent bien moins le besoin de les poursuivre que celui de les constituer ou de les réformer. Toutefois, on trouvera quelques morceaux qui font exception, et qui pourront donner une idée de l'application des vues développées dans les autres. Je désire qu'ils ne paraissent pas trop démentir les méthodes indiquées et les convictions exprimées dans ces derniers.

Voilà tout ce que j'avais à dire sur ces essais, que j'abandonne maintenant au jugement du public. Dans une vie consacrée à la science, on se souvient toujours avec émotion des premières perspectives qu'on a rencontrées, et l'on conserve longtemps de la prédilection pour les pages où l'on exprima ses premières vues. Si ce sentiment a contribué à me faire illusion sur la valeur des fragments qu'on va lire, peut-être est-il de nature aussi à rendre cette illusion plus excusable.

Paris, ce 15 mai 1833 [1].

---

[1]. Cette préface est celle que M. Jouffroy avait placée en tête des deux premières éditions des *Mélanges philosophiques*. On la reproduit ici, comme on l'a déjà fait dans la troisième édition, publiée en 1860, et dans la quatrième, publiée en 1866.

# PHILOSOPHIE
# DE L'HISTOIRE

---

## I

### COMMENT LES DOGMES FINISSENT

### (1823)[1]

Quand un dogme touche à la fin de son règne, on voit naitre d'abord une indifférence profonde pour la foi reçue. Cette indifférence n'est point le doute : on continue de croire; pas même une disposition à douter : on ne s'est point encore avisé que le doute fût possible; mais c'est le propre d'une croyance qui n'a plus de vie et qui ne subsiste que par la coutume. Dans les temps éloignés où le dogme prit naissance, on l'adopta, parce qu'il parut vrai; on croyait alors. et on savait pourquoi : la foi était vivante. Mais les enfants des premiers convertis commencèrent à admettre le dogme sans vérifier ses

---

1. *Globe*, 24 mai 1825; tome II, page 563.

titres, c'est-à-dire à croire sans comprendre; dès lors, la foi changea de base, et, au lieu de reposer sur la conviction, s'assit sur l'autorité et tourna en habitude. Transmis ainsi de génération en génération sous des mots consacrés, et toujours moins compris à mesure qu'il s'éloigne davantage de sa source, le moment vient où le dogme ne gouverne plus qu'en apparence, parce que tout sentiment de sa vérité est éteint dans les esprits. La foi n'est plus qu'une routine indifférente, qu'on observe sans savoir pourquoi, et qui ne subsiste que parce qu'on n'y fait pas attention.

Alors s'élève l'esprit d'examen. Étonnés de leur docile attachement à des formules qu'ils ne comprennent point, entourés d'un peuple qui partage leur ignorance et leur crédulité, quelques hommes se demandent si l'on doit croire sans motif, et, trouvant au fond de leur conscience une invincible répugnance à une foi aveugle, commencent à regarder de près à la vérité du dogme qui règne sans se donner la peine de justifier de ses droits.

Ce n'est point là un acte d'hostilité, mais de bon sens. Ceux en qui s'est développé cet esprit de recherche y cèdent comme à un besoin raisonnable. Ils ne songent ni à détruire le dogme, ni à changer les idées du peuple; ils ne songent qu'à trouver dans la doctrine consacrée quelque chose de vrai, qui légitime leur foi passée, réponde à leur bonne volonté présente, et fonde pour l'avenir leur attachement à ses maximes sur une conviction éclairée.

Mais le dogme ne leur offre point ce qu'ils cherchent, car il s'est corrompu en traversant tant de siècles. Établi par la vérité qui était en lui, cette vérité est restée pure tant que la lutte engagée pour lui donner le pouvoir a subsisté; mais après, la ferveur est tombée, et le triomphe a produit l'apathie; la paresse humaine l'a enveloppé de formules dont la mémoire s'est chargée, et qui ont dispensé l'intelligence de comprendre; l'oubli du sens a permis la corruption des formes; l'ignorance et l'intérêt, après les avoir dénaturées, les ont interprétées : en sorte qu'aujourd'hui cette doctrine, jadis pleine de vérité et de vie, ne présente plus à la bonne foi du scepticisme naissant qu'un assemblage informe de vieux symboles mutilés à travers lesquels le sens primitif ne perce plus, et de maximes despotiques ou superstitieuses ajoutées par l'ambition du pouvoir ou l'abrutissement du peuple.

Mille erreurs, mille absurdités palpables, des mensonges intéressés et d'odieuses pratiques, frappent donc les yeux des premiers qui examinent; et, comme ils sont d'une nature morale et raisonnable, ils cessent de croire ce qui est faux, ils cessent de respecter ce qui est méprisable. Dès lors, une foi nouvelle s'élève dans leur esprit sur les débris de l'ancienne. Cette foi n'a rien de positif, elle n'est que la négation de la foi reçue, la croyance que cette foi n'est pas fondée; mais cette conviction est vive, parce qu'elle est inattendue; elle est vive, parce qu'elle est le réveil de l'intelligence humaine après des siècles d'engourdissement, et que la vérité, toujours belle par elle-même, passionne ceux qui la sentent pour la première fois; elle est vive enfin, parce qu'on sent qu'elle renferme une révolution.

Aussi, dans l'émotion d'une découverte si imprévue, les premiers sceptiques ne peuvent retenir le cri qui la signale au monde. Il ne leur appartient pas d'avoir cette prudence ou cette hypocrisie qui enfouit la vérité; elle s'apprend dans l'orage des révolutions, quand on a connu la puissance d'une idée, et que les échafauds ont enseigné les dangers de la franchise; elle n'est point de leur époque, parce qu'avant l'expérience la nature va son chemin. Sans prévoyance, sans intention, sans calcul, ce qu'ils ont trouvé ils l'annoncent; ils osent dire que le dogme régnant est faux, et, remettant en circulation des mots qui n'avaient pas été employés depuis des siècles, ils attestent le bon sens et la raison. Dès lors, toute la société est ébranlée, et une lutte terrible s'engage.

Éveillé par la voix de ces prophètes nouveaux, le peuple endormi dans l'indifférence prête l'oreille, et s'aperçoit qu'il ne croyait pas, ou du moins qu'il croyait sans savoir pourquoi; le doute s'élève en lui, car il ne peut se refuser au bon sens; mais ce doute ne se précise pas d'abord dans son esprit, et n'y pénètre que lentement et à son insu. Tandis que sa raison le détache du dogme, et que l'amour de la nouveauté l'attire au scepticisme, quelque chose de plus fort le retient, l'habitude et la vénération pour le passé. Loin d'incliner au changement, il y résiste, et c'est malgré lui qu'il est saisi par le scepticisme; et, pendant que cette lutte intérieure se passe, il reste immobile, comme si des idées ne suffisaient pas pour rompre son indifférence au mouvement et au repos, et semble attendre que les intérêts viennent passionner les doctrines, pour comprendre ce dont il s'agit et se déclarer pour un parti.

Il n'en est pas de même des hommes qui gouvernent au nom de la loi ancienne, et qui en vivent. Ces hommes qui, dans la paix d'une longue domination, ont oublié les travaux qui la fondèrent et perdu de vue la possibilité d'un changement, sortent à leur tour de l'assoupissement commun, menacés, mais surpris et désarmés, car la sécurité les a amollis. Ils ont aussi perdu le sens de leurs dogmes; ils ne savent plus pourquoi ni comment ils sont vrais. Ces formules si commodes à leur paresse, si dociles et si souples à leur ambition, à présent que la raison les interroge, mutilées par eux, privées de sens, réduites à de vains mots, les trahissent au jour du danger, et restent muettes entre leurs mains. A la vérité qui les presse, ils ne savent opposer que l'usage, l'autorité, la foi; ou plutôt ils ne songent plus à répondre, et dédaignent toute raison. Maîtres de la puissance matérielle qu'ils regardent comme leur propriété, fiers de leur vieille suprématie qu'ils pensent inébranlable, ils méprisent leurs adversaires, et sont plus irrités de leur audace qu'effrayés de leur pouvoir. Ils n'admettent point la discussion avec eux; ils les tuent. Ils n'éclairent pas le peuple sur la vérité de leurs dogmes, ils menacent de mort quiconque les abandonnera. Telle est la première lutte : l'esprit d'examen d'un côté, l'autorité de l'autre; la philosophie ou l'appel à la raison chez les uns, chez les autres l'appel à l'usage; d'une part une force toute morale, de l'autre une force toute matérielle.

Mais le sang des premiers martyrs commence à intéresser le peuple à la querelle. Un sentiment de justice lui fait paraître indigne qu'on assassine des hommes pour avoir dit ce qui lui paraît vrai et de bon sens. Il en vient à les plaindre et à haïr leurs persécuteurs. La puissance de l'opinion publique s'élève; la vérité conduit à l'indignation; bientôt l'indignation contre les bourreaux attache aux doctrines des persécutés, seconde leur vérité et la fait admettre. La réalisation de ces doctrines devient un besoin pour un grand nombre; la force se partage, et non-seulement le vieux dogme est ébranlé dans l'opinion, il commence à être menacé dans son existence matérielle.

Ce changement n'échappe pas à ses partisans. Ils commencent à revenir de leur fière confiance, et n'osent plus, devant cette force redoutable, multiplier les bûchers et les échafauds; ils sont obligés de parler raison et de plaider leur cause devant le tribunal de l'opinion, qu'ils avaient d'abord décliné. C'est l'époque de la lutte rationnelle des deux doctrines. Mais, dans cette lutte, l'un des adversaires a sur l'autre un immense avantage, celui ne n'avoir rien à défendre; celui-ci un grand désavantage, la nécessité de soutenir toutes les parties d'un mélange où le faux s'est introduit et tient tellement au vrai, qu'on ne saurait céder l'un sans abandonner l'autre; sans compter que les partisans du dogme vieilli ne le comprennent plus, ou ne peuvent accorder sa primitive interprétation, qui était vraie, avec la nouvelle dont il s'agit, et qui ne l'est pas. D'un côté donc, on parle le langage du bon sens compris de tout le monde; de l'autre, on est forcé de s'enfoncer dans une mer d'érudition d'où l'on ne saurait faire sortir rien de palpable, rien de concluant aux yeux du peuple. On le sent, et la faiblesse irritée s'emporte, se passionne; le sophisme et l'injure remplacent le raisonnement. C'est ainsi qu'on se décrédite et qu'on perd sa cause. Après avoir été condamné comme répondant aux raisonnements par la force, le vieux dogme est condamné comme n'opposant aux bons raisonnements que des subtilités et des passions. Le peuple passe contre lui de l'indignation au mépris; on le haïssait, il devient ridicule.

Alors commence l'époque des plaisanteries. Le bon sens triomphant devient moqueur et léger; il achève par le ridicule une victoire commencée par de sérieuses raisons.

Mais la rage de ses adversaires s'en accroît. Tous les intérêts sont convoqués; on leur montre l'incrédulité comme une ennemie qui les menace : si les croyances dont le pouvoir vit et par lesquelles il règne sont détruites, le pouvoir tombera avec elles, et avec le pouvoir les hommes qui l'occupent; la puissance passera aux doctrines nouvelles; elle sera exercée par leurs partisans; en un mot, la révolution des idées entraînera une révolution complète dans les intérêts; tout ce qui est se trouve menacé par ce qui veut être. De là une ligue puissante qui se compose de tous ceux qui tirent quelque parti des vieilles croyances et de tous ceux à qui on persuade que leur renversement changera tout et blessera leurs intérêts. Dans cette ligue, dont la peur est l'âme, il ne s'agit plus de foi ni de croyance; il n'y a plus rien de moral : l'intérêt seul en serre les nœuds, et cependant on couvre ce vil mobile des beaux noms de morale, de religion, d'ordre, de légitimité; on le pare de tout ce que les vieux temps ont de saint et de respectable. L'hypocrisie, l'habileté, les débris réunis d'une puissance ébranlée, mais non pas abattue, la nécessité de vaincre ou de périr, l'indifférence sur les moyens, qui naît de l'immoralité du motif, tout donne à cette nouvelle ligue une force extrême, une force d'autant plus dangereuse, que ses adversaires, accoutumés à la victoire, tiennent leur ennemi pour battu, et le méprisent plus qu'ils ne l'ont jamais redouté.

Une autre cause de revers s'ajoute à cette imprévoyance et à la force réelle du camp opposé. D'abord on a détruit; c'était le premier besoin. Après avoir détruit, on s'est moqué; c'est le propre des vainqueurs. Mais jusque-là on n'a pas songé à établir, et pourtant il faut du positif au peuple et à la raison. Dans la ruine d'un dogme usé, la négation sérieuse tient d'abord lieu de foi : c'est croire quelque chose que de croire qu'une doctrine que l'on suivait est fausse; on y met d'abord une ardeur, un zèle qui remplissent l'âme. Mais quand la chose est bien démontrée, que l'ennemi est abattu, qu'on n'a plus à faire que rire de son absurdité, le zèle tombe faute d'opposition, et l'on se trouve à vide, détaché d'une croyance et ne tenant plus à aucune, dans une parfaite indépendance d'esprit qui flatte, et à laquelle on se plaît quelque temps, mais qui ne tarde pas à fatiguer une nature dont la faiblesse ne supporte pas le doute.

Dans toute révolution d'idées, le scepticisme trouve sa place; il vient pour détruire, et survit à sa victime; mais il ne peut tenir longtemps. Nous avons besoin de croire, parce que nous savons qu'il y a de la vérité. Le doute est un état qui ne peut nous plaire que comme l'absence d'une fausse croyance dont nous nous sentons délivrés. Cette satisfaction goûtée, nous aspirons à une nouvelle croyance; le faux détruit, nous voulons le vrai.

Or, s'il est facile, l'esprit d'examen une fois né, de détruire ce qui est faux; il ne l'est pas, le faux démontré, de trouver ce qui est vrai. Mille systèmes s'élèvent. Le parti vainqueur, uni pour abattre, se partage pour rétablir. La perspective du pouvoir pour le parti triomphant complique d'intérêts particuliers cette dispute philosophique. Les vieux amis de la réforme se divisent; bientôt ils se craignent; encore un moment, et ils se détesteront plus qu'ils ne détestent leurs communs ennemis, qu'ils ne jugent plus redoutables. Tout est faction dans le parti de la vérité, tandis que le parti opposé devient de plus en plus compacte par l'unité d'intérêt qu'une crainte commune y a fait naître.

Cependant le peuple, dont les intérêts matériels ne

sont point engagés directement dans ces querelles, continue de regarder avec son bon sens, ne voulant et ne cherchant que la vérité, mais la voulant promptement, parce qu'il en a besoin. Il sait qu'elle n'est pas dans le vieux dogme : quoi qu'il arrive, il ne se ralliera pas à ses partisans; mais il est étonné de ne plus la trouver dans la bouche de ses amis. Eux qui parlaient de si bon sens et avec tant d'humanité et de désintéressement, les voilà qui se perdent dans des systèmes inintelligibles, qui se divisent sur tous les points, qui se haïssent, qui deviennent évidemment égoïstes et ambitieux comme leurs adversaires. Qu'est devenu le zèle pur de ces apôtres de la nouvelle foi? Où est la vérité promise? Où est le bonheur qu'ils annonçaient au peuple? C'était pour lui et pour lui seul qu'ils voulaient travailler; et c'est pour eux-mêmes qu'ils combattent, se divisent, et, oubliant le vieil ennemi, se déchirent entre eux.

Voilà ce que fait ressortir avec soin l'ancien parti. A son tour, il attaque avec le raisonnement et le ridicule les plans proposés; à son tour, il reproche l'égoïsme, il accuse d'ambition et d'hypocrisie; il demande où l'on va mener ce pauvre peuple à qui on avait tant promis; il lui fait honte d'avoir été dupe; il lui fait honte d'avoir prêté sa force à des fourbes et d'avoir servi de moyen. Et, comme le peuple souffre (car les temps de révolution sont pénibles à traverser), il lui fait sentir son malaise, qu'il oppose à son ancien bonheur, ou du moins à celui de ses pères, dont l'éloignement permet de tracer des tableaux de fantaisie. Écartant la question de la vérité du dogme ancien et des opinions nouvelles, il n'en atteste plus que l'intérêt, démoralisant ainsi de toutes ses forces la société qu'il ne pourrait plus retenir par l'autorité de la vérité et du devoir. Et tout cela, il le fait répéter et prêcher partout; car il est uni, organisé; il a la force constituée entre les mains, et ses adversaires n'ont que la parole.

Alors le peuple désespère de la vérité. Il ne voit plus que des trompeurs autour de lui; il devient défiant envers tous, et pense qu'en ce monde l'affaire unique est d'être le moins malheureux possible; que c'est folie de prêter l'oreille aux beaux discours et aux grands mots de vérité, de justice, de dignité humaine; que la religion et la morale ne sont que des moyens de le prendre et de le faire servir à des projets qui ne le touchent point. Il devient sceptique sur tout, sauf sur son intérêt; et, passant à l'indifférence pour tous les dogmes et pour tous les partis, il estime que celui qui lui coûtera le moins sera le meilleur. On ne pourra plus lui mettre les armes à la main pour aucun : nul n'en vaudra la peine. Sa religion, sa morale, sa politique, sa doctrine universelle et unique, c'est l'intérêt : ses maîtres et ses meneurs sont parvenus à le rendre semblable à eux.

Son indifférence obtenue, c'est tout ce que veulent les partisans de l'ancien dogme. Ils s'inquiètent peu de prendre sur lui un ascendant moral, d'en être crus, aimés, estimés; encore moins qu'il soit vertueux, religieux, heureux. Il est indifférent, les voilà maîtres; ils le savent, et leurs adversaires l'ignorent. Toute la confiance qu'avait inspirée à ceux-ci leur premier empire sur l'opinion, ils la gardent; ils se croient sûrs d'elles et dorment tranquilles, attendant que le pouvoir leur tombe entre les mains sans qu'ils s'en mêlent, et n'avisant qu'à l'écarter de celles de leurs amis. Ils rient des progrès de leurs ennemis, et s'en consolent en songeant que le peuple est pour eux et que sans lui on ne peut rien de durable.

Enfin, le moment du réveil arrive. Après avoir longuement et sourdement ramassé ses forces et ourdi sa trame, après s'être assuré surtout la neutralité du peuple, le vieux régime éclate tout à coup, et laisse échapper sa vengeance longtemps contenue. Tous les souvenirs de sa défaite, de sa honte, du danger qu'il a couru, enflamment son ressentiment; il est cruel comme la faiblesse humiliée, vindicatif comme l'hypocrisie; de sanglantes exécutions le débarrassent de ses ennemis, et servent de préparation à un despotisme défiant et étroit comme la peur. Il se hâte de l'organiser. Instruit par ses revers, il songe avant tout à étouffer ce fatal esprit d'examen qui menaça de si près sa domination, et cette sainte moralité qui met les bras au service de ce qui paraît vrai. Il étouffe donc à la fois les lumières et la croyance à la vertu; il y substitue la superstition; il y substitue des formules, des pratiques, dont il se réserve l'explication, afin de contenter le sourd et impérissable besoin de règle morale qui gît dans le cœur humain, de façonner ce besoin à sa manière et de le diriger à son but.

Ces temps sont affreux : il n'y a plus rien qui console et qui rapelle la dignité de la nature humaine, ni dans le pouvoir ni dans la société. Le peuple dégoûté des lumières et de la réforme, paraît se prêter par calcul à l'éducation qu'on lui fait. Moyennant son intérêt matériel ménagé, il semble abandonner son intelligence et sa volonté à ses tristes précepteurs. On tremble de le voir passer bientôt, de l'indifférence qui souffre la superstition, de l'égoïsme qui la joue, à l'abrutissement qui s'y complaît et y ajoute foi; on désespère de lui et de la vérité, que lui seul par l'appui de sa force pourrait faire remonter au pouvoir.

Si l'on tourne ses regards vers la puissance qui régit

cette société dégradée, on y voit des hommes habiles, corrompus, hypocrites, qui forment des élèves fanatiques sans vertu, qui auront leur habileté, leur indifférence sur les moyens, sans avoir comme eux la conscience de mal faire, et au contraire, qui auront la conscience que tout ce qui mène à un but regardé comme sacré est bon; dans la main de ces maîtres effrayants, une affiliation puissante qui couvre tout le pays d'un filet, qui va se fortifiant et se perfectionnant de jour en jour, et une organisation administrative non moins forte et non moins soigneusement entretenue; partout la parole enlevée à toute doctrine contraire, et réservée aux agents du pouvoir; nul espoir de voir tant de chaînes rompues, ni un terme à une si terrible progression de despotime, de dégradation et d'indignité.

Mais ce n'est là qu'une crise salutaire et dernière, d'où sort la santé du corps social. Il semble que, dans ces moments sans espoir, la dignité de la nature humaine fasse un effort surnaturel pour ne point succomber, comme la force vitale dans le dernier période d'une maladie violente. Ayez confiance, vous que la Providence fit naître dans ces tristes jours! Un germe d'avenir et de vie fermente au sein de cette corruption, et ce que vous prenez pour la mort n'est qu'une métamorphose.

Il faut que la génération de ceux qui ont ruiné l'ancienne foi passe. Son œuvre fut de détruire, jamais il ne lui sera donné de rétablir. C'est trop pour la faiblesse humaine de renverser le faux et de ressusciter le vrai. Leur vie s'est usée à combattre l'ancien dogme; arrivés vieux à leur fin, leur vigueur défaillante s'est endormie dans le scepticisme, et leur esprit vide de croyances s'est laissé prendre à la morale des passions. Leurs ennemis en ont eu bon marché; et, témoin de leur impuissance, de leurs divisions, de leur dégradation, le peuple, qui avait encensé leur aurore, oubliant leurs nobles services et sa propre admiration, les a vus de sang-froid périr sur les échafauds. Ainsi ils n'avaient point en eux la force d'établir le dogme nouveau, et ils n'avaient point autour d'eux une génération confiante qui en voulût pour ses apôtres. Il fallait qu'ils succombassent sous leur adversaires, après leur avoir porté le coup mortel, et qu'ils laissassent entre leurs mains cette société qu'ils avaient d'abord émancipée.

Mais ces premiers soldats de la réforme n'ont point vainement combattu; ils ont rompu le charme, et, pour les âmes jeunes et éclairées qu'ils élevèrent, ce charme ne saurait revivre. Le vieux régime a beau régner despotiquement, il est convaincu de fausseté. Lui-même a la conscience de son néant; il ne peut sentir ce qu'il a besoin d'affecter; et cette impuissance de croire à ses doctrines frappe de mort toutes ses paroles, et leur ôte toute force morale. Il le voit, et il opprime par faiblesse, et, ne pouvant gouverner, il enchaine. C'est une force sous laquelle on plie, mais qu'on méprise en lui cédant, pour peu qu'on ait de bon sens. Une génération nouvelle s'élève, qui a pris naissance au sein du scepticisme, dans le temps où les deux partis avaient la parole. Elle a écouté et elle a compris : pour elle le vieux dogme est sans autorité; pour elle le septicisme a raison contre lui, mais il a tort en lui-même : quand il a détruit, il ne reste rien. Et déjà ces enfants ont dépassé leurs pères, et senti le vide de leurs doctrines. Une foi nouvelle s'est fait pressentir à eux; ils s'attachent à cette perspective ravissante avec enthousiasme, avec conviction, avec résolution. L'espérance des nouveaux jours est en eux; ils en sont les apôtres prédestinés, et c'est dans leurs mains qu'est le salut du monde.

Supérieurs à tout ce qui les entoure, ils ne sauraient être dominés ni par le fanatisme renaissant, ni par l'égoïsme sans croyance qui couvre la société. Ils jugent le passé; ils méprisent l'incrédulité du présent, ils abhorrent sa corruption. Ils ont foi à la vérité et à la vertu; ou plutôt, par une providence conservatrice qu'on appelle aussi la force des choses, ces deux images impérissable de la Divinité, sans lesquelles le monde ne saurait aller longtemps, se sont emparées de leurs cœurs, pour revivre par eux, et par eux rajeunir l'humanité.

Aussi ont-ils le sentiment de leur mission et l'intelligence de leur époque. Ils comprennent ce que leurs pères n'ont point compris, ce que leurs tyrans corrompus n'entendent pas; ils savent ce que c'est qu'une révolution, et ils le savent parcequ'ils sont venus à propos. Leurs pères n'ont aperçu que la première moitié de la tâche, et l'ont accomplie : éclairés sur la fausseté du vieux dogme, leurs mains l'ont renversé; mais leur intelligence, absorbée par la grandeur de cette œuvre, n'a pu s'en dégager et embrasser d'autres perspectives. Quant aux partisans du dogme ancien, ils n'ont compris ni pourquoi il tombait, ni ce qui s'en suivrait; par le malheur de leur position, il n'ont pu voir dans la guerre avec les sceptiques qu'une dispute de pouvoir. Vaincus d'abord, ils se sont estimés malhabiles; vainqueurs à présent, ils en font honneur à leur bonne conduite, et ils s'arrangent pour demeurer à l'avenir les plus adroits et les plus forts. Plus que personne ils parlent de foi, de religion et de morale, mais par habitude et par calcul; eux seuls n'ont point de croyance, point de religion, point de morale. Les sceptiques en avaient plus qu'eux;

ils croyaient au mal de l'erreur : c'était leur foi, et elle était vraie et sincère, et, parce qu'elle était vraie, elle a prévalu contre l'erreur. Ce n'est point comme adversaires du vieux dogme qu'ils ont succombé, c'est comme adversaires de tout dogme : ennemis de ce qui était faux, ils ont vaincu; inhabiles à montrer le vrai, le besoin de croire a séparé le peuple d'eux, et les a livrés à la vengeance de leurs rivaux. Mais maintenant leurs héritiers arrivent sur la scène, nourris dans le mépris du vieux dogme, libres du soin déjà rempli de le réfuter, avides de nouveautés, et pleins des besoins de leur époque qu'aucun préjugé ne les empêche de ressentir. A eux se dévoile l'énigme qui avait échappé aux autres; à eux le doute ne paraît plus la révolution, mais sa préparation. Ils aperçoivent l'autre moitié de la tâche, et sentent la nécessité de la vérité; et, parce que seuls ils la sentent, ils savent qu'en eux seuls est l'avenir, et par conséquent la force. Ils se sentent donc appelés, non plus à poursuivre la querelle terminée du scepticisme et du vieux dogme, non plus à réchauffer dans le peuple de vieilles haines personnelles, un enthousiasme usé, ou des passions d'un autre siècle, mais à chercher la vérité, mais à découvrir la doctrine nouvelle à laquelle toutes les intelligences aspirent à leur insu, au nom de laquelle tous les bras s'armeront s'il y a lieu, qui remplira dans la croyance le vide laissé par l'ancienne et terminera l'interrègne illégitime de la force. Telle est l'œuvre sainte à laquelle ils se dévouent dans le silence.

Cependant, ils ne peuvent demeurer insensibles aux misères de leur époque, ni perdre le sentiment du présent dans la contemplation de l'avenir. Le spectacle de ce que font leurs oppresseurs et de ce qu'ils préparent, la vue de ce peuple par eux corrompu, dégradé, malheureux, trompé, façonné avec un art exécrable à une longue servitude, tout, dans la scène de désolation qu'ils ont sous les yeux, enracine dans ces jeunes âmes, possédées de l'amour de la vérité et de la vertu, un dégoût amer de la société et une indignation profonde contre ses corrupteurs et ses maîtres. Ils n'en perdent pas leur foi, ils ne désespèrent pas pour cela de l'avenir; mais ils ne croient pas que cet avenir soit fait pour eux; ils n'osent même le promettre à leurs enfants, tant est lourde la tyrannie qui pèse sur eux, tant elle paraît fortement tissue, tant il leur semble qu'il y a loin de ce qu'ils voient à ce qu'ils pensent.

Et comment se défendre entièrement des illusions du présent, et, faibles que nous sommes, quand il nous écrase, quand il dévore notre courte vie, l'apprécier à sa valeur et le réduire à ce qu'il pèse? Comment, quand les événements semblent chaque jour démentir de plus en plus les prévoyances de la raison, résister à la passagère apparence du fait, et garder confiance en soi-même? ils ne savent pas que rien n'est si fragile qu'une domination purement fondée sur la force; qu'un peuple sans foi à ses maîtres leur obéit mais les méprise, et n'attend qu'un revers pour leur échapper; que des maîtres sans morale et sans croyances ne s'accordent pas longtemps; qu'ils se détruisent après avoir détruit leur ennemi commun. Ils ne savent pas que le monde est plein de causes secrètes qui paraissent tout à coup à la voix de la Providence, et rompent brusquement comme un fil les plus habiles échafaudages humains. Ils ne savent pas enfin, dans leur isolement, que plusieurs pensent comme eux dans le secret de leur conscience; qu'ils sont nombreux quand ils pensent être faibles, et que dans l'âme de tous les hommes opprimés, aveuglés on corrompus, il y a une voix sourde qui parle de liberté, de vérité et de vertu, et qui opère, quand le jour est arrivé, des conversions rapides qui entourent l'étendard de la bonne cause d'une foule imprévue de prosélytes.

Ils ne le savent pas, et ils fuient le monde, et ils vont nourrir dans la solitude, loin de la boue du peuple et des yeux impies du pouvoir, leurs croyances proscrites et impuissantes. Échauffés par l'indignation et par le feu concentré d'une nature qui n'a rien à produire hors d'elle-même, tous les germes des hautes vertus, des grandes idées, des nobles sentiments, se développent avec rapidité, et s'élevant ensemble, appuyés, entrelacés, confondus, forment en peu de temps ces stoïques caractères qui éclatent dans les jours d'oppression, protestent contre elle tout à coup, tout à coup la renversent, et paraissent gigantesques aux siècles ordinaires, qui ne peuvent ni les expliquer, ni les égaler.

C'est dans cette retraite des véritables représentants de l'humanité (car le reste n'en a que la forme) que se retrouvent les grandes vérités morales, politiques, religieuses, destinées à gouverner le monde sous une face ou sous une autre, et que les formes de l'ancien dogme avaient étouffées. Elles se manifestent de nouveau au petit nombre qui n'en a point désespéré; elles lui apparaissent pures de tout nuage et telles qu'elles sont, parce qu'elles rencontrent des intelligences neuves, sorties du scepticisme sans foi, mais avec le besoin d'en avoir une, conditions indispensables à la perception pure du vrai, et qui ne se reproduisent que dans ces époques.

Alors recommence l'empire légitime de la vérité, et il y a entre elle et notre nature une sympathie si puissante, que son retour excite dans les âmes un amour et un enthousiasme inexprimables. Celui qui l'a reçue est changé. Ce n'est plus un homme, ce n'est plus un philosophe, c'est un prophète; il est tellement dominé par l'ascendant de la vérité, qu'il s'oublie lui-même, qu'il se dévoue à elle, qu'il est elle : c'est la vérité personnifiée; ses actions la parlent, sa voix la commande; il n'a plus d'autre intérêt, plus d'autre affaire; il est l'apôtre, il sera, s'il y a lieu, le martyr de la nouvelle foi.

On s'étonne dans les temps ordinaires de l'exaltation morale de pareils caractères. C'est qu'on n'a pas vu le spectacle hideux d'une société sans croyance, livrée tout entière à l'égoïsme; c'est qu'on n'a pas senti la dégoûtante oppression d'un pouvoir sans autre règle que son intérêt, sans autre borne que sa propre force, se faisant un jeu du parjure et de la fraude, et méprisant la morale et les hommes. C'est ce contraste qui manque à l'empire de la justice et de la vérité, pour faire sentir ce qu'il a d'admirable et de ravissant; c'est ce contraste qui le fait paraître à la fin des révolutions comme le salut du monde, qui fait de son avénement l'unique affaire de ceux qui l'ont pressenti, et qui rend cet avénement si nécessaire, qu'aucune puissance humaine ne peut l'empêcher.

A mesure que le temps marche et qu'avec lui s'augmente le dégoût de ce qui est et l'attente de la vérité, un grand nombre d'esprits, même parmi ceux qui n'ont point cherché, se trouvent plus ou moins illuminés. Tous seront des apôtres ou des prosélytes, des soldats ou des chefs de la foi nouvelle. Cette foi est déjà née. Elle vit dans l'esprit de plusieurs, elle est attendue par tous; car tous ressentent une vague inquiétude, dont elle est l'objet ignoré, et qu'elle seule peut apaiser. Ses ennemis sont usés, divisés, méprisés. Les anciens chefs ne sont plus, et, malgré leur ardeur à former des élèves dignes d'eux, ils n'ont pu faire, avec de l'ignorance et du fanatisme, que des hommes plus méchants que redoutables. La force du parti n'a plus de nerf; c'est une apparence qui va tomber en poussière; tout le peuple l'abandonnera au premier mot, au premier signe. Enfin les temps sont arrivés, et deux choses sont devenues inévitables : que la foi nouvelle soit publiée, et qu'elle envahisse toute la société.

Comment ce grand phénomène se produira-t-il? quelles circonstances particulières décideront son apparition un jour plutôt qu'un autre, dans tel lieu plutôt que dans tel autre? Il n'y a rien ici de nécessaire et d'absolu. Tantôt le pouvoir se désorganise lui-même, et laisse le champs libre à qui veut régner; tantôt un événement extérieur vient le pousser et détermine la manifestation de la vérité; tantôt un fait trivial, imprévu, en apparence insignifiant, introduit sur la scène un homme qui parle, et cette étincelle allume l'incendie; quelquefois c'est un prophète enthousiaste qui ne peut résister à la vérité qui le possède, et qui se produit tout à coup fort de sa mission et de son zèle. L'homme, le lieu, le moment, l'occasion n'y font rien : toujours est-il que la force des choses rend inévitable une promulgation qu'elle a préparée, et dont elle a d'avance abattu tous les obstacles.

Ainsi s'accomplit la ruine du parti de l'ancien dogme et l'avénement du nouveau. Quant au vieux dogme lui-même, il est mort depuis longtemps.

## II

### DE LA SORBONNE ET DES PHILOSOPHES

(1824)[1]

Avant le xvIII<sup>e</sup> siècle, il y avait beaucoup plus d'ordre dans les sciences qu'à présent. Le monde intellectuel était partagé en royaumes distincts, bien délimités, qui avaient tous leurs habitudes particulières, leur langue, leurs douanes, et leurs représentants à la Sorbonne, qui était comme le congrès de cette grande fédération. Chaque science se gouvernait à sa façon, indépendante des autres et du peuple; une belle hiérarchie lui assignait son rang, conformément à sa dignité; elle avait ses formes qui la rendaient impénétrable à quiconque n'était pas initié, et l'environnaient d'une obscurité majestueuse. Grâce à ces précautions bien entendues, les savants d'une espèce n'étaient point troublés dans leurs recherches par les savants d'une autre espèce, ni contrôlés dans leurs assertions par les objections du premier venu. Les quatre facultés se respectaient mutuellement, et faisaient cause commune pour se conser-

---

1. Ce morceau fut en quelque sorte la déclaration de principes et le prospectus philosophique du *Globe*. Voyez ce recueil, numéro du 15 janvier 1825; tome I, page 265.

ver le monopole des idées. La tâche n'était pas difficile : le beau monde s'occupait d'autre chose, et le peuple apprenait à lire. D'ailleurs, l'esprit d'examen, qui depuis a fait tant de progrès, était alors sagement contenu et réprimé par le grand roi. La cour, la ville, les provinces, recevaient les décisions de la Sorbonne comme des oracles, et ne se mêlaient pas des motifs. C'était le bon temps, le temps de l'ordre, de la foi, du repos. L'existence d'un docteur était aussi agréable que paisible, et les chanoines de la sainte Chapelle n'étaient pas plus heureux.

Soit qu'on ne fît pas si grand cas du peuple qu'à présent, soit qu'on estimât plus haut la vérité, on ne pensait pas alors comme un noble pair de notre époque : on ne croyait pas que tout le monde eût plus d'esprit que quelques-uns; la science était regardée comme une révélation qui ne descendait que dans quelques entendements privilégiés, ou comme un dépôt sacré qui ne devait se transmettre qu'à des hommes préparés de longue main, et choisis pour le recevoir. On aurait craint de la perdre en l'éparpillant, ou de la prostituer en la livrant à la multitude. Il suffisait que le peuple fût dirigé selon les principes : on ne pensait pas qu'il pût ni qu'il dût les comprendre. Telles étaient les doctrines du grand siècle.

Mais au XVIII$^e$, tout changea : les audacieuses tentatives de Bayle, l'incursion de Pascal sur le territoire de la théologie, les plaisanteries de Molière en médecine, et le goût de quelques jésuites pour la popularité, avaient donné le mauvais exemple de faire intervenir le public dans les délibérations de la science, et d'invoquer son jugement sur les matières les plus hautes. Cette pernicieuse semence de désordre porta son fruit. Fontenelle vint, qui mit l'astronomie aux pieds des dames; puis Montesquieu, puis Voltaire, après lesquels tout fut perdu. Ce fut un singulier renversement d'idées, une révolution de principes bien étrange et bien complète. Auparavant, la science descendait sur le peuple des voûtes de la Sorbonne en apophtegmes approuvés et parafés par le doyen de ce vénérable sénat; aussitôt le peuple s'inclinait et croyait; son opinion n'osait faire résistance, et se laissait paisiblement régenter. Mais au XVIII° siècle, un esprit d'indiscipline se répandit dans le public; le sens commun sembla prendre confiance en lui-même et se roidir contre les décisions de l'autorité légitime. On vit grandir rapidement cette puissance nouvelle, animée dans sa révolte par les flatteries de quelques écrivains. Bientôt elle passa de la résistance à l'attaque; elle était jeune, impétueuse, sans reproche; la Sorbonne, comme toutes les vieilles autorités, était chargée de péchés. On se rappelait la circulation du sang et maintes autres décisions singulières : elle fut détrônée. L'opinion publique, après avoir été si longtemps aux genoux de la science, vit la science à ses genoux, sollicitant son approbation et se soumettant à son jugement. Dès lors tout changea de forme dans la république des lettres. Le peuple, nouveau souverain, fit la loi; il imposa sa langue, brisa les barrières qui parquaient les savants en troupeaux isolés, et renversa la hiérarchie des sciences; toutes devinrent égales, toutes purent se comprendre et se contrôler, toutes durent se légitimer en prenant la livrée du sens commun. Il y eut du pédantisme à parler latin, à se servir des mots de l'école, à n'être pas intelligible pour tout le monde. Il y en eut à être un homme spécial et à ne savoir que son affaire. On vit des géomètres parler de poésie, et des poètes de théologie; on vit des cardinaux faire des chansons, et des abbés de romans; des femmes même écrivirent sur la physique. Chacun s'empressait ainsi de cacher la science sous les formes du bon sens, et de faire disparaître le savant sous l'homme du monde. Et à bon droit: car à qui fallait-il plaire? au peuple; qui applaudissait ou sifflait? le peuple; qui distribuait les bonnets de docteur? le peuple. Il était souverain dans le monde des idées. Or, on ne voyait pas que cette souveraineté en amènerait une autre, et que le faire juge des idées, c'était le faire juge des choses; la révolution politique était au bout de la révolution littéraire, tant il y a de liaison entre penser et faire.

Une des conséquences de cet esprit nouveau fut que l'autorité qui appartenait autrefois au corps des savants, passa dans les salons, qui devinrent les clubs de cette démocratie. Le peuple étant revêtu des fonctions de juge, il fallait bien qu'il jugeât; n'écrivant pas, il fallait qu'il se rassemblât pour discuter et prononcer oralement; c'est ce qu'il faisait dans les salons, avec une autorité sans limites et sans appel. On vit se former, autour de quelques femmes, des réunions qui n'avaient rien de commun avec l'hôtel de Rambouillet que le sexe du président. On n'y venait point pour faire de l'esprit sur les mots, mais pour faire de l'opinion sur les idées. C'étaient à la fois des assemblées législatives où l'on décidait ce qu'il fallait penser sur toutes choses, et des jurys spéciaux devant lesquels les savants et les littérateurs de toute espèce venaient lire leurs ouvrages et se faire juger. Les membres, il est vrai, n'en étaient point nommés par le peuple; mais ils étaient, par leur notabilité, comme ses représentants naturels, et formaient un véritable gouvernement émané de lui, qui exploitait en son nom l'autorité conquise sur la Sorbonne discréditée.

Il ne manquait plus au peuple, pour compléter l'organisation de sa souveraineté, qu'un journal qui publiât ses opinions et ses volontés. Les philosophes naquirent de ce besoin : espèce d'écrivains toute nouvelle et inconnue auparavant. Au XVII° siècle il n'y avait que des savants, parce qu'il n'y avait sur chaque branche des connaissances humaines qu'une seule opinion, celle des hommes spéciaux qui la cultivaient. En théologie, il n'y avait qu'un avis, celui des théologiens ; il en était de même en médecine, en jurisprudence, en métaphysique. Le peuple n'était là que pour écouter, et profiter des belles choses qu'on lui apprenait. Mais au XVIII° siècle, quand il lui prit fantaisie de comprendre avant de croire, et d'examiner avant d'applaudir, il eut aussi son avis : ce qui en fit deux, celui des savants et le sien, les savants proposant ce qu'il fallait penser, et le peuple acceptant ou rejetant comme un juge. Dès lors, il y eut aussi deux classes d'écrivains : l'une inférieure, celle des savants, parce qu'elle était jugée ; l'autre supérieure, parce qu'elle jugeait, celle des critiques ou des philosophes qui se chargèrent de rédiger l'opinion du peuple souverain et d'imprimer ses arrêts. Les philosophes furent le pouvoir exécutif de cette démocratie littéraire, comme la Sorbonne l'avait été de l'aristocratie scientique du dernier siècle. Comme elle, ils régnèrent en maîtres absolus. Une épigramme ou une lettre flatteuse de Voltaire décidait de la chute ou du succès d'un ouvrage.

Tels furent ces deux régimes célèbres, dont l'un avait pour principe la supériorité des hommes spéciaux sur le peuple, l'autre celle du peuple sur les hommes spéciaux en matière de vérité. Si c'en était fait de ces deux régimes, peut-être chercherions-nous à montrer à nos lecteurs ce qu'ils avaient chacun de bon et de mauvais, et ferions-nous voir que dans le monde intellectuel, aussi bien que dans le monde politique, il y a des inconvénients à ce que le peuple soit tout, comme il y en a à ce qu'il ne soit rien. Mais fort heureusement nous nous trouvons dispensés de pousser jusque-là notre rôle d'historien. Nous vivons dans un si bon temps, que nous avons l'avantage de connaître personnellement et la Sorbonne et la philosophie. Après avoir régné tout seuls l'un après l'autre, et montré ce qu'ils savaient faire, ces deux régimes semblent s'être donné rendez-vous au commencement du XIX<sup>e</sup> siècle, pour se reprocher mutuellement leurs défauts et se flétrir aux yeux de l'avenir; et, comme en accusant son adversaire, ni l'un ni l'autre n'oublie de chanter ses propres louanges, il suffit de les écouter pour apprendre tout le bien et tout le mal qu'on peut en savoir.

Or, assurément, nous ne nous flattons pas de représenter l'avenir; mais, si nous en jugeons par la paisible indifférence avec laquelle nous contemplons ce débat, au moins n'appartenons-nous plus au passé, ni à celui du XVIII<sup>e</sup> siècle, ni à celui du XVII<sup>e</sup>; car c'est une chose merveilleuse à nos propres yeux que l'impartialité où nous laissent des prétentions si contraires et une querelle si animée. Le croirait-on? nous lisons avec le même sang-froid M. de Bonald et M. B. Constant; nous parcourons avec la même admiration le *Mémorial catholique* et le *Mercure;* et, malgré les excellents sermons qu'on nous prêche de part et d'autre, notre cœur n'est point touché; nous ne nous sentons aucune inclination ni pour la philosophie du XVIII<sup>e</sup> siècle, qui prétend que le XIX<sup>e</sup> lui appartient comme un fils à sa mère, ni pour les révérends pères jésuites, qui soutiennent qu'il appartient à la Sorbonne, parce que la Sorbonne est plus ancienne.

et par conséquent plus légitime que la philosophie. Chose *singulière* : pendant qu'on se dispute ainsi notre possession, nous ne trouvons à regarder le combat qu'un intérêt de curiosité; nous rions des coups que se portent nos maîtres futurs, comme si nous étions assez corrompus pour qu'il nous importât peu à qui appartenir, ou assez forts pour ne pas craindre d'être possédés.

Et en vérité, quand nous considérons la question d'un peu près, nous avons du penchant à croire que, de ces deux explications de notre indifférence, c'est la dernière qui est la bonne; non que nous ayons une grande opinion de nous-mêmes, ou que nous méprisions les deux régimes qu'on nous propose, mais parce qu'il nous semble que le temps de posséder et de dominer est passé pour eux. Sans doute la Sorbonne était une belle chose, et la philosophie une chose admirable; mais de grâce, pourquoi ces deux belles choses sont-elles tombées? car la Sorbonne a disparu pendant un siècle, et, si elle revient à présent, c'est une résurrection; et d'un autre côté, si le régime exclusif de la souveraineté du peuple n'est pas encore anéanti, du moins il recule, et, pour une opinion dominante, reculer c'est mourir. Pourquoi donc, nous le répétons, ces deux belles choses ont-elles déchu? Quand la philosophie se substitua à la Sorbonne, d'où vint sa force contre elle? Apparemment elle ne vint pas de l'excellence de la Sorbonne; ce fut en montrant les vices du vieux régime que le nouveau se fit accepter. Et aujourd'hui que la Sorbonne se ranime et s'efforce contre la philosophie, d'où vient que la philosophie, tombée de sa prépondérance, ne peut l'empêcher de se relever? C'est qu'elle aussi n'était point sans inconvénients; c'est que ces inconvénients ont paru, et l'ont abaissée au niveau de la Sorbonne. Dans la lutte qui s'est engagée entre la philosophie mourante et le vieux régime renaissant, qu'entendons-nous? Des reproches, des récriminations. Les deux partis ne savent se faire valoir qu'en s'accusant; ils se rappellent leurs péchés, et semblent chacun n'avoir d'autres titres à la domination que les vices du parti opposé. Or, le malheur est que tous deux ont raison, et qu'ils le prouvent le mieux du monde. En les écoutant, on reste convaincu, tant ils parlent bien; on dirait deux mauvais sujets qui se reprochent leur vie; après les avoir entendus, on prend la résolution de ne plus se fier ni à l'un ni à l'autre.

Ce n'est donc point notre force qui nous rend imprenables à la Sorbonne et à la philosophie du XVIII° siècle; c'est la force des choses, cette force qui flétrit le passé et embellit l'avenir, qui rend impuissant tout ce qui est vieux, et puissant tout ce qui est nouveau, et qui pousse le monde en avant au lieu de le pousser en arrière. A-t-on vu beaucoup de régimes abolis reprendre vigueur et fleurir une seconde fois, beaucoup d'opinions détrônées ressaisir les esprits et recouvrer leur ascendant? Si on l'a vu, c'est à d'immenses intervalles, quand les vices du régime renaissant, quand les côtés faibles de l'opinion renouvelée, étaient tombés dans l'oubli. Mais pour la Sorbonne, dont la philosophie raconte les défauts, mais pour la philosophie, dont la Sorbonne montre les imperfections, une telle bonne fortune nous paraît impossible. Le siècle leur échappe et veut un nouveau régime: non que ce régime nouveau doive être plus parfait, mais parce qu'il le paraîtra, tant que l'usage n'en aura pas démontré les inconvénients. La Sorbonne et la philosophie sont comme deux mourants qui se disputent à qui vivra, ou comme ces deux voleurs de la fable, qui se battaient à qui aurait l'âne qu'ils avaient pris; un troisième vint qui monta dessus et s'en alla.

Que cette explication de notre indifférence soit aussi bonne qu'elle nous le paraît, ou que nous nous trompions, toujours est-il que nous sommes indifférents, et c'est un fait qu'il est bon de constater et de faire remarquer aux parties belligérantes, afin qu'elles sachent que la génération qui leur succède, et dont elles se disputent l'opinion, ne prend pas à leurs démêlés tout l'intérêt qu'elles imaginent, et, sans savoir précisément encore quelle sera sa direction, se promet bien au moins de ne pas rentrer dans leurs vieilles ornières, et de ne pas se renflammer pour leur vieilles passions. S'il plaît ensuite aux révérends pères jésuites et aux respectables amis de la philosophie du xviii° siècle de continuer le combat, à la bonne heure : ils sont bien libres, et le spectacle ne nous ennuie pas.

Nous demanderons seulement qu'on nous laisse les droits du parterre, et qu'on nous permette quelques observations et quelques avis qui nous semblent de bon sens.

Par exemple, nous prendrons la liberté de faire remarquer aux deux partis que, s'ils veulent amener à bien le triomphe de leurs principes, il est bon qu'ils les comprennent; car qu'est-ce qu'un prédicateur qui ne sait pas sa religion? Or, à voir comment s'y prennent les grands écrivains des deux côtés pour persuader leur doctrine, il ne semble guère qu'ils l'entendent. D'où vient que MM. du *Mémorial catholique* écrivent un journal? D'où vient que M. de Lamennais et tant d'autres partisans de l'autorité raisonnent avec le public et attestent le sens commun? N'est-ce pas dire au peuple : « Nos adversaires soutiennent que vous êtes seul juge de la vérité; nous soutenons que vous êtes incapable de juger, et que, quand vous vous en mêlez, vous jugez mal : c'est à vous que nous nous en rapportons; prononcez. » Est-il possible que le peuple ne rie pas à cette proposition, et qu'il puisse accepter une doctrine qui ne saurait se prouver qu'en se démentant? D'un autre côté, d'où vient que les habiles philosophes de la *Minerve* et du *Constitutionnel* accusent leurs adversaires de prêcher le peuple et de lui inspirer de mauvaises opinions? D'où vient qu'ils se fâchent de voir une partie du public céder à ces prédications? D'où vient qu'ils attestent sans cesse l'autorité des grands noms du xviii° siècle? Ne sont-ce point là autant de preuves, ou qu'ils ne comprennent point leurs propres principes, ou que ces principes ne sont point vrais : car si le peuple est souverain juge de ce qui est vrai, pourquoi dire qu'il se trompe ou qu'il est trompé? pourquoi vouloir lui imposer des jugements particuliers qui n'ont de poids que l'autorité? pourquoi décliner ses arrêts et en appeler ailleurs? C'est donc un avis charitable que nous donnons aux deux partis : qu'ils tâchent d'être conséquents, et qu'on ne les voie pas, d'un côté attester l'esprit d'examen pour prouver l'autorité, et de l'autre nier la compétence de l'opinion publique pour la défendre. Si le peuple ne doit point juger, mais croire, faites-lui des catéchismes et non des journaux; s'il est seul juge de la vérité, soumettez-vous à ses décisions.

Après la conséquence, ce que nous souhaitons le plus sincèrement aux deux partis, c'est la justice. Nous ne leur demandons point cette bonne foi qui consiste à donner raison à son adversaire quand il a raison, ou à reconnaître son propre tort quand on a tort : ce serait se montrer trop exigeant; mais tout simplement cette justice qui respecte les personnes en combattant les opinions, et ne flétrit pas l'auteur pour décréditer la doctrine. Ceci s'adresse également aux deux partis, mais plus particulièrement aux auteurs du *Mémorial catholique*, qui nous paraissent avoir pour ce genre de critique une prédilection toute particulière.

Nous conviendrons avec eux que, si l'autorité est la seule garantie de la vérité d'une assertion, la meilleure manière de prouver qu'une opinion est fausse, c'est de chercher à déconsidérer son auteur. Nous avouons donc que leur méthode d'attaquer la vie d'un philosophe, au lieu de discuter ses principes, est tout à fait conséquente. Mais puisque enfin ces estimables écrivains vivent sur une inconséquence qui est leur journal, ils pourraient peut-être, en faveur de la justice, s'en permettre une autre bien moins grave, et sur laquelle, j'en suis sûr, le public ne leur chercherait point querelle : ce serait de respecter un peu la personne de leurs adversaires; car depuis que Pascal a écrit, on convient assez généralement que, s'il est bien de faire triompher sa cause, il est mal de le faire par d'injustes moyens.

Encore si c'était par la haine des mauvaises actions qu'on attaquât les personnes, on concevrait ce zèle dans des prédicateurs de morale; mais on n'en veut aux hommes que parce qu'on en veut aux opinions, ce qui est beaucoup moins désintéressé et beaucoup moins édifiant. Est-ce donc un si grand crime d'avoir pensé d'une manière plutôt que d'une autre, qu'on doive être mis hors la loi de la justice quand on l'a commis? Nous voudrions de grand cœur que ceux qui prodiguent ainsi la haine et la proscription contre la cendre des morts et la personne des vivants à propos d'opinions, réfléchissent un peu sur la manière dont une opinion s'adopte, et cherchassent avec un peu plus d'exactitude jusqu'à quel point celui qui l'embrasse est responsable de l'avoir embrassée. Nous croyons qu'en dégageant cet examen de toute considération passionnée, on arriverait bien vite à tout ce qu'a d'absurde et d'injuste l'intolérance.

Y a-t-il, par exemple, quelque chose de plus ridicule que d'en vouloir aux philosophes du xviii® siècle d'avoir pensé ce qu'il ont pensé? C'est comme si on se fâchait contre la toupie qui tourne sous le fouet de l'enfant : ce n'est pas la toupie qui est coupable, c'est l'enfant. Quand le peuple en France a su lire, pouvait-il ne pas lire? pouvait-il lire sans comprendre, et comprendre sans croire ou douter? Croire certaines choses, douter de certaines autres, n'est-ce point avoir une opinion? Et a-t-on jamais vu qu'une opinion, ridicule ou sublime, bonne ou mauvaise, manquât de représentants? Y a-t-il dans la nature morale, y a-t-il dans le monde physique, un fait plus nécessaire, plus inévitable? la toupie tourne-t-elle plus fatalement sous le fouet qui la lance? Ce n'est donc point Voltaire ni ses amis qui sont coupables, c'est leur temps; ce n'est point eux que leurs opinions compromettent, mais leur époque.

Et la preuve qu'elles ne leur appartiennent pas, c'est que, si Voltaire était né cinquante ans plus tôt, il est d'une évidence absolue qu'il n'aurait point joué le rôle qu'il a joué. Peut-être, rival de Corneille ou de Racine, eût-il passé sa vie à faire des tragédies ; peut-être l'aurait-on vu jésuite, docteur en Sorbonne, ou tout ce que l'on voudra ; mais philosophe, point. Et pourquoi? C'est que la philosophie est le jugement du peuple, et qu'au xvii® siècle le peuple croyait et ne jugeait pas. Ainsi, faute de philosophie, il ne pouvait y avoir de philosophes ; faute d'opinion publique, de représentant de l'opinion publique. Toutes les idées dont on accuse Voltaire et ses amis, Voltaire et ses amis n'auraient pu les avoir cinquante ans plus tôt; elles ne sont donc point d'eux, mais de leur époque. Luther aurait été un saint et peut-être un pape cent années plus tôt.

Est-ce à dire que rien n'est absolument vrai ni absolument faux, que les opinions sont comme les modes, belles quand on les prend, laides quand on les quitte? Nous sommes loin de le penser. Nous estimons qu'il est absolument vrai que deux et deux font quatre, et absolument faux que deux et deux font cinq; mais nous pensons aussi que jamais siècle n'a cru ni ne croira que deux et deux font cinq; nous pensons que jamais le faux ne peut devenir l'opinion d'une époque. Ce n'est point de la vérité à l'erreur et de l'erreur à la vérité que voyage l'esprit humain, mais d'une vérité à une autre, ou, pour mieux dire, d'une face de la vérité à une autre face. Si un siècle possédait toute la vérité, toute la beauté, toute la justice, la science, l'art et la morale seraient éternellement fixés, et le monde ne changerait plus d'opinion. Ce qui fait que l'on admire Shakespeare après avoir admiré Racine, c'est que Racine est beau d'une façon et Shakespeare d'une autre. Ce qui fait que tantôt les vertus publiques sont sacrifiées aux vertus privées et tantôt les vertus privées aux vertus publiques, c'est que ni les unes ni les autres ne sont toute la vertu. Si les hommes spéciaux ont régenté le public pendant un temps, et si, à son tour, l'opinion publique a prévalu sur celle des savants, c'est que le point de vue des savants est plus profond, s'il est plus étroit; c'est que le point de vue du peuple est plus étendu, s'il est plus superficiel. Le jour où ce qu'il y avait d'étroit, d'exclusif et de routinier dans la science de la Sorbonne s'est trop fait sentir, on en a appelé au sens commun, plus large, plus libre, plus complet; tout comme aujourd'hui que ce qu'il y a de superficiel, de léger et de sceptique dans le sens commun se fait sentir, on commence à s'en lasser et à vouloir autre chose.

Il n'y a dans un siècle que les débris du siècle passé qui s'opposent au torrent, mais toujours sans succès; après eux, l'unité d'opinion s'établit, et n'est plus troublée que quand cette opinion commence à vieillir, et que déjà se lèvent et commencent à parler les avant-coureurs de la suivante. Ainsi, au commencement et à la fin, le dissentiment est possible et même nécessaire; mais il n'existe pas dans le sein même de l'époque. Et quand un siècle est ainsi préoccupé d'une certaine face de la vérité, de la morale et de la beauté, comment veut-on que l'enfant de ce siècle renie les croyances, les admirations et les vertus de son temps, pour en adopter d'autres dont il ne saurait même s'aviser? De quel droit, engoué d'autres opinions, parcequ'on est d'un autre temps, lui reproche-t-on ce qu'il a pensé, aimé, admiré, et le cite-t-on devant un tribunal incompétent, pour se justifier d'un crime dont il n'est pas coupable, puisqu'il est celui de son siècle, d'un crime qui n'en est pas un, puisque, sous toutes ses faces, la vérité est adorable? Que dirait le siècle de Louis XIV, s'il pouvait renaître et juger avec ses idées nos romantiques qui le jugent d'après les leurs? Que diraient les Athéniens préoccupés de république, s'ils connaissaient nos honorables députés préoccupés de monarchie? Que penserait Brutus de nos vertus publiques, lui dont nous condamnons si fièrement la dureté paternelle? et enfin, que dirait Voltaire de M. de Lamennais, et Francklin de la *Quotidienne*?

Et puisqu'il faut tout dire, disons plus encore : les siècles ne sont pas plus coupables de leurs opinions que les hommes des opinions de leur siècle. Car pourquoi un siècle embrasse-t-il une opinion nouvelle qui lui soit propre? serait-ce par hasard qu'il trouvât bonne l'opinion du siècle précédent? n'est-ce point au contraire une nécessité de la nature humaine de croire ce qui lui parait vrai, de rejeter ce qui lui parait faux? Et s'il en est ainsi, quand une époque rejette l'opinion d'une époque précédente, n'est-il pas évident que c'est parcequ'elle en a reconnu, sinon la complète fausseté, au moins les imperfections et les vices? et à qui la faute si ces imperfections la frappent, sinon au siècle précédent lui-même, qui les a laissées subsister? c'est donc à lui qu'il faut s'en prendre, si ses opinions ne durent point et sont abandonnées, et non point au siècle qui les abandonne. Qu'est-ce qui a fait naître le protestantisme, sinon les abus du catholicisme? Où est la cause du régime sévère de Louis XIV, sinon dans les excès du protestantisme? D'où est sortie la liberté du XVIII$^e$ siècle, sinon des inconvénients de la monarchie absolue du XVII$^e$; et qui nous vaut les jésuites, sinon les philosophes?

Ainsi un siècle n'est responsable ni de ce qu'il est, ni de ce qu'il pense; un siècle sort d'un autre, une opinion d'une autre opinion. Et si l'on accuse cet autre siècle, cette autre opinion, on trouvera qu'ils sont innocents de ce qu'ils ont été, et par conséquent de ce qu'ils ont produit. En sorte que ceux qui aiment à accuser, forcés de courir de siècle en siècle après le coupable, arriveront heureusement au premier homme, qui rejettera ce qu'il a pensé sur sa propre nature, c'est-à-dire sur la nature humaine, véritable source du mal, parce qu'étant faible, elle ne saurait voir qu'une partie de la vérité, et qu'étant orgueilleuse, elle croit et proclame toujours qu'elle a trouvé la vérité tout entière.

Ainsi l'accusation tombe faute de coupabe : il n'y a personne à brûler, personne même à haïr, ce qui est fâcheux pour les bonnes âmes; il reste ou de devenir tolérant ou de continuer à être absurde. Or, dans ce dilemme embarrassant, le grand nombre prendra toujours le dernier parti, parce que la raison devant la passion est comme le sang-froid devant la mort, une chose que les plus grands caractères ont encore peine à conserver.

# III

### RÉFLEXIONS SUR LA PHILOSOPHIE DE L'HISTOIRE

#### (1825)[1]

## I

La grande différence qui sépare l'homme du reste des animaux, c'est que la condition de ceux-ci ne change pas avec les siècles, tandis que celle de l'homme est dans un mouvement perpétuel de transformation.

La condition des castors et des abeilles est aujourd'hui ce qu'elle était le lendemain de la création ; la condition de l'homme en société change tous les siècles, se modifie toutes les années, s'altère en quelque point tous les jours.

L'histoire recueille ces changements ; c'est là sa mission. Elle enregistre ce qui se passe, afin que le souvenir en demeure. La philosophie de l'histoire néglige les changements eux-mêmes, et ne voit que le fait général de la mobilité humaine dont ils sont la manifestation. Elle cherche la cause et la loi de cette mobilité.

En effet, à ce mouvement qui fait de l'homme une

---

1. Inédit.

chose ondoyante, il y a nécessairement un principe; et, comme l'effet est spécial à l'homme, un principe qui n'agit que sur lui; ce principe, quel est-il? où faut-il le chercher?

Ce n'est point dans le théâtre sur lequel l'homme est appelé à se développer. Ce théâtre, qui est la nature, lui est commun avec les bêtes, qui ne changent point; ce théâtre, d'ailleurs, est aujourd'hui ce qu'il était hier, ce qu'il sera toujours. La mobilité humaine ne peut venir de là.

Si elle ne vient point du théâtre, elle vient donc de l'acteur. Il y a donc dans l'homme un principe de changement qui n'existe point dans la bête.

Deux mobiles influent sur la conduite de l'homme et la déterminent: les tendances de sa nature, et les idées de son intelligence sur les différents buts auxquels aspirent ces tendances.

Quand il obéit à la première de ces influences, qui est instinctive et aveugle, il agit passionnément; quand il obéit à la seconde, qui est éclairée et réfléchie, il agit raisonnablement. La première domine dans l'enfance, la seconde dans l'âge mur et dans la vieillesse.

Les tendances de la nature humaine sont invariables comme elle; elles sont les mêmes à toutes les époques et dans tous les lieux. Les idées de l'intelligence humaine varient d'un temps à un autre temps, d'un pays à un autre pays; elle varient comme la connaissance humaine, et la connaissance humaine croit et décroit.

Si la condition des bêtes ne change point, c'est que leur conduite est exclusivement déterminée par les tendances de leur nature qui sont invariables. Si la condition de l'homme varie d'un pays à un autre pays, d'une époque à une autre époque, c'est que la conduite de l'homme n'est pas seulement déterminée par les tendances de sa nature qui sont invariables, mais encore et principalement par les idées de son intelligence qui sont essentiellement changeantes et mobiles.

Le principe de la mobilité des choses humaines est donc dans la mobilité des idées de l'intelligence humaine.

Tous les changements qui s'opèrent dans la condition de l'homme, toutes les transformations qu'elle a subies, dérivent donc de l'intelligence et en sont l'effet; l'histoire de ces changements n'est donc, en dernière analyse, que l'histoire des idées qui se sont succédé dans l'intelligence humaine, ou, si l'on aime mieux, l'histoire du développement intellectuel de l'humanité.

## II

Mais, si l'on veut y faire attention, on s'apercevra que l'histoire de ces changements est l'histoire tout entière. Car il n'y a dans ce monde que deux choses, l'immuable et le changeant; l'immuable est l'objet de la science, le changeant, celui de l'histoire; or, tout ce qui ne dérive point de la liberté humaine est immuable jusque dans le changement même : car s'il change, c'est par des lois immuables; cela seul peut n'être pas immuable, qui dépend de l'homme; car, tandis qu'on est sûr *a priori* que les forces naturelles sont soumises dans leur action à des lois constantes, on ne l'est pas encore que l'intelligence, qui est la loi de la force humaine, ait un développement régulier. Et c'est pourquoi, tandis que tous les jours les changements naturels passent du domaine de l'histoire dans celui de la science, les changements qui sont l'œuvre de l'homme se refusent à la science, et semblent devoir rester, sinon à jamais, du moins longtemps encore, flottants et désunis dans le réservoir de l'histoire.

Si donc l'histoire a un objet propre qui ne doive pas lui échapper, c'est-à-dire s'il y a quelque chose de vraiment changeant dans ce monde, ce sont les œuvres de l'homme.

L'objet de l'histoire, dans la seule acception légitime du mot, est dans le développement de l'intelligence humaine, manifesté par les changements extérieurs qui ont été, aux différentes époques, les effets de ce développement.

Le point où ces changements sont arrivés à une certaine époque et dans un certain pays constitue la condition humaine à cette époque et dans ce pays. L'histoire de ces changement est donc l'histoire du développement de la condition humaine, comme elle est celle du développement de l'intelligence humaine.

Développement de l'intelligence humaine, changements successifs dans ses idées, effets successifs de ces changements ou développement de la condition humaine : voilà l'ordre logique.

L'histoire embrasse tous ces changements dans sa compréhension ; mais elle ne procède pas de la cause à l'effet ; elle suit un ordre inverse par nécessité. Les idées lui sont invisibles, les effets seuls tombent sous sa prise ; ces effets sont des faits qu'elle recueille, faits de toute nature et de toute espèce d'où elle induit les idées, concluant du signe à la chose signifiée, ou de l'effet à la cause : voilà l'ordre historique.

Il n'y a donc que trois questions historiques, ou, en d'autres termes, le changeant n'offre que trois seuls problèmes à résoudre : 1° quelle a été la forme humaine ou la forme visible de l'humanité depuis l'origine jusqu'à nos jours ; 2° quelle a été l'intelligence humaine ou le développement des idées de l'humanité depuis l'origine jusqu'à nos jours ; 3° correspondance de ces deux développements, ou comment du développement des idées est né le développement de la forme humaine depuis l'origine jusqu'à nos jours : voilà le champ de l'histoire.

## III

La plupart des historiens se bornent aux faits, et souvent ils ne s'occupent que de la moindre partie de ces faits, laissant de côté la plus expressive. Ainsi ont écrit ceux qui, oubliant les institutions politiques et religieuses, les arts, la vie privée et l'industrie des peuples, se sont bornés à raconter la vie des rois, les batailles et les traités, l'accroissement et la décadence des empires, espèces de faits qui ne sont que les conséquences des premiers, comme ceux-ci ne sont à leur tour que les conséquences et les signes du mouvement des idées.

Les écrivains qui ont introduit l'histoire des mœurs et des institutions dans l'histoire ont fait une révolution. Ils ont passé pour avoir pénétré jusqu'à la racine du genre. On les a appelés historiens philosophes. Et cependant ils n'avaient atteint que des causes secondes. La cause de ces causes est dans le développement de l'intelligence ou la succession des idées ; il faut transporter jusque-là la philosophie de l'histoire, et la gloire de notre siècle est de le comprendre.

Et le jour où l'on aura reconnu que l'intelligence humaine est soumise dans son développement à des lois constantes, la succession des idées ne sera plus elle-même qu'une cause seconde, et la philosophie de l'histoire, changeant encore une fois d'objet, ne s'appliquera légitimement qu'à l'explication de la succession des idées par les lois nécessaires du développement intellectuel. Alors, si ce jour arrive, l'histoire périra tout entière : elle n'aura plus d'objet ; la science lui aura succédé dans le domaine des modifications de l'humanité, comme elle lui a déjà succédé dans le domaine des modifications naturelles.

Tel est le chemin qu'a fait l'histoire jusqu'à ce jour : elle s'est élevée des événements aux institutions et aux mœurs, qui ne sont que des événements plus généraux ; des institutions et des mœurs à la succession des idées, qui n'est elle-même qu'une série d'événements plus généraux encore. Elle a résolu ainsi le plus changeant dans le moins changeant, les effets les plus multiples et les plus grossiers dans leurs causes immédiates, qui sont elle-mêmes des effets d'autres causes plus générales. Elle n'a point encore atteint le régulier, l'immuable, le législatif. C'est pourquoi elle n'est point encore parvenue à se détruire et à se résoudre dans la science. Elle y tend aujourd'hui : car elle aspire à trouver la loi de la succession des idées, encouragée qu'elle est par la découverte des lois de la succession des phénomènes naturels. Y arrivera-t-elle ? peut-être. Mais on peut prédire que, si cette grande conquête lui est réservée, elle n'est point prochaine, car les degrés du sanctuaire sont encore impraticables. La succession des idées, cause immédiate de la succession des institutions, des religions, des mœurs, est bien loin d'être déterminée : que dis-je ? connaissons-nous suffisamment les institutions, le religions et les mœurs des différentes époques et des différents pays? connaissons-nous même assez les événements qui en ont été les effets, et qui seuls peuvent nous les révéler? et sans toutes ces connaissances qui s'engendrent l'une l'autre, comment pouvons-nous aspirer à la découverte de la loi des idées, qui, si elle existe, doit en être le résumé et l'expression générale?

C'est donc sur les degrés successifs, qui doivent et peuvent seuls conduire à la science de ce qui n'est jusqu'ici qu'historique, que doivent se concentrer les efforts des historiens, et par-dessus tout sur le développement des idées, la partie la moins approfondie jusqu'à présent, parcequ'elle touche encore à son berceau, quand les deux autres, qui devaient venir avant elle, ont acquis plus ou moins les caractères de la maturité.

## IV

Le développement de l'intelligence humaine est double dans l'humanité tout entière, comme dans une société humaine considérée isolément, comme dans un individu humain pris à part : il est spontané et réfléchi.

Faites qu'un individu ne cherche jamais à acquérir des idées, ni à éclaircir celles qu'il a, ni à s'en rendre compte : cet individu, doué d'une intelligence qui, sans qu'il le veuille, a conscience de ce qui se passe en lui et autour de lui, recevra, sans le chercher, des idées de lui-même et des choses extérieures, combinera ces idées, jugera, raisonnera, tirera des inductions, se formera des croyances et des principes, le tout sans se douter de ce qu'il fait, et sans chercher à le faire;

le mouvement naturel de son intelligence va sans lui ; ses besoins ajoutent continuellement, et sans qu'il y songe, à l'énergie de ce mouvement; ils le dirigent à son insu; et du sein de ce développement spontané sort une série d'idées qui déterminent sa conduite et qui constitueront sa condition.

Ainsi se développe naturellement une société, dont l'intelligence généralisée marche toujours spontanément. Sans dessein et sans but, sans recherches et sans méthode, une somme d'idées lui est acquise, en vertu de laquelle elle se fait telle ou telle religion, tel ou tel gouvernement, telles ou telles mœurs, telle ou telle industrie. Et de ces institutions, de ces mœurs, de cette industrie, enfants naturels de ses idées, naissent à leur tour sa prospérité ou sa misère, sa force ou sa faiblesse, ses succès ou ses défaites à la guerre, la nature de ses alliances et de ses traités, son commerce, la condition des sujets et des rois, en un mot, tous les événements de détail dont son histoire se compose.

Ce qui arrive chez un individu et dans une société, doit arriver dans l'ensemble des sociétés ou dans l'humanité, qui, considérée en masse, se développe aussi sans le savoir et sans le vouloir. Le jour où le philosophe pourra embrasser une assez longue série de siècles, il la verra changeant d'idées comme un peuple et comme un homme, et produisant, à des intervalles immenses des événements généraux qui seront le résultat et l'expression de ces changements.

Entre l'individu, la société et l'humanité, il n'y a que l'échelle du développement qui diffère. Le développement est également spontané et continuel dans les trois cas; mais il s'opère plus ou moins rapidement. Les révolutions d'idées ne sont séparées que par quelques années dans la vie de l'homme ; il faut un siècle à une société pour faire un pas ; il en faut cent à l'humanité. C'est que les révolutions humaines se composent de révolutions sociales, et chacune de celles-ci de révolutions individuelles. Or, pour qu'une même révolution d'idées soit devenue commune à la masse des membres d'une société, il faut laisser à la force des choses le loisir d'amener au même point, par des routes de diverses directions et de longueurs inégales, l'intelligence de chaque individu ; et, pour qu'une révolution de même nature s'étende à toutes les sociétés, il faut aussi que chaque société y arrive à sa manière et selon sa force. Telle est la longueur d'une pareille opération, que l'harmonie intellectuelle de toutes les sociétés de notre globe étroit est un phénomène encore attendu et qui ne promet pas de se produire prochainement. Ce résultat avait été promis au christianisme ; il conserve la prétention de le produire, et c'est vers ce but que tendent les sociétés bibliques.

Tel est le développement spontané de l'intelligence humaine : fait incontestable dans l'homme, la société et l'humanité ; fait qui produit tous les autres et mène les individus, les empires et le monde.

## V

Mais, tandis que dans la plupart des hommes l'intelligence ne se développe que de cette manière sourde et involontaire, chez quelques-uns un autre développement libre et senti prend naissance, et, dès qu'il est né, ne périt plus. C'est le développement réfléchi ou philosophique.

En effet, les facultés de l'homme ne sont pas des puissances indépendantes sur lesquelles il n'ait aucune prise et qu'il soit condamné à laisser aller où elles veulent et comme elles veulent. Il a reçu le pouvoir de s'en emparer et de s'en servir, comme un habile mécanicien s'empare et se sert du feu, de l'eau, de la vapeur, et des autres forces naturelles.

Cet empire qui lui a été donné sur ses facultés en général, il l'a sur son intelligence en particulier; il peut l'arracher à son mouvement naturel, et la diriger à la recherche des vérités qui l'intéressent, à l'examen des questions qui le préoccupent.

Or, quand il le fait, il arrive deux choses: la première, que toutes les forces de l'intelligence, au lieu de se disperser et de se répandre dans diverses directions, se concentrent sur un seul point; la seconde, que l'intelligence, retenue sur ce point, y reste plus longtemps attachée. Cette concentration d'une part, et cette persistance de l'autre, constituent l'état d'attention; et l'intelligence attentive est infiniment plus puissante que quand elle ne l'est pas.

Lors donc que la volonté impose à l'intelligence ce mode de développement, l'intelligence devient plus lucide, et, devenant plus lucide, découvre plus vite la vérité.

Il n'est point d'intelligence humaine qui reste entièrement étrangère à ce mode de développement. Mais bien qu'il se substitue par intervalle chez tous les hommes au développement spontané, il ne devient habituel, et, par conséquent, ne produit de grands effets, que chez quelques-uns. Ceux-là se distinguent de la foule: au lieu d'attendre la vérité, ils la poursuivent; au lieu de la rencontrer, ils la trouvent; ceux-là sont les philosophes.

C'est par eux qu'au sein du développement naturel et fondamental de l'intelligence humaine, qui est spontané, s'en produit et s'en opère un autre qui est volontaire, le développement philosophique et réfléchi.

L'intelligence humaine est toujours entraînée en avant par ce double mouvement, spontané chez les masses qui ne cherchent pas la vérité, volontaire chez les philosophes qui la cherchent.

Or, de ces deux mouvements, le mouvement volontaire et réfléchi doit nécessairement devancer l'autre dans la route commune ; c'est-à-dire que les philosophes, qui cherchent la vérité, doivent la découvrir plus tôt que les masses qui ne la cherchent pas.

De là tout le mécanisme du développement de l'intelligence humaine, et la fonction de chacun des deux mouvements que nous venons de décrire dans ce développement.

Ces deux mouvements vont dans le même sens ; ils obéissent à la même loi, qui est celle du progrès ; mais, n'ayant point la même vitesse, l'un est toujours en avant, l'autre en arrière ; et, comme ils agissent l'un sur l'autre, le plus vite précipite le plus lent, le plus lent retarde le plus rapide, en sorte que la vitesse du développement de l'humanité est une résultante des vitesses inégales de ces deux mouvements.

Quand les philosophes, qui marchent en avant, ont découvert la vérité, ils la proclament ; et, en la proclamant, ils la font connaître aux masses qui ne l'auraient trouvée que plus tard. Ils précipitent donc le mouvement des masses. Mais la raison des masses n'accepte pas sans résistance cette nouvelle lumière. Il lui faut le temps de secouer les liens de l'habitude, il lui faut celui de comprendre ce qu'on lui annonce, il lui faut celui enfin de se l'approprier en le faisant descendre des formes abstraites de la science aux formes pratiques du sens commun. Cet enseignement est long ; c'est aux philosophes à le faire, et, pendant qu'ils le font, ils ne marchent pas. La lenteur du mouvement des masses retarde donc le mouvement philosophique.

Mais, en le retardant, elle en mûrit les fruits. Il y a dans l'intelligence des masses, précisément parce qu'elle ne cherche pas et ne veut rien, une sûreté et une étendue devant lesquelles tout ce qu'il y a d'exclusif ou de faux, de prématuré ou d'impraticable dans les découvertes des philosophes, finit par s'évanouir. C'est un crible qui retient les erreurs, et qui, à chaque époque, ne laisse passer dans le développement de l'humanité que les idées pour lesquelles l'humanité est mûre. En modérant la rapidité de ce développement, la résistance des masses en prévient donc les écarts et en assure la rectitude.

C'est par la combinaison de ces deux mouvements qu'avancent et que se transforment les idées humaines, et par le progrès et la transformation des idées que se transforment et s'améliorent à leur tour les lois, les mœurs, les institutions et tous les éléments constitutifs de la condition humaine. Tout marche au sein de l'humanité en vertu de cette loi, les plus grandes sociétés comme les plus petites, l'humanité tout entière comme chacun de ses éléments.

Le rôle des philosophes dans ce grand mouvement est parfaitement clair. Il ne faut pas dire qu'ils sont les auteurs des dogmes sociaux, mais il faut dire qu'ils en sont les précurseurs et les promoteurs. L'humanité ne serait pas immobile s'il n'y avait point de philosophes. Sans eux, les révolutions se feraient, mais elles se produiraient plus lentement. Ils les précipitent, et c'est pour cela qu'ils ont l'air de les faire. On a raison de les appeler des révolutionnaires perpétuels: mais c'est un titre qu'ils ne méritent pas exclusivement ; il convient aux masses comme à eux, parce que, comme eux, les masses sont intelligentes, et que la loi de l'intelligence est d'avancer, et, par conséquent, de changer. C'est elle seule, en ce monde, qui est révolutionnaire, ou plutôt Dieu qui l'a faite.

Ce mouvement de l'intelligence, par lequel marche l'humanité, est un de ceux dont la vitesse s'accroît en allant. En effet, à mesure que la civilisation avance, la succession des idées devient plus rapide ; sa vitesse est toujours en raison directe des lumières acquises, et il est aisé d'en comprendre la raison. D'une part, il y a plus de philosophes, et ils trouvent plus vite, parce que ce qui est trouvé aide à découvrir ce qui ne l'est pas; de l'autre, les masses, plus éclairées, comprennent plus facilement. L'enseignement est donc abrégé comme l'invention ; sans compter que les moyens de communication sont plus nombreux et plus prompts. Ainsi tout s'abrége à mesure que les lumières sont plus grandes et plus répandues : et le règne de chaque système d'idées, et l'opération par laquelle l'intelligence passe d'un système d'idées à un autre.

## VI

Pour juger la grande question de la fatalité des événements de l'histoire, il faut faire attention aux deux éléments qui interviennent dans la détermination de la conduite de l'homme, et, par conséquent, dans la production de tout événement humain.

Ces deux éléments ou ces deux principes sont les tendances ou les passions de notre nature, d'une part, et la raison ou les idées de notre intelligence, de l'autre. Les unes nous poussent à leur satisfaction ; les autres nous disent ce qu'il y a de plus vrai, de plus beau et de meilleur à faire. Au fond, il n'y a pas contradiction entre ces deux principes : car ce que veut notre nature, c'est son véritable bien, et c'est là aussi ce que la raison cherche à déterminer, et ce qu'aspirent à représenter toutes les idées qu'elle nous propose comme règles de conduite. Au fond donc, la raison et la passion s'accordent ; mais la loi de la passion, qui est aveugle, est d'aspirer à sa satisfaction immédiate et d'obéir dans chaque moment à l'impulsion la plus forte : deux choses qui sont le plus souvent en contradiction évidente avec le véritable bien, que la raison éclairée conçoit. De là, cette lutte éternelle des deux principes, dont la conscience de tout homme est le théâtre.

Si la raison triomphait toujours dans un individu, sa conduite serait constamment la conséquence de ses idées, et, ses idées étant données, on pourrait la prévoir. Ce qui fait qu'on ne peut la prévoir, alors même qu'on connait ses opinions, c'est qu'on ne peut deviner quelle part aura la passion dans ses déterminations ; c'est qu'en supposant même qu'on la connût, la passion est une chose si mobile, si capricieuse, qu'il serait impossible d'en calculer les mouvements.

Mais ce qui est vrai de la conduite d'un individu ne l'est pas au même degré de celle d'un peuple ou d'une nombreuse réunion d'individus. Ici la passion a bien moins d'influence, et les idées en ont beaucoup plus.

En effet, dans une société dont tous les membres sont soumis aux mêmes idées générales, tous ayant la même opinion sur ce qui est le meilleur, le plus vrai et le plus beau, doivent, dans une circonstance sociale donnée, arriver à une même conclusion sur ce qui doit être fait. Mais tous n'ayant pas les mêmes passions parce qu'elles varient d'un individu à un autre, l'action de ces passions doit, par cette opposition même, se neutraliser. L'influence des idées, sur lesquelles tous s'accordent, doit donc nécessairement l'emporter sur celle des passions qui, loin de s'accorder, se contrarient. D'où il résulte que la conduite d'un peuple est beaucoup plus conséquente à ses idées que celle d'un homme, et qu'étant données ses idées, il est beaucoup plus aisé de la calculer et de la prévoir.

Cela est d'autant plus vrai que l'opinion publique a plus de part dans la direction des affaires d'un peuple, et d'autant moins que cette direction dépend davantage de la volonté de quelques hommes. Donc, dans l'histoire d'un peuple, le nombre des événements produits par les passions individuelles, et qui ne sont pas la conséquence de ses idées, est en raison inverse de l'ascendant de l'opinion publique sur la direction des affaires. Et c'est pour cela que la conduite des gouvernements despotiques est bien plus difficile à calculer que celle des gouvernements représentatifs, et celle des petits États, toutes choses égales d'ailleurs, que celle des grands.

Mais, dans toutes les hypothèses, cette influence des passions individuelles ne peut atteindre que les événements d'une importance secondaire et passagère ; les grands lui échappent toujours, parce que rien de grand, rien de durable, ne peut se produire chez un peuple, quel que soit son gouvernement, que par la force et avec l'appui des croyances de ce peuple. Tout ce que les passions individuelles peuvent tenter et accomplir contradictoirement à ces croyances est aussitôt emporté. Il ne dépend d'aucun despote, d'aucun favori, d'aucun homme de génie, de faire abstraction de ces croyances dans ses entreprises et ses institutions; il y a plus, on n'est despote heureux, on n'est grand homme d'État, qu'en y obéissant. En définitive, la passion n'agit qu'à la surface de l'histoire des peuples, le fond appartient aux idées ; il en est l'effet logique et l'expression pure. Elles se traduisent fatalement dans les institutions politiques, religieuses, civiles, militaires et domestiques d'une nation, et ces institutions, à leur tour, déterminent fatalement toutes les grandes circonstances de son histoire, qui décident elles-mêmes de sa destinée.

D'où l'on voit que, s'il est faux d'expliquer tout en histoire par le développement fatal des idées, il l'est encore bien plus d'expliquer tout par les caractères et les passions individuels.

De ces deux systèmes, le dernier a été celui des historiens de l'antiquité; le premier paraît devenir de plus en plus celui des historiens modernes. Ceux-là expliquaient tout par les passions et les intérêts, le génie ou l'incapacité des hommes; ceux-ci essaient de tout ramener à la loi des idées, jusqu'aux événements qui ont évidemment le plus dépendu du hasard, des individus et du caprice des circonstances. Entre ces deux excès qui rendent l'histoire ancienne si dramatique et l'histoire moderne si logique, se rencontre la vérité.

Du reste, l'explication de l'histoire par les hommes devait être celle de l'antiquité. Parmi les causes historiques, les passions de ceux qui gouvernent, leur habileté ou leur impéritie, sont les plus apparentes; c'étaient celles-là que devait saisir l'histoire naissante dans son enfantine curiosité.

D'ailleurs, cette explication était moins fausse dans l'antiquité qu'elle ne le serait de nos jours : les hommes alors avaient réellement plus de part dans les événements. D'un côté, les idées ont moins d'empire sur les sociétés moins éclairées; de l'autre, il y a plus de chances de triomphe pour la passion dans des sociétés plus petites. Un homme pouvait communiquer ses passions à toute la république athénienne du haut de la tribune, et il le pouvait instantanément; avec dix fois plus de génie et cent fois plus de temps, nul ne pourrait communiquer les siennes à toute la France. Pour passionner la France, il n'y a qu'un moyen, c'est d'abdiquer ses propres passions et d'épouser les siennes; et les passions de la France ne sont autre chose qu'une forme de ses idées. Parmi les passions, celles-là seules peuvent devenir communes à trente-deux millions d'hommes, qui descendent de l'intelligence et prennent leur source dans une croyance commune; celles qui naissent plus bas ne s'étendent pas si loin; elles restent individuelles et n'ont pas même le pouvoir de créer un parti.

L'influence des passions individuelles dans les petites républiques de l'antiquité est une des causes qui y rendaient les tendances générales plus indécises et plus lentes à se prononcer, et les révolutions d'idées plus rares. En troublant l'empire de l'intelligence, elles en ralentissaient le développement.

Le monde ayant changé, l'histoire a dû changer avec lui. L'histoire classique, l'histoire telle que l'ont écrite les historiens de l'antiquité, serait absurde de nos jours; qui veut la reproduire se condamne au pastiche. Montesquieu est l'historien légitime des temps modernes, comme Tite Live a été l'historien légitime des temps anciens.

## VII

Ce que Bossuet a appelé providence, d'autres destinée, d'autres force des choses, c'est la fatalité du développement intellectuel.

Le mot de Bossuet était bon, mais non dans le sens d'une intervention actuelle de Dieu. Dieu n'intervient pas plus immédiatement dans le développement de l'humanité que dans la marche du système solaire. Et cependant il en est l'auteur. En donnant des lois à l'intelligence humaine, comme il en a donné aux astres, il a déterminé à l'avance la marche de l'humanité, comme il a fixé celle des planètes. Voilà sa providence et cette providence est fatale pour l'humanité comme elle l'est pour les corps célestes.

Mais elle l'est d'une autre manière. Car, loin de compromettre la liberté de l'individu, elle la suppose, et n'a lieu que par elle. Toute la fatalité du développement humain résulte de cette circonstance, que, si mille hommes ont la même idée du bien, cette idée les gouvernera, en dépit de l'opposition et de la diversité de leurs passions. Or, à quel titre cela est-il vrai ? A ce titre seul, qu'étant raisonnables et libres, ils ne sont point soumis à l'impulsion de la passion, mais peuvent délibérer, réfléchir, prendre le parti qui leur semblera le meilleur, et agir ensuite en conséquence. Supprimez la liberté, l'empire des idées est détruit, et à la fatalité qui gouverne l'humanité, en succède une autre qui ne lui ressemble pas, la fatalité de l'impulsion sensible celle qui domine les animaux, et qui tient le milieu entre la fatalité intellectuelle qui gouverne le monde moral et la fatalité mécanique qui gouverne le monde physique.

Ainsi, la fatalité qui gouverne les affaires humaines repose sur la liberté des individus humains. L'individu reste libre, et responsable parce qu'il est libre; il a une raison pour juger, une volonté pour se résoudre, des pieds et des mains pour exécuter; ce qu'il fait lui appartient; la gloire ou le blâme lui en reste. Les crimes demeurent et les criminels aussi; les vertus, les dévouements subsistent, et les héros avec, et avec les héros la légitime admiration et la pieuse reconnaissance de l'humanité.

Une autre différence entre la fatalité du monde physique et celle du monde moral, c'est que la marche de l'humanité n'est pas un cercle comme celle des astres. Les astres recommencent toujours les mêmes mouvements; l'humanité avance, ses mouvements sont progressifs, chaque révolution est un pas dans la découverte du bien et du vrai. Voilà pourquoi le monde humain se perfectionne, tandis que le monde physique ne change pas. Celui-ci remue toujours sans avancer.

Et de là sort la démonstration que le monde physique est fait pour l'homme. Il est le théâtre, nous sommes les acteurs. Les acteurs ne sont pas faits pour le théâtre, mais le théâtre pour les acteurs.

Les sciences naturelles expliquent le théâtre, les sciences philosophiques les acteurs; c'est pourquoi les premières sont plus avancées que les secondes.

## VIII

La poésie chante les sentiments de l'époque sur le bien, le beau et le vrai. Elle exprime la pensée confuse des masses d'une manière plus animée, mais non plus claire, parce qu'elle sent plus vivement cette pensée sans la comprendre davantage. La philosophie la comprend. Si la poésie comprenait, elle deviendrait la philosophie et disparaîtrait. Voilà pourquoi Pope et Voltaire sont des philosophes et non des poètes. Voilà pourquoi la poésie est plus commune et plus belle dans les siècles peu éclairés, plus rare et plus froide dans les siècles de lumières. Voilà pourquoi dans ceux-ci elle est le privilége des ignorants.

La nature de la poésie la soumet à la loi de changer avec les sentiments populaires; autrement elle cesserait d'être vraie. Le poëte ne peut sentir les sentiments d'une autre époque; s'il les exprime, il ne fait qu'en copier l'expression : il est classique; ce qu'il produit n'est pas de la poésie, mais l'imitation d'une poésie qui n'est plus. Voilà pourquoi la mythologie n'est plus poétique; voilà pourquoi le christianisme ne l'est plus guère; voilà pourquoi la liberté le serait tant si nous la comprenions moins.

Les vrais poëtes exprimant les sentiments de leur époque, leurs ouvrages sont des monuments extrèmement précieux pour l'histoire du développement de l'humanité. Mais il faut être fort pour les interroger. Les philosophes sont plus clairs, mais moins sûrs[1]. Les

---

1. Voyez pourquoi, dans le morceau intitulé *La philosophie et le sens commun*.

arts étant des formes de la poésie, leurs productions sont aussi des monuments curieux. Ils expriment plus particulièrement, il est vrai, les sentiments de l'époque sur le beau ; mais tout se tient dans la pensée humaine, et telle idée du beau a dû correspondre dans le développement de l'intelligence à telle idée du vrai et du bon ; ces choses-là s'impliquent mutuellement. Mais, encore une fois, il faut avoir étudié profondément les lois de la nature humaine pour comprendre et interpréter sûrement de pareils témoignages.

Les vrais poëtes, les vrais artistes sont toujours de leur temps. Les philosophes en sont toujours par leur point de départ ; mais, comme nous l'avons dit, leur mission est de le devancer et de préparer l'avenir. Ils partagent les sentiments de leur époque, c'est leur point de départ ; ils les réfléchissent, les comprennent et les expriment, c'est leur œuvre ; alors, et par eux, l'époque comprend ce qu'elle aime, ce qu'elle pense, ce qu'elle veut ; alors son symbole est rédigé, et de toutes ses forces elle tend à conquérir ce qu'elle veut et ce qu'elle aime ; et il est nécessaire qu'elle en vienne à bout. Elle écrase les passions qui s'y opposent, comme le rocher détaché du sommet d'une montagne les faibles arbrisseaux qui sont sur sa pente.

Là se borne l'œuvre de la plupart des philosophes. Mais quelques-uns, en très-petit nombre, vont plus avant, et envisageant non plus seulement leur époque et ses sentiments, mais l'homme et les lois de sa nature, mais l'humanité et sa marche depuis que le passé en porte témoignage, ils entrevoient plus ou moins, par delà les tendances de leur temps, la destinée et les tendances de l'humanité. A eux se révèlent, non plus seulement la forme de vérité, de beauté et de moralité à laquelle aspire leur époque, mais la vérité, la beauté, la moralité dégagées de toutes formes et passant de l'une à l'autre sans changer. Mais cette découverte est inutile à leurs contemporains, qui ne peuvent comprendre que ce qui est vrai, bon et beau pour eux et leur siècle.

C'est ainsi que l'histoire peut retrouver chez les nations les plus anciennes, et presque au berceau de l'humanité, des monuments de sagesse qui l'étonnent, tant elle y rencontre nettement indiquées des idées dont la découverte semble récente. Mais il ne faut pas qu'elle s'y trompe, ni qu'elle en induise rien contre la marche progressive de l'humanité. Des philosophes ont pu entrevoir depuis longtemps des vérités qui commencent à peine à devenir populaires, sans que pour cela l'antiquité nous ait devancés. Ils étaient inintelligibles à leur époque; il a fallu des siècles de progrès pour qu'ils soient devenus intelligibles à la nôtre.

Les formes absurdes, dont l'antiquité revêtit les sublimes vérités que la philosophie de nos jours prétend retrouver dans les monuments de ses religions, prouvent que, si ces vérités furent réellement comprises à cette époque par quelques hommes de génie et enseignées aux peuples, ces peuples enfants n'y entendirent rien; car ils en firent des contes ridicules, au prix desquels nos contes de fées peuvent passer pour des chefs-d'œuvre de raison et de vraisemblance.

Il est même fort à craindre que nos philosophes ne se fassent illusion et ne prêtent gratuitement leurs lumières aux prêtres des vieilles religions. Pour retrouver dans les fables orientales une doctrine profonde de cosmogonie, il faut y mettre, ce nous semble, beaucoup de bonne volonté; et, malgré tout ce que l'interprétation offre de facilité à des esprits subtils, encore est-il que l'excès d'absurdité du texte confond souvent leurs efforts. C'est ce qui fait que l'ouvrage de Creutzer, illustré par M. Guigniaut avec avec une admirable patience, est parfois si complétement inintelligible.

Les Allemands, qui travaillent avec tant d'ardeur à décorer l'enfance de l'humanité des conquêtes de sa maturité, nous semblent porter en toutes choses plus de génie que de bon sens.

Quoi qu'il en soit, de tout temps il a été possible à la réflexion de s'élever bien au-dessus des lumières de l'époque et de dégager plus ou moins la vérité de ses formes passagères. Mais encore, le temps est-il pour quelque chose dans ce dégagement. Les sages qui de loin en loin ont suivi cette route ignorée du vulgaire ne sont pas tous parvenus au même point; les derniers, s'élançant pour ainsi dire d'un poste plus avancé, sont allés plus avant; en sorte qu'ici même la marche progressive de l'esprit humain se fait sentir.

Quelques poètes ont eu le sentiment obscur de cette vérité, de cette beauté, de cette moralité pure, dégagée de toute forme. Ils l'ont chantée dans des hymnes d'une mysticité sublime, mais inintelligibles au grand nombre, comme l'objet même de leur enthousiasme. La difficulté de cette sorte de poésie est de trouver des formes pour exprimer une chose qui n'en a point. Il y a des images pour rendre la vérité païenne; il y en a pour rendre la vérité chrétienne; il n'y en a point pour rendre la vérité pure. De là vient que la poésie mystique, de loin en loin sublime par bonheur, est habituellement, sauf pour les initiés, ridicule par nature.

# IV

## BOSSUET, VICO, HERDER

(1826)[1]

Le discours sur l'histoire universelle de Bossuet parut en 1681 ; c'est le premier ouvrage où l'on ait cherché les lois selon lesquelles l'humanité s'est développée. L'ouvrage de Vico, qui parut en 1725, est le second. Bossuet avait trouvé dans la Bible la solution du problème ; Vico la chercha dans l'histoire. Si donc Bossuet eut la gloire de poser la question, Vico eut celle de la débattre le premier d'une manière philosophique. On trouve également dans ces deux ouvrages la grandeur d'esprit du XVIIe siècle ; mais cette grandeur a rencontré dans Bossuet un génie puissant et facile qui la déploie avec aisance et majesté ; elle s'allie dans Vico avec les formes pénibles et les habitudes incultes d'un jurisconsulte et d'un érudit ; c'est une grande lumière au milieu d'un nuage ; elle y demeure ensevelie et ne se manifeste que par des éclairs. Du reste, la pensée de Bossuet se prêtait mieux à la beauté de la forme que celle de Vico. De la hauteur de son point de vue, Bossuet explique l'histoire comme

---

1. *Globe*, 17 mai 1827 ; tome V, page 99.

s'il l'avait faite. Convaincu des desseins qu'il prête à la Providence, les événements ne sont à ses yeux que les moyens dont elle s'est servie pour les accomplir : il ne lui reste qu'à le faire voir, ce qui n'est jamais bien difficile quand on a le dénouement pour soi et le mystère de la pensée de Dieu pour complice. De là une exposition rapide où tout s'enchaine, s'ordonne, se concentre comme dans une épopée. Vico, qui ne cherchait la loi des événements que dans les événements eux-mêmes, n'avait pas si beau jeu. Sans avoir la lucidité d'esprit de Montesquieu, il avait à surmonter toutes les difficultés de son point de vue, et sa tâche était infiniment plus vaste. Montesquieu ne cherchait que l'esprit des institutions; Vico en cherchait la loi, et non-seulement la loi des institutions, mais la loi de toutes les autres choses qui expriment la pensée humaine, et celle de la pensée humaine elle-même, dans laquelle toutes les autres viennent se résumer. Si Vico était parvenu à déduire rigoureusement de l'histoire la solution d'une pareille question, son livre serait le plus grand monument philosophique qui fût sorti de la main d'un homme. Mais, en supposant que les éléments de cette solution existent, et qu'on puisse les trouver dans les pages déchirées de l'histoire et dans la connaissance approfondie de l'homme et de la terre qu'il habite, recueillir ces éléments et en exprimer la conséquence cherchée ne pouvait être la gloire du premier qui en conçut la pensée. Le monde physique ne change pas, il marche aujourd'hui comme il marchait hier; et cependant, après tant de travaux, nous ne connaissons encore que quelques-unes de ses lois. L'humanité au contraire est essentiellement mobile; sa loi est la loi d'une chose qui marche, et non pas d'une chose qui tourne. Pour trouver cette loi, il faut donc savoir non plus seulement comment l'humanité va, mais comment elle est allée. Ainsi, tandis que l'observation du présent est le seul élément nécessaire de la science de la nature, la science de l'humanité en exige un autre, l'histoire du passé. Si donc la science de la nature est un de ces travaux qu'il n'appartient qu'à l'espèce d'accomplir, à plus forte raison en est-il de même de la science de l'humanité. La gloire de Vico est d'avoir conçu que le développement de l'humanité est soumis à une loi, et qu'il faut la chercher; par lui a commencé la philosophie de l'histoire, science nouvelle comme il la nomme, et qui est encore bien neuve après un siècle d'existence. Mais il n'a point trouvé cette loi, et ne devait point la trouver. Devant une pareille question, l'esprit le plus puissant ne pouvait produire qu'un système. Celui de Vico est une vue hardie, appuyée de quelques faits. On sent que, ne pouvant découvrir, il a deviné, et que cependant il a voulu mettre sa théorie sous la protection des faits. De là, dans son livre, une lutte continuelle de la méthode géométrique et de la méthode inductive, qui trouble sans cesse la marche de la composition; mais, dans le débrouillement pénible de son idée, il ouvre de grandes perspectives, et son ouvrage serait encore un beau monument quand bien même il n'aurait pas précédé tous les autres.

L'ouvrage de Herder, postérieur de cinquante années à celui de Vico, est un autre système sur la question. La méthode est la même. Herder, comme le philosophe napolitain, cherche *a priori* comment l'humanité a dû se développer; puis il confirme sa théorie par l'histoire. Mais il y a cette grande différence entre Herder et Vico, que celui-ci fait de l'homme un être à peu près indépendant de la nature extérieure, et qui se développe partout de la même manière, parce que son développement n'a d'autre principe que les lois absolues de sa pensée; tandis qu'aux yeux de l'autre, l'homme est l'esclave de la nature extérieure, qui lui donne ses idées, et lui imprime dans les diverses localités des développements différents. De là vient que Vico arrive à une loi absolue de l'humanité, tandis que Herder trouve pour chaque peuple une loi particulière, qui est l'effet d'une combinaison spéciale des influences extérieures. C'est beaucoup aussi la pensée de Montesquieu. On voit que Herder et Vico représentent dans la philosophie de l'histoire les deux écoles métaphysiques du matérialisme et du spiritualisme, écoles également exclusives dans le principe et dans l'application. Herder a négligé le rôle de l'homme dans le développement de l'humanité, et Vico celui de la nature. Il est évident que le développement de l'humanité résulte tout au moins du concours de ces deux principes. Y en a-t-il un troisième, et Dieu serait-il intervenu? Ni Herder ni Vico ne repoussent cette idée, mais aussi ni l'un ni l'autre ne la font saillir; Bossuet s'était chargé de ce soin. S'emparant de la face religieuse de la question, qu'il est impossible de dérober à l'imagination de l'humanité, et faisant de l'action perpétuelle de Dieu sur les événements le principe unique de ce qui arrive, Bossuet avait bâti sur ce fondement une troisième explication de l'histoire. Ainsi commencent les sciences : chaque principe réel ou possible est à son tour évoqué et proclamé comme principe unique, avant qu'on ait même analysé les faits qu'il s'agit d'expliquer. Ces systèmes mis en présence laissent la question indécise; alors on en vient aux faits, par lesquels on aurait dû commencer; l'ère de l'observation s'ouvre, et les systèmes tombent dans un mépris qu'on ne sait point renfermer dans de justes limites ; car ces systèmes qu'on dédaigne ont révélé les différentes faces de la vérité, et l'éclectisme ne s'aperçoit pas qu'il lui fallait ces précurseurs.

Ce qui éclate dans Bossuet, dans Vico, dans Herder, c'est le mépris de l'histoire. Les faits plient comme l'herbe sous leurs pieds, prennent sous leurs mains hardies toutes les formes possibles, et justifient avec une égale complaisance les théories les plus opposées. On prendrait l'histoire pour un lâche témoin qui se laisse forcer aux dépositions les plus contradictoires, et, dans notre idolâtrie historique, nous accuserions volontiers d'immoralité les hommes qui la soumettent ainsi aux caprices de leurs vues. Mais n'oublions pas que le propre des créateurs de systèmes est d'ignorer les faits. C'est à cette condition qu'ils les défigurent. Autrement ce leur serait une chose impossible. Connaître exactement les faits n'est pas de leur époque ; c'est le propre de l'époque suivante. Bossuet et Herder ne savaient que le gros de l'histoire ; ils la savaient en poëtes, et ils la traitaient poétiquement sans s'en apercevoir et sans la moindre intention de l'altérer. Si nous ne nous trompons, Vico l'avait vue de plus près ; aussi l'embarrasse-t-elle davantage, et de là, selon nous, l'infériorité littéraire de sa composition. De ces trois grands ouvrages, celui de Vico est sans contredit le plus historique et le plus mal fait.

# V

## DU ROLE DE LA GRÈCE DANS LE DÉVELOPPEMENT DE L'HUMANITÉ

### (1827)[1]

> *Unde humanitas, doctrina, religio, fruges, leges ortæ, atque in omnes terras distributæ.*
> Cic., pro L. Flacco, 26.

...En contemplant ce sol hérissé de tant de montagnes, ces côtes si profondément découpées, ces îles semées comme des postes avancés sur la route maritime de l'Asie, involontairement notre mémoire nous a rappelé l'antique destinée de ce coin du monde et le rôle immortel qu'il a rempli dans les voies de la Providence. Ce fut là qu'il y a trente siècles, les vents et les flots apportèrent de l'Orient les germes de la civilisation. Ces germes, vingt fois fécondés par l'influence du plus beau ciel dans les plaines de l'Asie, en avaient été vingt fois arrachés. En vain de larges fleuves, un sol incomparable, et la plus heureuse température semblaient con-

---

1. *Globe*, 16 juin 1827; tome V.

courir pour appeler l'homme, dans ces plaines ravissantes, à la culture des arts, à la politesse des mœurs, au développement de la pensée, et à la connaissance de Dieu et de la nature. Des montagnes du Nord et des sables brûlants du Midi, s'élançaient tour a tour deux races sauvages et rivales qui, dans leurs débordements rapides, balayaient, tous les siècles, cette arène ouverte et sans défense. Ces races inépuisables s'en venaient s'amollir par détachements dans ce jardin délicieux ; mais, barbare en arrivant, chaque tribu conquérante commençait par détruire, et bientôt chassée par une autre, elle n'avait point le temps de passer de la mollesse qui adoucit les âmes à la civilisation qui les élève. Il était dans la destinée des plaines de l'Asie d'éveiller dans le cœur de l'homme l'instinct de la civilisation, mais il fallait au développement de cet instinct une sécurité qu'elles n'offraient point. Des contrées moins ouvertes que ce grand chemin des barbares furent les premières écoles de l'humanité naissante. Et toutefois, ni le désert de sable qui sépare l'Égypte de la Syrie, ni les hautes tours de la superbe Tyr, ni le rempart du Taurus, qui enveloppe l'Asie Mineure comme une muraille, n'étaient des sauvegardes suffisantes contre les sauvages agitations du centre de l'Asie. Tôt ou tard, ces trois barrières devaient tomber devant la puissance d'un de ces empires que la main des barbares élevait et renversait incessamment sur les bords de l'Euphrate. Il fallait aux semences de la civilisation un asile encore plus sûr ; il leur fallait l'abri plus éloigné des rochers de la Grèce, et la protection des mers éternellement agitées qui l'entourent. Séparée de l'Asie par l'Hellespont et la longue avenue de la Thrace, couverte au nord par cette haute chaine de montagnes qui la sépare, ainsi que l'Italie, des plaines ouvertes de l'Europe septentrionale, environnée de tous les autres côtés par les flots, la Grèce, à toutes ces fortifications extérieures, joint l'avantage d'être construite au-dedans comme un château du moyen-âge. Une muraille y succède à une muraille, une porte à une porte; c'est un labyrinthe inextricable qui garde toujours une issue et un asile pour ses défenseurs après chaque défaite, un piége et un péril pour ses ennemis après chaque victoire. Sur cette terre, éclairée par un beau soleil, baignée par des mers pittoresques, parée jusqu'à la profusion des sauvages ornements d'une végétation vigoureuse, la Providence avait jeté, pour l'élever au profit de l'humanité, une race d'hommes non moins admirablement organisés; race active, brave, d'une imagination audacieuse et poétique, amie de l'eau et des montagnes, et, par conséquent, de l'indépendance et des hasards; propre à tout, à la philosophie comme aux affaires, aux arts comme à la vertu, aux travaux de la guerre comme à ceux de la paix; race de génie qu'aucune autre n'a égalée, et dont nous laissons indignement périr sous nos yeux les déplorables restes. Si jamais peuple fut prédestiné par le ciel pour un destin spécial et mérita le nom de peuple de Dieu, ce fut celui-là. Il le fut pendant dix siècles, puisque pendant dix siècles il marcha à la tête de l'humanité, lui frayant une route immortelle; il le fut par-dessus tous ceux qui avaient été choisis auparavant et qui l'ont été après, puisque ce fut par lui et chez lui que prit définitivement racine au milieu de l'humanité cet arbre de la civilisation qui doit, à la longue, couvrir la terre de son feuillage.

Quelles journées que celles de Marathon, de Salamine et de Platée dans l'histoire de l'espèce humaine! Jusqu'alors la civilisation naissante avait toujours succombé sous la puissance des barbares. Aux rives de l'Euphrate et du Tigre, en Syrie, en Égypte, sur les côtes fortunées de l'Asie Mineure, à toutes les époques et partout, elle avait été la plus faible. Dans ces trois journées d'éternelle mémoire, elle eut le dessus pour la première fois ; pour la première fois, le nombre échoua contre l'intelligence, et la force connut un frein. Après l'obscurité qui avait été la nourrice de son enfance, il fallait à la civilisation l'indépendance pour arriver à la virilité ; elle la gagna dans la guerre médique, à l'aide des rochers et des flots de la Grèce. Fécondé par le sang de ces premiers défenseurs, et désormais à l'abri du fer des barbares, le jeune arbre grandit rapidement et ranima de tous côtés ses rameaux effeuillés par l'orage. Pendant qu'au dedans la sève travaillait durant les vingt-sept années de la guerre du Péloponèse, les colonies insulaires et asiatiques, avant-postes de la métropole, relevaient la tête et florissaient à l'ombre de sa puissance respectée. D'autres croissaient pour la civilisation de l'Occident, et sur les côtes de la Sicile, et sur le rivage de cette Italie où sommeillait, encore au berceau, la future héritière de la Grèce, et où se préparait de longue main ce nouveau foyer de lumière autour duquel devaient être appelées tant de nations barbares. Ainsi se développait de tous côtés et se fortifiait peu à peu la puissance du peuple choisi. Enfin, quand son éducation fut assez avancée et qu'il eut acquis, dans la retraite des Dix mille et sous les enseignes d'Agésilas, la conscience de ses destinées, Dieu ramassa toutes ses forces dans la main d'Alexandre afin qu'il les accomplît. Après la guerre médique, l'expédition d'Alexandre est le plus grand événement dont l'histoire ait gardé le souvenir. La guerre médique avait sauvé la civilisation au berceau ; l'expédition d'Alexandre fut le premier acte de sa jeunesse. Elle fut le début de cette longue lutte de la civilisation contre la barbarie, qui est le fond de l'histoire de l'humanité, parce qu'elle est le fond de sa destinée. Auparavant, la civilisation n'avait point osé entrer en lice; trop heureuse d'avoir la vie sauve et de croître indépendante dans un coin caché du monde, elle laissait l'empire à sa rivale. Elle sortit enfin de sa retraite sous l'enseigne d'Alexandre; elle mit le pied dans l'arène qu'elle n'a plus abandonnée, et dès lors la possession de la terre fut disputée. Aussi cette expédition fut quelque chose de nouveau dans le monde. Elle n'eut point les caractères des invasions barbares qui l'avaient précédée. Au lieu de vaincre par la force, Alexandre vainquit par l'art; au lieu de détruire, il fonda; au lieu d'abrutir, il éclaira. Excepté quelques colléges de prêtres qui cachaient comme un mystère le peu de science qu'ils avaient, Alexandre ne rencontra sur son chemin qu'une fastueuse barbarie : de l'or, point de vertus; des satrapes et des esclaves, point d'hommes. Partout la supériorité de la race grecque éclata dans tout ce qui est du domaine de l'âme et de la pensée; partout aussi les peuples s'élevèrent en subissant son joug. Ce fut moins une conquête qu'une mission; le général avait le génie d'un apôtre, et ses victoires avaient des lendemains où le disciple d'Aristote éclipsait le roi de Macédoine. Jusqu'alors, il n'y avait point de monde; il n'y avait que des nations isolées, ennemies, ou inconnues les unes aux autres, avec des génies, des habitudes, des directions différentes. Cyrus, comme tous les barbares, n'avait fait qu'un empire; l'expédition d'Alexandre mit en contact, mêla et jeta dans un même système toutes les nations de l'Orient. Par elle, les idées de toutes ces nations firent connaissance; elles se comprirent, se contrôlèrent, se rallièrent au flambeau de l'esprit grec, et de cette union intellectuelle résulta le premier monde civilisé, le monde grec ou oriental, du sein duquel sortit le christianisme. Le christianisme, comme philosophie, fut le résumé populaire de tout ce que la sagesse de ce premier monde avait trouvé de vrai sur la destinée de l'homme. Les religions précédentes, filles des sens et de l'imagination, n'avaient été que des religions d'enfants et de barbares. Elles étaient toutes d'une date antérieure à la civilisation. Le christianisme fut la première religion réfléchie, la première religion d'hommes. Il fut le produit, l'expression et le couronnement du premier âge de la civilisation, et par cela même, le principe et l'âme du second. Ainsi s'accomplit le rôle immortel de la Grèce dans les destinées de l'humanité. Dès lors, la civilisation forma sur la terre un corps puissant et désormais invincible. La boule de neige était faite, il ne lui restait plus qu'à tourner sous la main du temps pour ramasser l'humanité. Une fille de la Grèce, Rome, réunissait alors sous son empire les nations de l'Occident. Quand cet empire fut grand, il se jeta sur le monde oriental; et du mélange se forma un monde plus vaste, le monde des rives de la Méditerranée, le monde méridional ou romain. Alors le Midi et le Nord se mirent en communication, le Midi civilisé et le Nord barbare; et une nouvelle agglomération se prépara. Quand on jette une brassée de bois vert sur un feu bien allumé, d'abord ce nouvel aliment semble l'étouffer; à l'éclat pur qu'il répandait succèdent tout à coup des torrents de fumée; mais, à la fin, l'eau s'évapore, les fibres se dessèchent et s'embrasent, la flamme se fait jour, et le foyer resplendit d'une clarté nouvelle et plus puissante. C'est l'image de ce qui arriva quand les populations sauvages du Nord vinrent se fondre dans les populations policées du Midi. L'équilibre s'établit pour ainsi dire entre la barbarie des unes et la civilisation des autres, et il en résulta une civilisation moyenne qui devint celle du mélange. A ce prix seulement, les races nouvelles pouvaient être assimilées aux races anciennes et élevées à leur niveau. Mais la barbarie est un élément inerte, au lieu que la civilisation est un principe actif. En fermentant ensemble, la civilisation devait donc peu à peu et à la longue absorber la barbarie. Cette opération chimique s'accomplit lentement durant le moyen âge, du sein duquel sortit à la fin le troisième monde civilisé, le monde européen, plus vaste que le monde romain, comme celui-ci avait été plus vaste que le monde grec. Ce troisième monde, qui est à peine achevé, a déjà commencé à en enfanter un quatrième, le monde américo-européen, qui étend ses bras en Asie par le nord et le sud, enveloppe l'Afrique, prend position dans la Nouvelle-Hollande, possède ou surveille toutes les îles de la terre, et deviendra avec le temps le monde total et définitif, le véritable monde, le monde de l'humanité. Voilà l'immense horizon que la civilisation a rempli de sa lumière, depuis le jour où elle brilla comme un faible crépuscule sur les montagnes solitaires de la Grèce. Ses premiers progrès furent lents et pénibles : il lui fallut mille ans pour sortir de son berceau; mais elle gagna des forces en avançant; et, dans les temps modernes, trois siècles lui ont suffi pour soumettre un monde. Aujourd'hui, c'est un géant qui n'a plus de rival sur la terre; les barbares fuient devant son souffle; elle n'a désormais que des conquêtes à faire, nulle part des luttes sérieuses à soutenir. Cependant, au milieu de ses prospérités, qu'a-t-elle fait de la Grèce, sa glorieuse patrie? Faut-il le dire, et rappeler ce que nous avons vu depuis six ans ? La Grèce qui, la première, vainquit les barbares, était depuis trois siècles leur misérable esclave. Enfin; après avoir si longtemps souffert, se voyant entourée de peuples civilisés qu'elle avait droit de regarder comme ses enfants, les voyant riches et puissants, les voyant en paix entre eux et avec le monde, elle s'est soulevée pour la liberté, espérant qu'ils ne la délaisseraient pas, et que, n'ayant rien de mieux à faire, ils se souviendraient de Léonidas et de Thémistocle. Mais elle avait trop présumé. Engagée dans une lutte inégale, elle y est restée seule avec son désespoir. Pillée, brûlée, vendue, affamée, elle nous a tendu les bras; elle a demandé à être la dernière parmi nous; elle consentait à devenir notre servante, notre esclave : rien. durant six années, n'a pu troubler le sang-froid de nos diplomates, et il a fallu que la charité des artisans lui envoyât du pain pour se nourrir, du linge pour panser ses blessures, et quelques armes pour vendre plus chèrement son dernier soupir ! Et cependant la Grèce est en Europe, et cependant l'Europe est chrétienne, et cependant une chiquenaude de l'Europe pouvait renvoyer en Asie les maîtres indignes de la Grèce. Ah ! sans doute les rois ne savent pas l'histoire; autrement, une compassion plus prompte aurait brisé plus tôt la ligue ministérielle qui les retenait. Mais enfin, nous sommes sortis de cette honteuse indifférence, et de meilleurs conseils ont été entendus; la force des choses a triomphé des intrigues d'un moment, comme elle a fait toujours, et ce coin de l'Europe sera rendu à la civilisation qui en est sortie. Aussi bien la Providence ne peut-elle suspendre le vaste plan qu'elle poursuit depuis quarante siècles, par égard pour M. de Metternich et pour les jésuites qui n'entendent pas comme elle les destinées de l'espèce humaine. Fallait-il que l'Hellespont cessât de couler, parce que l'imbécile Xercès jetait dans ses flots quelques aunes de chaines, et frappait de verges son sein majestueux?

# VI

## DE L'ÉTAT ACTUEL DE L'HUMANITÉ

(1826) [1]

### I

Parmi les peuples répandus sur la surface de la terre, il n'en est pas deux qui présentent exactement le même état de civilisation. La différence entre quelques-uns est énorme ; elle est encore sensible entre ceux qui se ressemblent le plus. Toutefois, quand on envisage l'espèce humaine d'un peu haut, on la voit se diviser en quelques grandes masses où viennent se ranger à peu d'exceptions près toutes les nations du monde. Ce sont comme autant de familles de peuples, qui ont chacune leur drapeau et leur direction particulière. Dans le sein de ces familles, il y a beaucoup d'inégalités ; les nations qui les composent ne sont point aussi avancées les unes que les autres ; mais toutes se suivent dans la même voie et sont entraînées par le même mouvement. Ainsi,

---

[1]. L'auteur place sous ce titre les deux premières leçons d'un cours sur la philosophie de l'histoire, fait par lui en 1826. La première a paru dans le *Globe* du 13 octobre 1827, tome VI, page 49 ; l'autre est inédite.

par exemple, quoiqu'il y ait loin de la civilisation de la Russie à celle de la France ou de l'Angleterre, il est facile de voir cependant que les Russes sont engagés dans le même système de civilisation que les Français et les Anglais. Ils sont derrière nous, il est vrai, mais ils nous suivent : les mêmes idées les attirent, la même lumière les dirige vers un but qui nous est commun, et autour duquel ils gravitent comme nous, quoique de plus loin. Ce sont des enfants plus jeunes d'une même famille, des élèves moins forts d'une même école de civilisation. On ne pourrait en dire autant des Turcs, bien qu'ils soient comme les Russes une nation de l'Europe. Il est évident qu'ils appartiennent à une autre civilisation que la nôtre. Malgré la puissante attraction que nous exerçons sur eux depuis qu'ils sont venus camper parmi nous, ils ne sont point entrés dans nos voies. Il y a entre eux et nous autre chose qu'entre nous et les Russes. La Russie est la dernière planète de notre système; la Turquie d'Europe appartient à un autre, et il serait aussi difficile d'entraîner les Turcs dans notre mouvement que d'empêcher les Russes de le suivre.

Si ces exemples ont fait comprendre notre idée, il paraîtra tout simple de chercher d'après cette indication les différents systèmes de civilisation dans lesquels l'espèce humaine est partagée. Or, si on retranche les tribus sauvages qui n'ont point encore été converties à un ordre de choses qu'on puisse appeler civilisé sans faire violence au langage, et qui, dans des états de barbarie plus ou moins grossiers, sont répandues çà et là sur la surface de la terre; si, dis-je, on retranche cette partie de l'espèce humaine, encore étrangère à la civilisation, on verra que le reste se groupe à très-peu d'exceptions près en trois grandes familles, qui sont les nations chrétiennes, les nations musulmanes et les nations brahminiques. Le christianisme, le mahométisme et le brahminisme sont les trois grandes écoles, les trois grands systèmes de civilisation qui se partagent tout ce qui n'est point barbare sur la terre.

L'école musulmane occupe l'Asie occidentale, le nord et l'orient de l'Afrique, jusqu'à une profondeur inconnue. L'école brahminique possède l'Asie orientale et les grandes îles qui la bordent au levant et au sud. L'école chrétienne embrasse l'Europe et l'Amérique; elle pénètre dans l'Asie par le nord et le midi; elle a des colonies partout. Le reste de l'espèce humaine est sauvage ou ne compte pas.

Environ deux cent trente millions d'hommes sont entraînés dans le mouvement chrétien; le mahométisme en comprend à peu près cent vingt millions; le brahminisme, dans ses différentes sectes, deux cents. Cent millions de barbares forment le surplus des habitant de la terre. Ils sont tellement épars et circonvenus, que cette portion de l'humanité ne présente aucune force et n'exerce aucune influence.

Les nations mahométanes et les nations brahminiques forment deux familles tout aussi distinctes l'une de l'autre qu'elles le sont des nations chrétiennes. De même que, dans le sein de la famille chrétienne, les peuples ne sont pas tous arrivés au même point et sont divisés d'opinions sur plusieurs questions, de même dans le sein du brahminisme et du mahométisme on trouve des sectes et des degrés de civilisation différents. Mais tout comme, en dépit des différences de civilisation ou d'opinions qui les distinguent, tous les peuples de la famille chrétienne sont cependant évidemment engagés dans le même mouvement d'idées, tout de même, malgré les sectes qui les divisent, et sous les formes diverses que les localités et d'autres causes leur ont imprimées, les nations mahométanes et les nations brahminiques ont respectivement entre elles des rapports d'opinions et d'habitudes qui les rallient à une même bannière et les font graviter vers une forme commune de civilisation. Il y a entre l'Inde, la Chine et le Japon, la même diversité et la même unité qu'entre l'Espagne, la France et l'Angleterre. Mais quand on saute de la Chine en France, ou de l'Inde en Turquie, ou de la Perse en Espagne, on sent qu'on change de monde et qu'on passe d'un système de civilisation dans un autre.

Ce sont en effet trois systèmes de civilisation qui ont fondé ces trois grandes familles de peuples et qui les séparent si profondément; et ces trois systèmes de civilisation sont, en d'autres termes, trois religions ou trois philosophies différentes, la chrétienne, la mahométane et la brahminique. Cela n'a rien de surprenant. Une véritable religion n'est autre chose qu'une solution complète des grandes questions qui intéressent l'humanité, c'est-à-dire de la destinée de l'homme, de son origine, de son avenir, de ses rapports avec Dieu et ses semblables. Or, c'est en vertu des opinions que les peuples professent sur ces questions, qu'ils se donnent un culte, des lois, un gouvernement, qu'ils adoptent certaines pensées, certaines habitudes, certaines mœurs, qu'ils aspirent à un certain ordre de choses qui est pour eux l'idéal du beau, du bien, du bon et du vrai en ce monde. Toute véritable religion entraîne donc nécessairement après soi, non-seulement un certain culte, mais une certaine organisation politique, un certain ordre civil, une certaine politique et de certaines mœurs. En un mot, toute religion enfante une civilisation tout entière, qui est à elle comme l'effet est à sa cause, et qui tôt ou tard doit nécessairement et inévitablement se réaliser.

C'est parce que le brahminisme, le christianisme et le mahométisme sont trois religions complètes et vraiment originales, que les civilisations des peuples qui les professent sont vraiment différentes. Quelque part que vous alliez, au sein même de l'empire du mahométisme ou du brahminisme, partout ou vous trouvez des chrétiens, de quelque secte qu'ils soient, et quelque grossière que soit cette secte, vous retrouvez le caractère de la civilisation européenne. Les climats, les races d'hommes ne peuvent, pas plus que les sectes, effacer cette identité profonde, quoique la surface, les formes, la couleur, si je puis parler ainsi, en soient affectées. Haïti, peuplée de noirs et placée sous la ligne, est entraînée dans notre système de civilisation. Les catholiques grecs de Russie, les protestants de Prusse, les nestoriens d'Asie, les quakers de l'Amérique et les catholiques romains de France, marchent dans les mêmes voies. C'est que les sectes d'une religion ne sont point des altérations, mais des développements et peut-être des perfectionnements de son principe ; ce sont des rameaux du même tronc, nourris de la même sève, et qui doivent porter des fruits semblables ; tandis que des religions distinctes, comme le christianisme et le mahométisme, sont des arbres différents qui se couvrent de feuilles, de fleurs et de fruits de natures diverses.

La différence profonde et vraie qu'il y a entre les sauvages et les peuples civilisés, c'est que ceux-là n'ont encore que des idées très-vagues sur les grandes questions qui intéressent l'humanité ; en sorte que ces idées n'ont pas pu se préciser assez pour se rallier et s'organiser en système. Si la vie errante de la plupart des tribus sauvages est un obstacle à ce que ces solutions se précisent, parce que les loisirs et la paix, qu'amènent toujours une habitation fixe et la culture de la terre qui en est la suite, permettent des réflexions plus attentives et plus fortes, on peut dire aussi que l'absence de ces solutions précises entretient la vie errante et isolée des tribus sauvages. Si le système était trouvé, il faudrait qu'elles se fixassent pour en organiser les conséquences; ce système, plus fort que les idées vagues des peuplades voisines, attirerait celles-ci, les subjuguerait; une agglomération toujours croissante se formerait, et une nation civilisée naîtrait. Partout où on a trouvé des nations organisées, comme au Mexique et au Pérou, on a trouvé un système précis et formulé; partout, au contraire, où on a trouvé des tribus errantes ou sauvages, on a trouvé en même temps des idées vagues sur Dieu et la destinée de l'homme. Les sauvages de toutes les parties du monde en sont encore, sauf très-peu d'exceptions, au fétichisme en religion; c'est-à-dire qu'ils en sont encore à chercher l'idée dont ils ont le sentiment mais non pas la conception. Tant que les Pélasges errèrent dans leurs forêts, ils appelaient leurs dieux θεοί, mais ne leur donnaient point de noms particuliers; c'est qu'ils n'en avaient point encore d'idées précises, et en étaient au fétichisme. Ils ne se fixèrent et ne se civilisèrent qu'autour des systèmes religieux importés de Phénicie et d'Égypte. C'est en vertu de cette attraction, qu'un système arrêté de solutions des grandes questions humaines exerce sur les hommes qui n'en ont point, que nous voyons la portion sauvage de l'humanité diminuer tous les jours, et se rallier peu à peu aux puissants systèmes des nations civilisées. Ce phénomène se produit d'une manière bien remarquable en Amérique et en Sibérie. De là les succès faciles de nos missionnaires chez tous les peuples vraiment sauvages, et leur peu de succès chez les peuples civilisés : ils ne peuvent agir sur ceux-ci que par la supériorité de vérité du système chrétien. La supériorité de vérité est aussi une supériorité de force et donne la supériorité d'attraction. C'est aux conquêtes du christianisme que nous reconnaissons sa supériorité de vérité, comme on l'a fort bien dit, et cette supériorité de vérité lui promet la domination du monde. C'est en vertu de cette même supériorité que les conquérants de l'empire romain et ceux de l'empire chinois ont été conquis aux systèmes de civilisation des peuples qu'ils avaient subjugués.

D'après tout ce qui précède, on peut donc considérer le monde comme soumis à l'attraction de trois forces ou de trois systèmes de civilisation différents : le christianisme, le brahminisme et le mahométisme. Car, comme nous venons de le voir, les nations sauvages n'ont pas de systèmes, et n'exercent aucune attraction ; elles sont le reste de la matière première de la civilisation, et ce reste sera tôt ou tard mis en œuvre, ou, ce qui revient au même, aggloméré aux masses civilisées déjà formées. Et le fait confirme cette vue théorique. L'espèce sauvage diminue tous les jours et de deux manières : d'abord par la conversion de quelques tribus à la civilisation, et en second lieu par l'augmentation rapide de la population chez les peuples civilisés, augmentation qui, ne se produisant pas chez les sauvages, où la population reste stationnaire, accroît tous les jours la supériorité relative des uns et la faiblesse relative des autres.

S'il y avait quelque part sur la terre une grande masse de peuples sauvages en contact, comme il y en avait au nord et dans le centre de l'Asie au IVe siècle, on pourrait admettre la possibilité qu'un système, se produisant tout à coup au sein de cette masse, agglomérât les peuples qui la composent, et créât tout à coup une quatrième civilisation, un quatrième centre d'attraction. Mais cette masse n'existe pas. Les populations sauvages de l'Amérique sont cernées de toutes parts et divisées; en Asie, on sait à peine où les trouver; elles sont isolées dans les îles; faibles et déjà surveillées au centre de la Nouvelle-Hollande. Resterait donc le cœur de l'Afrique; mais tout le nord est mahométan, ainsi que la côte orientale; les Européens occupent des positions à l'occident et au sud; il est impossible que ces attractions plus fortes ne dissolvent pas à sa naissance toute agglomération qui tendrait à se former au centre de l'Afrique; sans compter que le climat, le défaut de grandes rivières vers le sud, laissent assez présumer que la population de ces régions inconnues est peu considérable. On peut donc considérer les trois systèmes de civilisation existante comme les seuls qui puissent avoir de l'influence sur les destinées du monde. Ce sont donc ces systèmes qu'il faut considérer.

Quelles sont leurs forces respectives, leurs degrés de vigueur et d'attraction, et, dans la lutte qu'ils soutiennent pour s'emparer du monde, auquel la victoire restera-t-elle, si toutefois le monde doit tomber sous un seul système de civilisation? Nous confirmerons plus tard une vérité que nous avons déjà indiquée : c'est que le plus vrai est par là même le plus fort, et doit finir par absorber les deux autres; et nous chercherons, par l'histoire et l'examen, lequel est le plus vrai; mais, dans ce moment, nous ne voulons les juger qu'extérieurement, par les positions qu'ils occupent, les forces matérielles dont ils disposent, et les actes qui manifestent leur vigueur ou leur faiblesse.

Or, les faits prouvent que la civilisation chrétienne est la seule des trois qui soit douée aujourd'hui d'une vertu expansive. En effet, elle est la seule qui fasse des progrès aux dépens des autres, et qui conquière les tribus sauvages à la civilisation.

Le brahminisme n'a point ou a peu de sauvages à civiliser : il règne jusqu'aux bords orientaux de l'Asie, et il touche du côté de l'occident au mahométisme et au christianisme ; il est donc partout en contact avec les autres civilisations. Et comme d'ailleurs il ne fait point de colonies, les sauvages des autres pays ne le connaissent point. Il n'entrera donc point en partage de cette masse d'hommes qui restent encore à civiliser.

Le mahométisme ne fait point non plus de colonies : il reste chez lui comme le brahminisme ; le temps où il conquérait les nations par le fer est passé. Or, à l'orient, vers l'Asie, au nord et à l'occident vers l'Europe, il est arrêté par les civilisations brahminique et chrétienne. Il n'est en contact avec les sauvages qu'au midi, vers le centre de l'Afrique. On ne peut savoir s'il continue de s'étendre dans cette direction, et si les conquêtes immenses qu'il a faites autrefois s'accroissent encore aujourd'hui ; mais on peut affirmer avec certitude que, s'il continue de convertir à lui des tribus sauvages, c'est le simple résultat du contact, et point du tout l'effet de sa volonté ; car on ne remarque aujourd'hui dans le mahométisme aucune trace de ce prosélytisme si ardent chez les nations chrétiennes, et qu'il eut aussi autrefois. S'il lui en restait un peu, il y aurait longtemps qu'il aurait traversé l'Afrique ; car avec quelle facilité n'aurait-il pas attiré dans son système des nations si grossières et si éparses, s'il eût voulu s'en donner la peine. Il suffit de voir avec quelle rapidité le prosélytisme chrétien a fait la conquête de l'Amérique. Rien ne prouve mieux l'affaissement du système musulman et son défaut d'expansion, que la persistance des Grecs d'Europe dans le christianisme, de ces Grecs si longtemps soumis sans défense à son pouvoir absolu. Quel que soit donc l'avantage de position que le musulmanisme ait en Afrique, il n'y fait que des progrès très-lents. Mais ces progrès mêmes seront arrêtés par l'apparition du christianisme, qui, pénétrant bientôt par le commerce et les colonies dans ce continent inconnu, ira lui disputer, avec une activité bien supérieure, les tribus sauvages qu'il contient.

Si maintenant nous passons au christianisme, nous voyons qu'à l'exception des barbares de l'Afrique, qu'il est toutefois sur le point de disputer au mahométisme, il tient sous sa main tous les sauvages du reste du monde. Et d'abord, il n'y a guère d'îles un peu considérables où il n'ait pris position : les autres, il les visite sans cesse avec ses vaisseaux ; peu à peu toutes les populations insulaires tomberont dans son système. En occupant les côtes de la Nouvelle-Hollande, il enveloppe d'un filet, auquel il est impossible qu'elles échappent, toutes les tribus de ce cinquième monde, les plus barbares qu'on ait encore trouvées. Il en ira là comme il en est allé en Amérique. La civilisation chrétienne, débarquée sur les côtes, a pris pied et s'est liée tout autour ; puis, cette chaîne immense se resserrant, elle a pénétré dans l'intérieur, refoulant toujours vers le centre les tribus sauvages, jusqu'à ce qu'enfin, traquées de toutes parts et renfermées dans un cercle étroit, elles lui cèdent le continent. Voilà comment la civilisation chrétienne conquerra la Nouvelle-Hollande ; voilà comment elle a déjà aux trois quarts conquis l'Amérique, qui lui offre encore cependant de nombreuses populations et de vastes territoires à soumettre. Cette soumission s'accomplit de deux manières, qui prouvent également sa supériorité invincible. Les sauvages attirés à elle se convertissent et viennent se perdre dans son sein, ou bien ils lui cèdent leur terre pour se retirer dans des parties plus reculées. Cette terre, elle n'est point embarrassée de la peupler. La civilisation a cette propriété de produire d'autant plus d'hommes qu'elle a plus de place à occuper, propriété que la barbarie n'a point. Ainsi, soit qu'elle conquière des hommes et des terres, soit qu'elle ne conquière que des terres, elle se recrute toujours.

On voit donc que la masse d'hommes appartenant au système de la civilisation chrétienne, déjà supérieure à celles qui appartiennent aux deux autres, a devant elle une perspective immense d'accroissement, tant aux dépens de la partie sauvage de l'espèce humaine, qu'en vertu de sa propre fécondité. Ajoutons qu'en général les terres occupées par le mahométisme et le brahminisme ont autant d'habitants que ces deux systèmes de civilisation en comportent; aussi ne sache-t-on pas que la population y augmente; tandis que beaucoup de vastes empires chrétiens sont loin d'avoir atteint le *maximum* de population que comporte la civilisation chrétienne. L'Amérique tout entière est à une distance immense de sa population future; l'Espagne n'a pas le tiers de la population qu'elle peut nourrir sous un système semblable à celui de la France et auquel elle arrivera certainement. La population de la jeune Russie augmente de six cent mille âmes tous les ans.

Si maintenant nous considérons les conquêtes que les trois systèmes font ou paraissent devoir faire l'un sur l'autre, nous trouverons de nouvelles preuves de la vertu expansive que la civilisation chrétienne possède exclusivement. Ni le brahminisme, ni le mahométisme ne pénètrent ni ne cherchent à pénétrer dans les possessions chrétiennes. Le christianisme et sa civilisation s'avancent de toutes parts avec ardeur, avec volonté préméditée, dans les domaines de Brahma et de Mahomet. Ils en méditent ouvertement la conquête. Les missionnaires et les sociétés bibliques ne sont institués que pour cela. Mais deux leviers bien plus puissants sont en mouvement pour arracher la vieille Asie à ses vieilles doctrines. Ces leviers sont la Russie et l'Angleterre. Tandis que la première s'apprête à chasser tôt ou tard le mahométisme de l'Europe, elle le tourne par le Caucase et s'en va tarir dans leurs sources, dans les steppes du Nord, les recrues de l'islamisme et du brahminisme. Ce qui se passe en Sibérie est une chose digne de remarque. Ce tiers de l'Asie est parcouru dans tous les sens par les sectateurs vagabonds de Brahma, restes de ces tribus formidables qui conquirent l'Asie et l'Europe. Mais çà et là, au milieu de ces pâtres et de ces chasseurs, des villes s'élèvent comme des oasis dans le désert. Dans ces villes habitées par des exilés ou des commerçants chrétiens on trouve toute la civilisation, tous les arts de l'Europe. Autour, à une certaine distance, une population sédentaire cultive la terre. Les pâtres asiatiques, attirés par ces petits centres de civilisation, où ils viennent vendre les produits de leurs troupeaux, se laissent charmer par les merveilles de notre Occident. Comme des mouches attirées par le miel, plusieurs cèdent à l'appât; ils demandent des terres, ils se fixent, et apprennent à dédaigner leur ancienne vie. Ainsi s'agglomèrent peu à peu ces populations coureuses qui n'avaient pu se fixer depuis l'origine du monde; ainsi entrent-elles dans notre mouvement de civilisation. Des colonies allemandes, s'échappant de la presse de l'Europe, vont aussi se réfugier dans ces déserts avec leurs arts et leurs sciences, et contribuent par les succès de leur agriculture et de leurs jeunes associations à précipiter les progrès de ce mouvement.

Pendant que la Russie cerne l'Asie par le nord, depuis les monts Ourals jusqu'à l'extrémité du Kamchatka, et ouvre un grand tiers de cette vaste contrée à notre civilisation, l'Angleterre l'attaque par le midi et fait pénétrer notre puissance dans le centre même du brahminisme. C'est une chose admirable et qui prouve la supériorité de la civilisation chrétienne, que la conduite de la Russie et de l'Angleterre à l'égard des Asiatiques. Loin d'attaquer leurs mœurs et leurs croyances, ils les respectent: ils ne veulent point convertir, et par cela même ils convertiront. Ils se contentent de donner à ces peuples le spectacle de notre religion, de nos institutions, de nos mœurs, de nos idées, comme s'ils avaient deviné cette grande loi de l'espèce humaine, qui la pousse à adopter ce qui est plus beau, plus grand et plus vrai. Assurément c'est par prudence et pour leur intérêt, et non par un noble calcul en faveur de la civilisation, que ces deux nations ont adopté cette méthode: la persécution du brahminisme aurait chassé les Anglais de l'Inde; mais cette prudence, quand elle se rencontre avec la supériorité, est la meilleure voie de conversion. Sans doute les Anglais sont loin d'avoir produit aucun changement remarquable dans les croyances religieuses de l'Inde: cette vieille forteresse du brahminisme est trop bien gardée par la paresse et l'ignorance. Mais à la longue il arrivera de deux choses l'une:

ou que les croyances dans l'Inde s'affaibliront devant les lumières de la société de Calcutta, ou qu'une population européenne ou *métis*, se multipliant sur les rives du Gange, se fera faire place par les anciens habitants, et, s'étendant peu à peu, commencera une nouvelle Europe en Asie. Des deux manières notre civilisation fera des conquêtes, et, entamant le brahminisme par le sud, comme la Russie le circonvient au nord, préparera la chute de ce vieux système.

Ce qui doit hâter ces conquêtes de la civilisation chrétienne, c'est son immense supériorité de puissance. Telle est cette supériorité, qu'une de nos nations maritimes anéantirait à elle seule toutes les flottes des nations réunies des deux autres familles. Nous ne sommes pas moins supérieurs sur terre. Non-seulement, la population chrétienne étant la plus nombreuse et la seule qui ait des chances d'accroissement, nous avons, du côté du nombre, une supériorité qui grandira considérablement par la suite, mais encore partout où nos armées ont été mises en contact avec celles des nations brahminiques ou musulmanes, nous avons montré une autre supériorité bien plus importante que celle du nombre, la supériorité d'habileté, de discipline, d'armes, de génie stratégique. Cette supériorité a paru dans les champs de l'Indoustan, lorsqu'on a vu une poignée d'Anglais battre et forcer à la paix les immenses armées asiatiques. Elle a paru en Égypte, dans la lutte des Français contre les Mamelucks; en Turquie et en Perse, toutes les fois que les armées russes ont lutté contre celles de ces deux empires. Telle est cette supériorité, qu'aucun homme de bon sens ne doute qu'une armée russe, anglaise ou française, ne soit en état de battre une armée turque ou chinoise trois ou quatre fois plus nombreuse, et que quatre ou cinq vaisseaux, commandés par lord Cochrane et manœuvrés par des Anglais, ne puissent, en quelques campagnes, anéantir toutes les flottes des nations musulmanes. Nous ne l'emportons pas moins par la richesse, qui est le fruit de l'industrie. Nos machines et la perfection de notre agriculture et de nos arts nous donnent le pouvoir de payer à nos gouvernements, sans nous gêner, des sommes immenses, auprès desquelles les impôts des nations musulmanes et brahminiques ne sont rien. C'est que nous produisons beaucoup, et à bon marché : ce qui nous enrichit beaucoup, et nous permet de consacrer à la chose publique de grandes sommes. L'Angleterre a dépensé seize milliards depuis trente ans; il a fallu que ses sujets les gagnassent, c'est-à-dire qu'ils produisissent assez pour les payer à leur patrie. Or, ces seize milliards n'ont été qu'une faible partie de leurs bénéfices; car l'impôt n'est qu'une partie médiocre du revenu; et loin que ce don de l'Angleterre au gouvernement ait appauvri le pays, il est infiniment plus riche qu'auparavant. A quoi tout cela est-il dû, aussi bien que notre supériorité dans la guerre? A notre génie dans les sciences, aux progrès que l'intelligence humaine a faits et continue de faire tous les jours parmi nous. En effet, tout cela est le fruit de la science. Aussi voyons-nous la science, stationnaire chez les nations brahminiques, méprisée chez les nations musulmanes, honorée, cultivée, faisant des pas de géant, et gagnant des forces à mesure qu'elle avance parmi nous. Là est le secret de notre supériorité de puissance ; cette supériorité de puissance n'est qu'un effet dont la supériorité d'intelligence ou de science est la cause véritable. Et comme notre supériorité de science n'est point un accident, une affaire de circonstance qui peut disparaître d'un jour à l'autre, comme il est évident, au contraire, que plus nos idées et nos connaissances font de progrès et moins elles peuvent périr, il est évident aussi que notre supériorité de puissance n'est point une bonne fortune accidentelle, mais un fait durable, qui se perpétuera, qui s'accroitra dans une progression constante et indéfinie. En sorte que la civilisation chrétienne porte avec elle cette supériorité, comme un de ses caractères ineffaçables.

Or, cette supériorité de puissance est une nouvelle circonstance qui semble lui promettre de plus en plus la conquête du monde.

En effet, d'abord elle la met à l'abri de toute conquête de la part des deux autres familles civilisées; elle la rend inattaquable à tous leurs efforts. En second lieu, elle les met pour ainsi dire à notre disposition, et il sera bien difficile que la volonté ne nous vienne pas de profiter de cette facilité; car il y a dans la force un besoin presque invincible de s'exercer et de se répandre. Ce besoin, qui s'use maintenant dans des guerres intestines entre les nations chrétiennes, devra chercher et trouver un autre aliment, quand ces nations cesseront de se combattre. Et tôt ou tard ce moment arrivera, parce que tôt ou tard il leur paraitra ridicule et il cessera d'être de leur intérêt de s'entre-détruire. De même que la civilisation diminue le nombre des procès, parce qu'elle donne de l'empire à la justice et de la prépondérance à l'intérêt bien entendu, de même elle tend à éteindre les guerres entre les nations éclairées et raisonnables. Nous apercevons déjà l'aurore de cette nouvelle époque, où les nations européennes demeureront en paix, parce qu'elles sentiront combien elles perdent à la guerre, parce qu'aucune injustice suffisanet n'en fournira le prétexte. Mais alors cette force sans emploi dans l'intérieur retombera nécessairement sur le dehors. Et, bien que la conquête soit injuste en elle-même, elle entraîne, quand elle est faite par une civilisation supérieure, un très-grand bien, qui est la civilisation de la nation conquise. C'est ce qui est arrivé à l'Amérique, et ce qui arrivera à la Turquie, quand elle aura été conquise par la Russie.

## II

Nous avons vu que l'espèce humaine se divise en deux portions fort inégales, les tribus barbares et les nations civilisées. Comme il n'y a pas d'exemple qu'un peuple civilisé soit retourné à l'état sauvage, tandis que l'histoire nous apprend que la plupart des peuples actuellement civilisés ont été primitivement barbares, il est certain, et nous avons admis comme une vérité incontestable, que la destinée des sauvages qui existent encore sur la surface de la terre est d'arriver à la civilisation.

Mais c'est une question de savoir si les tribus sauvages actuellement existantes se rallieront aux systèmes de civilisation établis, ou s'il y a quelque apparence qu'un nouveau système de civilisation puisse sortir quelque part du sein de la barbarie. En examinant cette question, nous avons trouvé que cette dernière supposition était tout à fait invraisemblable. La diminution progressive des peuples sauvages au profit des civilisations voisines; la faiblesse et la passivité de ces tribus isolées qu'entourent et que circonviennent de toutes parts la puissance et l'activité des nations civilisées; enfin, l'absence d'une masse de barbares assez considérable et assez isolée des systèmes existants de civilisation, pour que dans son sein puisse éclore et se développer lentement un nouveau système, sont autant de raisons qui nous ont fait penser que le nombre des systèmes de civilisation était désormais fixé, et que la portion encore sauvage de l'humanité s'absorberait peu à peu dans ceux qui existent.

La destinée de la partie sauvage de l'humanité est donc attachée à la destinée de la partie civilisée. On peut regarder les hommes qui composent la première comme autant de recrues qui viendront grossir les rangs de la seconde.

La destinée de l'humanité parait donc dépendre uniquement de l'avenir des nations actuellement civilisées, comme formant à elles seules l'humanité tout entière. Méditer sur l'avenir de ces nations, c'est donc méditer sur l'avenir du monde.

Nous avons vu que le monde civilisé, autrefois si divers et si multiple, s'était extrêmement simplifié et assimilé. En effet, malgré le grand nombre de nations qui le composent, pour ceux qui ont la vue haute, qui comptent pour rien le temps et qui ne vont point s'achopper à des différences de formes, il marche tout entier sous trois seules bannières, et dans trois seules directions ; en d'autres termes, trois systèmes de civilisation se partagent actuellement l'humanité.

Or, de ces trois systèmes, l'un, le système chrétien, nous a paru exclusivement doué de cette vertu expansive qui est la vie d'une civilisation comme la végétation est celle des plantes. Lui seul, en effet, se perfectionne et s'agrandit ; lui seul est animé de la double ardeur des améliorations et du prosélytisme ; lui seul fait des conquêtes sur les autres ; lui seul songe à réunir à lui les barbares; lui seul les rallie en effet, et aucun autre ne se trouve en pareille position pour y réussir. Il a donc tous les signes d'une vie forte et vigoureuse. Les deux autres, au contraire, semblent frappés de mort et ont moins l'air de vivre que de languir. Ils semblent n'exister que parce qu'il faut du temps à un système mort, comme à un arbre sec, pour se décomposer. Ils ne font point de conquêtes ni l'un sur l'autre, ni sur les barbares; envahis par le système chrétien, ils semblent ne lui résister que par leur inertie; ils portent en un mot tous les caractères de la décadence : car une doctrine recule dès qu'elle n'avance pas, et a cessé de vivre dès qu'elle a cessé de faire des conquêtes.

En fait donc, le système chrétien est en progrès et en progrès rapide, tandis que les deux autres sont en décadence; les nations qui le composent s'unissent davantage tous les jours, et forment une masse de puissance à laquelle rien sur la terre n'est capable de résister. Il est impossible que le système chrétien soit absorbé dans l'un des deux autres; il est de fait qu'il les entame et commence à les absorber l'un et l'autre, ou du moins à réduire le territoire qu'ils occupent; il y a toutes les apparences du monde que bientôt ces conquêtes marcheront plus rapidement. On ne peut donc s'empêcher de conclure que, si le système chrétien ne périt point par des vices intérieurs, la possession de la terre lui est réservée. Cette civilisation contient donc l'avenir du monde.

Mais, de même que la civilisation chrétienne paraît devoir entraîner dans son mouvement tous les peuples de la terre, de même un petit nombre de nations paraissent entraîner dans le leur la civilisation chrétienne. Ce sont celles qui sont à la tête de cette civilisation, c'est-à-dire la France, l'Angleterre et l'Allemagne. Il est évident, en effet, que les autres nations chrétiennes aspirent et arriveront tôt ou tard à l'état de lumières, de liberté et de raison où ces trois pays sont parvenus, tandis que ces trois pays eux-mêmes tendent à un but encore inconnu et qu'aucune nation n'a atteint. A ce signe, on reconnait les peuples les plus avancés du monde, ceux qui ouvrent le sillon et frayent la route à l'humanité.

Toutes les autres nations imitent quelque chose de plus parfait que leur condition, qu'elles voient réalisé dans la condition de quelque nation plus avancée. Les trois peuples que nous avons nommés sont les seuls qui inventent, c'est-à-dire qui cherchent leur perfectionnement non dans l'exemple de quelque nation plus éclairée, plus heureuse, mieux ordonnée, mais dans le monde des idées et de la vérité.

Ce n'est pas que ces trois nations, auxquelles, pour être juste, il faut joindre les États-Unis d'Amérique, n'aient à s'imiter encore l'une l'autre sur plusieurs points. L'Allemagne est le pays du monde où les sources de l'instruction sont le plus libéralement ouvertes et le plus sagement gouvernées ; mais elle est loin de la perfection de la France, de l'Angleterre et des États-Unis. L'Angleterre ne l'est pas moins de notre ordre civil et de notre impartialité, et nous, de son esprit public, de son industrie et de quelques-unes de ses institutions ; enfin, les trois nations européennes auraient beaucoup à apprendre des États-Unis en économie et en tolérance. Mais, si chacune de ces nations trouve chez les autres quelque chose à imiter, les autres, à leur tour, trouvent quelque chose à imiter en elle. Chacune est donc arrivée, sur quelque point, à l'état le plus parfait qu'on connaisse, et parce qu'elle ne peut plus avancer qu'en inventant. Toutes sont donc, en quelque chose, à la tête de la civilisation chrétienne, et c'est un privilége qu'aucune autre ne partage avec elles. C'est à ce titre qu'elles sont l'exemple des nations et l'avant-garde de l'humanité dans la voie de la civilisation.

On peut de même observer que chacune de ces nations a, pour ainsi dire, son emploi dans l'œuvre de la civilisation, c'est-à-dire une faculté dans laquelle elle excelle, sans être néanmoins dépourvue des autres. La France est le pays du monde où les idées sont le plus avancées; il y a chez nous un bon sens dans les esprits et une clarté d'intelligence qui fait de nous la nation philosophique par excellence ; aucune autre n'a tant contribué à éclairer le monde ; il semble même que les idées des autres peuples ne puissent devenir populaires que quand elles ont été clarifiées, mises en ordre et prêchées par nos écrivains. Mais nous avons moins de connaissances que l'Allemagne : elle est la nation savante, comme nous sommes la nation philosophique, parce que chez elle la patience d'esprit est aussi éminente que chez nous la clarté d'intelligence. Elle amasse avec une laborieuse curiosité et embrasse avec une mémoire prodigieuse toutes les données de l'histoire et de la science ; mais elle ne sait point en tirer parti pour l'utilité et le perfectionnement de l'humanité ; elle ne sait point en extraire ce qu'il y a de général et d'applicable, avec cette mesure, cette justesse, cette étendue et ce tact philosophique qui nous caractérisent. Elle fournit, dans l'œuvre de la civilisation, les matériaux des idées; nous en tirons les idées; et l'Angleterre, de son côté, applique ces idées. C'est là son rôle et le point où elle excelle. Quoique nous soyons plus pratiques que les Allemands, nous le sommes beaucoup moins que les Anglais ; ils nous préviennent presque toujours quand il s'agit de tirer parti d'une découverte ou d'une vue. Chez eux, les idées sont aussitôt réalisées que conçues : elles passent rapidement des livres dans les choses. Il en est de même chez les Américains, qui sont de la même race, de la même école, et qui ont le même génie. Rien n'est plus naturel que ces différences. Les nations comme les individus ont chacune leur génie : il est tout simple qu'elles soient éminentes chacune dans la chose à laquelle son génie convient ; et, comme une faculté ne se produit jamais qu'au détriment des autres, il est tout simple encore que la nation qui excelle en un point demeure plus faible sur les autres. Du reste, c'est une admirable distribution que celle que nous considérons en ce moment. Sans la science, point d'idées saines ; et sans idées saines, point de pratique habile et heureuse. Et d'un autre côté, la science instruit la mémoire, mais n'éclaire pas l'esprit ; les idées éclairent l'esprit, mais ne servent au bonheur que lorsqu'elles sont appliquées et réalisées. Les idées sont la science de la pratique, comme elles sont déjà la pratique de la science. Les idées sont donc à la fois plus voisines de la pratique que la science, et plus voisines de la science que la pratique. D'où il suit que la nation dont la faculté dominante est celle des idées doit être plus pratique que celle dont la faculté est la science, et plus savante que celle dont la faculté est la pratique. C'est aussi ce que nous voyons : nous sommes plus pratiques que les Allemands et plus savants que les Anglais. Cette même nation doit être en même temps celle des trois qui approche le plus de l'harmonie des trois facultés ; car, placée entre la science qu'elle exploite et la pratique qu'elle éclaire, quoique moins savante que l'une de ses rivales et moins pratique que l'autre. elle leur est peut-être supérieure par une réunion plus complète et un équilibre plus heureux des deux facultés extrêmes où elle n'est point éminente et de la faculté intermédiaire qui est la sienne et où elle excelle. On peut la considérer comme le pivot de la civilisation, puisqu'elle lie ensemble, par la philosophie, la science et la pratique, et que c'est par elle en quelque sorte que la nation savante et la nation pratique sont associées. Du reste, comme de loyaux collaborateurs à la même tâche, les trois peuples se partagent les fruits de leurs travaux. L'Angleterre, qui est redevable à la France d'une partie de ses idées, à l'Allemagne d'une partie de sa science, leur renvoie son industrie et son bien-être, comme la France renvoie à l'Allemagne les idées qu'elle a extraites de sa science : en sorte que, par cette admirable distribution, bien que chacune produise plus spécialement un des éléments du résultat, cependant le résultat lui-même revient à toutes et n'appartient exclusivement à aucune.

Tel est le beau spectacle que nous présente la civilisation chrétienne dans les trois nations qui la dirigent. Il existe entre elles une alliance involontaire vraiment majestueuse et sainte, car elle a pour effet le perfectionnement de l'humanité ; et c'est à elles que semblent avoir été confiées par la Providence les destinées du monde.

En effet, la route des autres nations chrétiennes est toute tracée. Elles suivront les trois nations dirigeantes jusqu'au point où elles sont parvenues. Elles ont à fournir toute la carrière qui les en sépare ; encore un certain nombre d'années, et elles se trouveront où nous sommes maintenant. D'où il suit qu'elles continueront comme nous aurons continué nous-mêmes ; que si la voie ou nous marchons, et dont l'issue se cache à nos yeux, aboutit à un abime, elles y tomberont après nous ; car ayant commencé comme nous, adopté notre direction, embrassé nos principes, les mêmes effets suivront les mêmes causes : notre sort sera le leur. Que si, au contraire, la destinée qui nous attend est une civilisation toujours croissante, une perfection d'idées, de connaissances, d'industrie, de grandeur et de bien-être toujours plus achevée, elles auront part comme nous à cet heureux avenir : il sera le leur comme il aura été le nôtre ; et non-seulement le leur, mais aussi celui de l'humanité tout entière, puisque l'humanité tout entière semble devoir se rallier à la civilisation chrétienne, et par conséquent partager sa destinée. Ainsi trois peuples, dans la route avancée qu'ils parcourent, traînent après eux toute l'espèce, et ces trois peuples à leur tour sont gouvernés, dirigés, conduits par une élite d'hommes dont les travaux, les pensées, les résolutions et les actes font les destinées de l'humanité. C'est ainsi que le temps et la force des choses ont tout simplifié sur cette terre, et qu'après quelques milliers d'années, le monde, d'abord si confus, si divers, si inconnu, si hostile à lui-même, s'est ramassé peu à peu et organisé de telle sorte, que le philosophe qui spécule sur son avenir peut et doit le chercher tout entier dans celui de cette civilisation dominante dont Paris, Londres et Berlin sont les foyers.

Il suit de tout ce qui précède que la question la plus grande et la plus importante que la philosophie puisse poser est celle de l'avenir de notre civilisation. Sans qu'ils le sachent, elle est pour tous les hommes une question de famille, pour tout les peuples une question nationale. Mais combien n'est-elle pas d'un intérêt plus pressant encore et plus vif pour nous, qui sommes les enfants immédiats et les citoyens actuels de cette civilisation ! Nous avons pu nous tromper dans nos prévisions : peut-être toutes ces probabilités, qui nous ont fait voir l'espèce humaine tout entière ralliée un jour au système chrétien, ne sont-elles que des illusions. Nous concevons qu'on le suppose, et que, pour ceux qui ne savent point saisir l'unité sous les différences dans le spectacle actuel du monde, la nécessité sous les accidents dans les événements de l'histoire, et qui, pleins d'un respect superstitieux pour l'obscur avenir, n'osent point l'enchaîner d'avance aux lois d'une raison qui mourra demain, nous concevons que pour ceux-là nos spéculations ressemblent à des rêves. Mais, si les destinées de notre civilisation ne sont point celles du monde, il est certain du moins qu'elles sont les nôtres. Citoyens de la France, de l'Angleterre, de l'Allemagne et de l'Europe, nous devons songer à servir notre pays : c'est notre intérêt et notre devoir. Et comment le servir, si nous ne comprenons point sa position ? et comment la comprendre, si nous ne savons ni d'où nous venons ni où nous allons, si nous ignorons par quel enchaînement de causes ce qui nous entoure a été produit, quelles autres causes cachées nous travaillent, et quel avenir elles nous préparent ? Et cependant ces questions, qui songe à se les poser ? qui s'inquiète de les résoudre ? Ouvrons les yeux et regardons. Dans cette fourmilière politique qui s'agite autour de nous pour monter au pouvoir et gouverner nos destinées, quel est le pygmée qui n'a point la prétention de les régler et par conséquent de les connaître ? Et cependant quel est celui de ces hardis compétiteurs qui ait jamais pris une année, que dis-je ? un mois, une semaine sur ses affaires pour y réfléchir? Serait-ce donc que la politique est une chose si simple, qu'il suffise d'avoir atteint l'âge de raison pour la comprendre, ou que, par une grâce spéciale, elle se révèle tout à coup à ceux qui s'y consacrent? Sans doute il est une politique de ménage, à laquelle suffisent les lumières du simple bon sens et l'expérience de la vie. Entouré des liens de la société, chacun sent dans son village de quel côté la chaîne le blesse, et le moindre paysan peut remonter jusqu'à la main du sous-préfet qui la tire; un degré de sagacité de plus, on arrive au préfet; et, sans être bien éclairées, vingt personnes par département peuvent atteindre la source du mal, l'indiquer et délibérer du remède. Mais ce n'est point dans de pareilles questions que gît la destinée d'un peuple, pas plus que la destinée d'un homme ne consiste à être bien nourri, chaudement vêtu et commodément logé; elles peuvent intéresser la santé du corps social et concourir à lui donner de la force; mais la santé et la force sont des moyens et ne sont pas le but. L'homme a-t-il rempli sa destinée quand il se porte bien? Les médecins eux-mêmes ne le pensent pas. L'a-t-il remplie davantage lorsqu'il a fait fortune? A ce compte les derniers jours de l'homme enrichi manqueraient de destinée, et la vie tout entière de ses enfants n'en aurait point. Non: le bon sens et le catéchisme protestent à la fois contre cette doctrine. Le but de la vie est moral, non animal; le corps est une nacelle fragile qui porte l'homme sur l'océan de la vie; le pilote doit la sauver des écueils, mais ce n'est point pour la sauver qu'il navigue; autrement il eût été absurde de quitter le port. Ne prêtons point cette absurdité à la Providence, quand notre conscience l'en absout. La Providence ne fait pas de cercles vicieux, et la vie des nations n'en est pas plus un que celle des individus. Elles non plus ne quittent point le port uniquement pour ne point périr, et n'arrivent point à l'existence seulement pour éviter de la perdre ; elles aussi ont leur mission à remplir en ce monde ; et pour elles aussi, par delà la science qui s'occupe de la santé du corps social, il en est une autre qui s'occupe de sa destinée. Pour administrer un pays, la première peut suffire ; mais il faut posséder la seconde pour le gouverner. Et c'est précisement de celle-ci que nos hommes d'État ne s'inquiètent point. Économistes, administrateurs, légistes, nous avons de tout cela en abondance ; de ces hommes-là on en forme en France à la douzaine ; nous en avons des fabriques, comme de médecins ; mais d'hommes politiques, mais d'hommes d'État, nous n'en avons point, et, à la manière dont vont nos affaires, on s'en aperçoit. Et comment en aurions-nous, quand les questions, dont la solution réfléchie peut seule les former, ne sont pas même posées, pas même soupçonnées de ceux qui sont assis au gouvernail ; quand, au lieu de regarder à l'horizon, ils regardent à leurs pieds ; quand, au lieu d'étudier l'avenir du monde, et dans cet avenir celui de l'Europe, et dans celui de l'Europe la mission de leur pays, ils ne s'inquiètent, ils ne s'occupent que des détails du ménage national ? car nous en sommes venus à ce point de dégradation en politique, de ne comprendre même plus la signification du mot, et de nous imaginer que nous faisons de la politique quand nous nous occupons de nos affaires intérieures. Et qu'on ne dise pas que nous exagérons. Non-seulement nos hommes d'État se l'imaginent, mais ils agissent en conséquence. Ne craignez pas qu'ils jettent leurs regards de l'autre côté de la frontière : le dehors n'est pas leur affaire. Que leur importe le monde, l'Europe, l'humanité ? Soigner la

France, organiser la France, rendre la France heureuse et florissante, n'est-ce pas là tout l'objet de la politique : n'est-ce pas là, par conséquent, toute leur mission? Ainsi font-ils ; et, de moitié avec les Chambres qui pensent de même, ils font et défont les règlements de l'équipage, laissant à la garde de Dieu et au bon plaisir des vents la marche du navire. Et de là, deux résultats : le premier, que les affaires intérieures vont fort mal ; car il en est de la santé d'une nation comme de celle d'un individu : le moyen de la rendre détestable, c'est de passer sa vie à s'en occuper ; le second, que la France n'agit plus au dehors, ou que, quand elle le fait, c'est toujours en vertu d'une nécessité et pour un but intérieur : deux traits carastéristiques de la politique de notre époque, et qui lui feront beaucoup d'honneur dans l'histoire ! Que dirait Richelieu, s'il revenait, et qu'il pût causer une heure avec les ministres de la France au dix-deuvième siècle? Chose singulière! ce serait l'homme d'Etat d'autrefois qui aurait des leçons à donner aux hommes d'Etat d'aujourd'hui ; et cela, après deux siècles écoulés, deux siècles de progrès, deux siècles de révolution, deux siècles pendant lesquels l'humanité a fait des pas qui ont si prodigieusement élargi l'horizon politique. Car, il ne faut pas qu'on s'y trompe, la civilisation, en avançant, a élevé la mission de l'homme d'État; l'instruction et les vues qui suffisaient jadis à un Richelieu ne suffisent plus aujourd'hui. Il ne s'agit plus aujourd'hui en politique de la balance de l'Europe, mais de l'avenir de l'humanité. Les guerres civiles de l'Europe sont finies; la rivalité des peuples qui la composent va s'éteignant, comme s'éteignit, sous la domination d'Alexandre, la rivalité des cités grecques, et comme s'effaça, sous l'unité de la domination royale, la diversité des provinces de la France. La Grèce devint une seule nation sous Alexandre; et la question qui était auparavant entre Lacédémone, Athènes, la Béotie et la Macédoine, fut entre la Grèce et la Perse. Et de même l'Europe commence à n'être plus qu'une nation depuis qu'il y a une Amérique, une Asie, une Afrique. C'est de l'unité de l'Europe contre ces masses, et de la balance de ces masses entre elles, que l'homme d'État doit à présent s'occuper. M. Canning avait commencé à le comprendre; c'est là son titre de gloire et la pensée qui lui a valu d'un bout à l'autre de l'Europe les applaudissements du sens commun que cette pensée avait fait tressaillir. Les grandes idées couvent longtemps dans les esprits avant de s'y préciser : celui-là a du génie qui le premier les met en lumière. Le ministre qui, sortant le premier des idées étroites du patriotisme, conduira la politique de son pays, non vers le but usé de son agrandissement et de l'abaissement de ses voisins, mais au profit et dans le sens de l'union de l'Europe et de la civilisation du monde par l'union et les idées de l'Europe, ce ministre-là sera l'homme d'État du dix-neuvième siècle, et fera la puissance et la gloire de sa patrie, précisément parce qu'il aura abjuré le dogme du patriotisme. Mais encore une fois, vainement un ministre aurait cette idée, s'il ne savait pas ce qu'il faut savoir pour gouverner selon cette idée, c'est-à-dire s'il ne savait pas d'où vient l'humanité et où elle va, c'est-à-dire encore s'il n'avait pas une opinion arrêtée sur la loi de son développement. Connaître les intérêts respectifs, les forces et les faiblesses des différents peuples de l'Europe, ne suffit plus à la politique du dix-neuvième siècle; les grandes lignes de la géographie du monde, les grandes masses d'hommes qui se dessinent sur sa surface, le lien spirituel qui constitue chacune de ces masses, l'âme qui les échauffe, l'esprit et les idées qui les poussent, leurs forces matérielles, leur position, leur énergie intime, et les conséquences de toutes ces données pour l'avenir de chacune, voilà l'ordre des faits que la politique d'aujourd'hui doit considérer et embrasser; voilà quelle doit être la base de ses spéculations. Ajoutons l'histoire de toutes ces masses, qui contient et la révélation de leur avenir et celle de l'avenir de l'humanité.

Répétons-le en finissant : nous ne concevons pas que tant de gens de conscience se jettent dans les affaires politiques et poussent ou tirent le char de notre fortune dans un sens ou dans un autre, je ne dis pas seulement avant d'avoir songé à se poser ces grandes questions, mais encore avant de les avoir agitées en eux-mêmes et examinées avec la maturité convenable. Car il faut qu'ils conviennent qu'ils agissent en aveugles dans une affaire où les plus graves intérêts sont compromis. Se conduiraient-ils de la sorte, s'ils étaient chargés de décider du bonheur ou du malheur, de la ruine ou de l'élévation d'une famille? et, par hasard, les intérêts de l'humanité, de l'Europe, de leurs pays, seraient-ils moins sacrés que ceux d'une famille, et le fait de les compromettre par légèreté et paresse de s'instruire, moins coupable et moins honteux? Je sais que la marche de l'humanité est tracée, et que Dieu n'a pas laissé son avenir aux chances des faiblesses et des caprices de quelques hommes. Mais ce que nous ne pouvons ni empêcher ni faire, nous pouvons du moins le retarder ou le précipiter par notre mauvaise ou notre bonne conduite. La Providence n'est point sage pour nous dispenser d'être bons : elle gouverne le monde; mais, dans les larges cadres de la destinée qu'elle lui a faite, il y a place pour la vertu et la folie des hommes, pour le dévouement des héros et l'égoïsme des lâches. Il est du devoir de tout homme de bien qui, par sa position ou sa capacité, peut influer sur les affaires de son pays, de s'en mêler; il est du devoir de tous ceux qui s'en mêlent de s'éclairer sur le sens dans lequel ils doivent diriger leurs efforts. Or, on ne peut y parvenir que par le moyen que nous avons indiqué, c'est-à-dire en cherchant où en est le pays et où il va, et en examinant, pour le découvrir, où va le monde et ce que peut le pays dans la destinée de l'humanité. Telle est notre morale politique; et voilà pourquoi la question que nous avons posée, si majestueuse pour le philosophe qui y voit l'avenir de l'humanité, si intéressante pour le citoyen obscur qui y voit celui de son pays, nous paraît infiniment importante pour l'homme qui se sent la mission d'influer sur les affaires de sa patrie et qui a résolu d'accomplir cette mission avec conscience et gravité.

Nous l'avouons, c'est surtout comme philosophe que nous nous sentons attiré à l'examen de ce grand problème. Persuadé de la vérité des conjectures que le tableau du monde nous a inspirées sur l'avenir de la civilisation chrétienne, voyant dans la destinée de cette civilisation celle de l'espèce humaine, cet intérêt l'emporte dans notre esprit sur tous les autres, d'autant mieux que, loin de les exclure, il les embrasse et les comprend tous. Nous avons été conduit à cette recherche par un autre intérêt encore, qui se rattache plus spécialement à nos études philosophiques : c'est le désir de provoquer la naissance d'une philosophie de l'histoire plus large et plus forte que celle qu'on a faite jusqu'ici parmi nous. Il nous semble que jusqu'à présent on a trop considéré les nations et pas assez l'humanité; trop les institutions, les religions, les mœurs, et pas assez le développement de l'esprit humain, qui est la raison des mœurs, des religions, des institutions. La première méthode a dérobé aux yeux la marche même de la civilisation, dont on ne trouve que des fragments isolés dans la civilisation de chaque peuple. Car la civilisation d'un peuple n'est pas la civilisation: c'est la succession des civilisations particulières qui est la civilisation; et, pour comprendre sa marche, il faut voir comment les civilisations particulières s'élèvent, se lient, se coordonnent et se succèdent. La seconde méthode a laissé dans l'ombre le principe même de la civilisation, qui est quelque chose de plus profond que les institutions et que tous les faits extérieurs; car toutes ces choses meurent et se succèdent, tandis que la civilisation ne meurt pas. Ce principe que nous mettrons en lumière, lie entre elles toutes les institutions, toutes les religions, toutes les diversités de mœurs, toutes les formes de l'humanité, et les réduit à n'être plus que des événements de son histoire : ce qui simplifie extrêmement l'histoire de l'humanité, et lui donne une physionomie, une unité, une clarté toutes nouvelles.

# HISTOIRE
# DE LA PHILOSOPHIE

---

## I

### DE LA PHILOSOPHIE ET DU SENS COMMUN

### (1824) [1]

L'histoire de la philosophie présente un singulier spectacle : un certain nombre de problèmes se reproduisent à toutes les époques; chacun de ces problèmes inspire un certain nombre de solutions, toujours les mêmes; les philosophes se les partagent; la discussion s'établit; toutes les opinions sont attaquées et défendues avec la même apparence de vérité; l'humanité écoute, n'adopte l'avis de personne, mais garde le sien, qui est ce qu'on appelle le *sens commun*.

Ainsi, pour citer des exemples, toutes les époques philosophiques ont ramené sur la scène l'opposition du

---

1. *Revue européenne*, second cahier (août 1824).

matérialisme et du spiritualisme en méthaphysique, celle du stoïcisme et de l'épicuréisme en morale; aucune de ces doctrines n'a prévalu d'une manière durable; aucune n'a péri; toutes ont trouvé des partisans illustres et de bonne foi; toutes ont exercé à peu près la même influence; mais, en définitive, le genre humain, témoin de leurs débats, n'est devenu ni matérialiste, ni spiritualiste, ni stoïcien, ni épicurien; il est demeuré ce qu'il était avant la philosophie, croyant tout à la fois à la matière et à l'esprit, respectant le devoir et poursuivant le bonheur tout ensemble.

Ce spectacle, qui inspire à l'observateur superficiel le mépris de la philosophie, et qui a fourni au scepticisme des armes en apparence si redoutables, est profondément instructif pour qui cherche dans les événements du monde intellectuel les lois du développement de l'espèce humaine, qui s'y révèlent d'une manière bien plus vraie et bien plus large que dans ceux du monde politique : car les actions des hommes traduisent leurs idées comme leurs idées traduisent les lois de leur nature; et, de ces deux traductions, la plus immédiate est aussi la plus fidèle et la plus claire.

Mais ce spectacle, pour devenir instructif, a besoin d'être compris, et, pour être compris, veut être étudié. Or, c'est un sujet tout neuf encore, et sur lequel la réflexion ne s'est guère arrêtée qu'en passant. Le développement actif de l'espèce humaine a d'abord attiré tous les regards, et cela devait être : nous sommes toujours frappés de ce qui est plus extérieur. On a fouillé dans tous les sens le champ des faits proprement dits; toutes les actions, tous les événements, toutes les dates ont été minutieusement explorés : c'est ainsi qu'on a commencé l'histoire de l'humanité. Mais, les faits recueillis, on a senti le besoin de les expliquer, et, pénétrant plus avant, on a cherché leurs causes dans les mœurs, les religions, les institutions politiques. Au siècle des chroniques et de l'érudition a succédé le siècle de Montesquieu et de Voltaire. La nécessité d'aller plus avant commence à se faire sentir, et appelle plus haut et plus loin les esprits éclairés. Les mœurs, les institutions et les dogmes, qui expliquent la conduite et le sort des peuples, ne sont eux-mêmes que des faits généraux, dont l'origine et la succession ont besoin d'être expliquées. Et, comme ces faits généraux ne sont que l'expression des opinions successivement admises sur les questions morales, politiques et religieuses, cette explication ne saurait se trouver que dans l'histoire du développement intellectuel de l'humanité, développement qui s'est opéré en vertu des lois mêmes de notre nature. C'est là que nous aspirons, et là que doit remonter toute explication définitive des événements historiques.

L'histoire de la philosophie est donc une étude neuve, une étude importante, une étude qui appartient éminemment à notre époque ; et il est aussi curieux que pressant de l'envisager, non plus comme un catalogue d'opinions bizarres, tout à fait étrangères aux affaires de ce monde, nées par hasard dans la tête de quelques hommes, dans tel ou tel temps, et dans tel ou tel pays, mais comme une suite progressive de tentatives faites pour résoudre les questions qui touchent de plus près aux intérêts de l'humanité par tout ce qu'elle a produit de plus illustre.

Ce n'est point là le tableau que présente au premier coup d'œil d'un esprit superficiel ou prévenu l'histoire de la philosophie, mais c'est là ce qu'y découvre une vue impartiale et élevée. En effet, dans ces problèmes qui se représentent invariablement à la pensée humaine, toutes les fois qu'après quelques siècles d'assoupissement elle renaît à l'activité, il est impossible de méconnaitre les questions suprêmes et fondamentales qui intéressent l'homme par-dessus tout, dont toutes les autres dépendent, ou devant lesquelles elles disparaissent ; les questions, en un mot, qui contiennent, sous ses diverses faces, l'énigme de ce monde. C'est autour de ces questions que la philosophie s'agite depuis qu'elle existe, c'est-à-dire depuis qu'il y a des hommes qui pensent ; ses systèmes ne sont que des mots divers proposés à cette énigme ; ses longs débats ne sont que la discussion solennelle de ce grand mystère ; et son histoire représente fidèlement le développement de l'intelligence humaine sur les problèmes humains par excellence.

Or, pour en revenir à notre point de départ, ce qui frappe d'abord dans ce développement philosophique, ce qui exige avant tout une explication, c'est la divergence et le peu de consistance de ses résultats. Il n'est pas une question importante sur laquelle la philosophie soit d'accord avec elle-même ; il n'est pas une de ses solutions qui ait pu prendre pied d'une manière durable, et résister à la force de l'opinion universelle qui les a toutes emportées. Rien n'est plus étrange, au premier coup d'œil, et n'est plus digne d'être médité que cette impuissance de la réflexion à se fixer, que cette contradiction des hommes de génie et du vulgaire, de la philosophie et du sens commun, sur les points qui touchent de plus près aux intérêts de l'humanité. Platon et Aristote, Zénon et Épicure, Descartes et Hobbes, Leibnitz et Locke, Kant et Condillac, c'est-à-dire les plus puissantes intelligences que le monde ait produites, ont épuisé leurs forces sur la nature du vrai, du bien et du beau, sans pouvoir convenir d'un seul résultat ; et le vulgaire, qui parait n'y avoir jamais songé, s'est obstiné à trouver vrai ce que les uns avaient déclaré faux, certain ce que les autres avaient jugé douteux, bon et beau ce que leurs doctrines avaient dépouillé de ces caractères. Ce qui était une question pour eux a semblé n'en être pas une pour lui : car, pendant qu'ils s'épuisaient à résoudre ces grands problèmes, lui, sans paraître y songer, jugeait leurs solutions, les admettait ou les rejetait, les redressait ou les corrigeait ; pendant qu'ils se disputaient ou se contredisaient, lui avait l'air de ne douter de rien, et, seul toujours d'accord avec lui-même, après avoir vu passer toutes les doctrines philosophiques, seul aussi n'en a pas changé et a conservé la sienne.

S'il en était de la philosophie comme des hautes mathématiques, auxquelles le commun des hommes ne comprend rien et n'attache aucun intérêt, on pourrait prendre sa résistance pour de l'indifférence, ou du moins nier ses titres à intervenir dans le débat ; mais ni le vrai, ni le bien, ni le beau, ni aucun des grands objets dont la philosophie s'occupe, ne sont au-dessus de la portée du *bon sens*, puisqu'à chaque instant tous les hommes jugent que cela est beau, que cela est vrai, que cela est bon ; et rien ne leur est moins indifférent, puisqu'ils ne s'occupent que de vérité, de justice, de beauté, d'utilité. On ne peut nier la compétence de l'humanité, puisqu'elle juge ; mais comment nier celle de Platon, de Descartes et de Kant ? Eux aussi étaient des hommes, et de plus des hommes de génie ; et cependant leurs doctrines ne sont point devenues la religion du peuple ; la religion du peuple est plus vieille que la philosophie ; la philosophie ne l'a point altérée ; elle a survécu à tous les systèmes, et cette religion est le *sens commun*.

Faut-il en conclure que rien n'est certain, que c'est

une illusion du vulgaire de penser savoir ce que les philosophes n'ont pu démontrer encore? Mais comment expliquer l'illusion du genre humain? comment admettre une race intelligente, destinée tout entière par le Créateur à la conviction de ce qui est faux? Ou plutôt faut-il en induire que les philosophes sont des insensés qui perdent la raison en s'élevant au-dessus du sens commun, et qui deviennent incapables de discerner la vérité par cela même qu'ils la cherchent? Mais qui osera insulter assez le sens commun, pour proclamer la folie de tant d'hommes illustres, que le sens commun lui-même a proclamés l'élite de l'humanité? Ces deux hypothèses répugnent également, et la difficulté ne peut se résoudre ni par le scepticisme, ni par le mépris de la philosophie.

Aucun fait historique n'est aussi étrange, ni aussi curieux; aucun n'est plus important à expliquer. Tant qu'on n'en aura pas saisi le sens, on ne pourra se faire une juste idée de la philosophie, ni de l'importance qu'on doit attacher à ses progrès, ni du point de vue sous lequel on doit les considérer et chercher à les servir dans les nations civilisées de l'Europe. On nous pardonnera donc si, devant rendre compte à nos lecteurs de l'état actuel de la philosophie en France, nous avons cédé au besoin de présenter à ce sujet quelques considérations préliminaires.

On se fait en général une idée juste, mais bien superficielle, de ce qu'on appelle le *sens commun;* et, tout en répétant qu'il y a divergence entre le sens commun et la philosophie, on ne songe guère à comparer la nature de ces deux choses, pour découvrir par où elles se touchent et par où elles se distinguent.

Tout le monde entend par *sens commun* un certain

nombre de principes ou notions évidentes par elles-mêmes, où tous les hommes puisent les motifs de leurs jugements et les règles de leur conduite ; et rien n'est plus vrai que cette idée. Mais, ce que l'on ne sait pas assez, c'est que ces principes sont tout simplement des solutions positives de tous les grands problèmes qu'agite la philosophie. Comment dirigerions-nous notre conduite, et de quels jugements serions-nous capables, si nous ne pouvions distinguer le bien du mal, le vrai du faux, le beau du laid, un être d'un autre être, et la réalité du néant ; si nous ne savions à quoi nous en tenir sur ce que nous voyons avec nos yeux, sentons avec notre conscience, et concevons avec notre raison ; si nous n'avions aucune idée du but de cette vie et de ses conséquences, de l'auteur de toutes choses et de sa nature ? Que serait le flambeau de l'intelligence, et comment irait la société humaine, s'il y avait même l'ombre du doute dans les notions que nous possédons sur la plupart de ces points ? Or, ces notions, si fermement et si nécessairement établies dans l'intelligence de tous les hommes, que sont-elles, sinon une suite de réponses à ces questions : qu'est-ce que le vrai ? qu'est-ce que le bien ? qu'est-ce que le beau ? quelle est la nature des choses ? qu'est-ce que l'être ? quelle est l'origine et la certitude des connaissances humaines ? quelle est la destinée de l'homme en ce monde ? toute sa destinée s'accomplit-elle en cette vie ? ce monde est-il l'ouvrage du hasard ou d'une cause intelligente ? et, nous le demandons, ne sont-ce point là toutes les questions dont la philosophie s'occupe ? ne sont-ce point là, au moins dans leurs germes, toutes les questions logiques, métaphysiques, morales, politiques et religieuses ?

Le *sens commun* n'est donc autre chose qu'une collection de solutions des questions qu'agitent les philosophes; c'est donc une autre philosophie, antérieure à la philosophie proprement dite, puisqu'elle se trouve spontanément au fond de toutes les consciences, indépendamment de toute recherche scientifique. Il y a donc deux votes sur les questions qui intéressent l'humanité : celui du vulgaire et celui des philosophes, le vote spontané et le vote scientifique, le sens commun et les systèmes.

Nous avons une idée nette du sens commun ; examinons à présent en quoi consiste la contradiction du sens commun et de la philosophie.

Si l'on compare la solution du sens commun sur un problème quelconque aux diverses solutions proposées par les philosophes, on trouve toujours que la solution du sens commun est plus large que les solutions philosophiques. Les exemples le prouvent : Zénon définissait le bien, *ce qui est conforme à la raison ;* Épicure, *la sensation agréable ;* Kant, *ce qui est obligatoire.* Le sens commun adopte toutes ces opinions, et par là même ne peut se renfermer dans aucune. Les spiritualistes affirment l'existence de l'esprit, les matérialistes celle de la matière ; mais les premiers finissent par nier la matière, et les seconds l'esprit. Le sens commun admet également la matière et l'esprit, et par là se met en contradiction avec ces deux systèmes. Les empiristes ne reconnaissent d'autre autorité en matière de connaissance que les yeux et les mains; Descartes n'en admet pas d'autre que la conscience ; Platon et Kant font prédominer la raison, ou la conception de ce que nos sens ni notre conscience ne peuvent atteindre ; le sens commun reconnaît l'autorité de la conscience, des sens et de la raison tout ensemble. Si l'on poursuit le parallèle dans toutes les autres questions, on trouvera toujours le même résultat. En sorte qu'on arrive à cette conséquence importante, que, si le sens commun n'adopte pas les systèmes des philosophes, ce n'est pas que les systèmes disent une chose et le sens commun une autre, c'est que les systèmes disent moins et le sens commun davantage. Pénétrez au fond de toutes les opinions philosophiques, vous y découvrirez toujours un élément positif que le sens commun adopte et par lequel elles se rallient à la conscience du genre humain. Le scepticisme lui-même n'échappe point à cette loi générale. Mais cet élément est tout pour le philosophe, et n'est pas tout pour le sens commun : telle est la véritable nature de la contradiction qui les divise.

Mais si, d'une part, toutes les questions que la philosophie a pour objet de résoudre sont résolues d'avance au fond de la conscience humaine, et, si d'autre part, les efforts de la philosophie ne peuvent jamais atteindre à l'étendue des solutions du sens commun, à quoi bon les recherches philosophiques? Avant leur avénement à la philosophie, les philosophes, en leur qualité d'hommes, portaient en eux-mêmes les lumières du sens commun; ils s'en servaient pour juger et se conduire; et, quels que soient les résultats de leurs travaux scientifiques, on ne voit pas qu'ils y renoncent dans l'usage ordinaire de la vie, ni qu'ils soient plus convertis à leurs propres doctrines que le reste des hommes. Ils avouent dans la pratique, non-seulement l'existence, mais encore la supériorité des solutions du sens commun. Que peuvent-ils donc chercher et quel est le sens de leurs efforts? Essayons de l'expliquer.

Les solutions du sens commun ne sont point établies d'une manière explicite et sous des formes positives dans l'esprit des hommes. Si vous demandez au premier venu quelle idée il se forme du bien, ou ce qu'il pense de la nature des choses, il ne saura ce que vous lui dites; si vous cherchez à lui expliquer le sens de ces deux questions, à moins que vous n'usiez de tout l'art de Socrate, il aura peine à vous comprendre. Mais essayez de mettre en question, avec les stoïciens, que le plaisir soit un bien, ou de nier, avec les spiritualistes, l'existence des corps : vous le verrez rire de votre folie et témoigner sur ces deux points la plus inébranlable conviction. Il en sera de même sur toute autre question. Le sens commun est donc une opinion très-réelle, mais qui domine les hommes presqu'à leur insu; son existence est prouvée par cela seul qu'ils jugent et se conduisent comme s'ils l'avaient; obscure dans son ensemble, nul ne saurait s'en rendre compte, ni l'exposer; mais, quand un cas particulier se présente, elle se révèle tout à coup par une explication claire, nette, positive, puis elle rentre dans l'ombre : on la sent dans chaque jugement, dans chaque détermination; mais, hors de l'application, elle est comme si elle n'était pas; et c'est précisément cette obscurité qui la rend insuffisante aux hommes qui pensent. La réflexion ne peut se contenter de cette espèce d'inspiraton dont le propre est de s'ignorer et de ne pas songer à se savoir. Si les hommes naissent avec le sens commun, ils naissent aussi avec le besoin de se comprendre : l'un n'est pas plus naturel que l'autre. Or, dès que ce besoin se développe, il y a dans la conscience humaine autre chose que le sens commun; il y a un commencement de clarté, un commencement de philosophie. Mais dès lors aussi il y a dans la conscience humaine des points plus clairs et des points plus obscurs, une prédominance des premiers sur les seconds, et par conséquent une altération de l'équilibre du sens commun. De là le germe de l'esprit de système. Ce germe s'est développé hardiment dans les puissantes intelligences, qui ont été fortement exclusives, parce qu'elles ont été fortement réflexives; il se développe à peine dans la masse du genre humain, et c'est pourquoi le sens commun y garde tout son empire. Et cependant, là même, son influence se manifeste dans ces oscillations que subit l'opinion universelle d'un siècle à un autre, et qui, sans altérer sa fixité, ne la laissent jamais immobile.

Telle est l'origine de la *philosophie;* mais quelle est celle du *sens commun?* D'où vient cette mystérieuse instruction, que tout le monde porte en soi, et que personne ne se souvient d'avoir acquise; si étendue, qu'elle contient et dépasse toutes les doctrines philosophiques; si pleine d'autorité, qu'elle les juge et leur survit; et, en même temps si obscure, que l'humanité qui la possède est forcée de la rapprendre? Nous touchons au fond même de la question, et nous n'invoquerons, pour la résoudre, ni les souvenirs de Platon, ni les idées innées de Descartes, ni les formes de l'entendement de la philosophie kantienne. Un fait bien simple de la nature humaine explique tout le mystère.

Il y a longtemps qu'on a remarqué la différence qui existe entre *voir* et *regarder,* puisque toutes les langues ont deux mots pour exprimer ces deux modes de la vision. Dès que mon œil est ouvert sur le monde extérieur, tous les objets qu'il embrasse se manifestent à moi en même temps et sans que je m'en mêle. Dans cette vue passive et totale est contenu tout ce que je puis connaître de la scène qui est devant mes yeux; mais tout y est contenu confusément et obscurément, parce que je n'ai pas encore regardé. Or, que fais-je, quand je regarde? Au lieu de recevoir passivement la manifestation de l'objet, je vais à lui, je deviens actif et librement actif. Mais à quel propos? Si l'objet ne m'avait d'abord frappé, je n'en aurais aucune idée, et je ne m'aviserais pas de le regarder : la vue précède donc nécessairement le regard, elle en est la condition indispensable; le regard ne me révèle donc pas ce qu'il atteint, il ne fait que remarquer ce qui était déjà connu. Mais ce qu'il saisit n'était connu qu'indistinctement : il le saisit distinctement, il éclaircit donc la connaissance que nous avions déjà, et c'est là toute son œuvre.

Mais comment éclaircit-il? S'il embrassait tout, il ne distinguerait rien. Il est donc forcé de prendre l'une après l'autre toutes les parties de l'ensemble pour les connaitre nettement : l'analyse est son procédé, comme la synthèse est celui de la vue.

Mais, en parcourant ainsi les diverses parties du tout, le regard, ou bien en omet quelques-unes, ou bien répand sur celles qu'il a saisies une lumière inégale qui donne aux unes plus, aux autres moins d'importance qu'elles n'en ont naturellement; aussi, tantôt il mutile le tableau, tantôt il en altère la vérité, et le plus souvent il fait l'un et l'autre. La vue, au contraire, comme un miroir fidèle, le réfléchit tel qu'il est; l'étendue et la fidélité sont ses caractères, mais elle est obscure; le regard est clair, mais il est étroit, et ne manque jamais de défigurer l'objet qu'il étudie.

Or, cette double manière de connaitre n'est point, comme on l'a pensé, une loi de l'organe de la vue, que notre corps impose à notre intelligence : c'est la loi de l'intelligence elle-même; et, ce qui le prouve, c'est qu'elle procède toujours de même, soit qu'elle prenne connaissance de ce qui se passe en nous, soit qu'elle s'élève à la conception de ce qui est invisible à nos yeux et insensible à notre conscience.

En d'autres termes, le regard n'est point le début de l'intelligence, ni la philosophie le début du genre humain. Avant de nous emparer de l'intelligence et de la diriger volontairement à l'examen d'une certaine partie de la réalité, la réalité tout entière, ou du moins tout ce qu'elle contient de visible et de concevable pour l'homme, se manifestait à elle. Dès l'entrée de la vie, notre entendement est incessamment affecté de toutes choses, et nous avons le sentiment ou la vue obscure de tout ce qu'il nous est donné de connaitre. C'est ainsi que le vrai, le bien, le beau, la nature des choses, tout l'objet de la philosophie, se révèlent continuellement, fidèlement, mais obscurément, à l'humanité ; et de là ces notions vagues, ces croyances confuses, mais profondes, ces sentiments indistincts, mais puissants, sur les matières les plus hautes, qui fermentent sourdement dans toutes les classes de la société et la gouvernent à toutes les époques ; de là, en un mot, le sens commun tout entier.

Mais l'élite de l'humanité ne se contente point de ces obscures clartés, de ces vagues persuasions : elle aspire à comprendre ce que tout le monde croit; elle aspire à des solutions nettes des grandes questions humaines, et par elle commence la philosophie ou la science. La science n'est autre chose que l'éclaircissement successif des différents points de cette immense provision d'idées, accumulées dans l'intelligence par la manifestation des choses; et, ce qui opère l'éclaircissement, c'est le regard après la vue ; c'est, en d'autres termes, la liberté interrogeant l'entendement sur une question, lui demandant ce qu'il sait, et le forçant de préciser sa connaissance. Philosopher, c'est apprendre ; apprendre, ce n'est pas connaître, c'est constater ce que l'on savait ; et comment vouloir apprendre, si l'on ignorait ce que l'on veut apprendre ?

Ainsi, les questions spontanément et éternellement posées, spontanément et obscurément résolues, par cela seul que l'intelligence humaine était en face des choses, sont volontairement posées par la philosophie et volontairement agitées. Le regard succède à la vue, la réflexion au sentiment, l'analyse libre à la syntèse involontaire, et chaque instrument manifeste ses propriétés dans les connaissances qu'il donne. Le propre de la vue primitive, c'est l'étendue et l'obscurité ; le regard libre distingue, mais il est étroit. Aussi, la philosophie, si elle aperçoit clairement ce qu'elle saisit, n'aperçoit que des points; le sens commun, qui n'a rien vu clairement, a tout vu. La philosophie, qui n'aperçoit que des points, dénature leurs proportions naturelles, brise leur dépendance de l'ensemble ; le sens commun, qui voit tout, laisse à chaque chose et ses rapports et ses proportions. Les parties de la vérité que la philosophie met en lumière, le sens commun les reconnait ; mais, le jour où le philosophe fatigué a la présomption de proclamer que la partie qu'il a mise en lumière est le tout, le sens commun, qui a le sentiment du tout, ne le reconnait pas dans cette image mutilée et renie la philosophie.

Ainsi va la philosophie, et tel est le sens du spectacle qu'elle a présenté jusqu'à nos jours. Si les mêmes questions ont reparu à toutes les époques, c'est qu'elles contiennent sous ses différentes faces le problème de la vie, et que l'homme ne peut s'intéresser qu'aux choses qui le touchent. Si les mêmes solutions se sont toujours reproduites, c'est qu'elles étaient les éléments réels de la solution complète, et que l'intelligence humaine ne peut sortir du cercle de la réalité. Si ces solutions se sont toujours contredites sans qu'aucune ait triomphé ou péri, c'est que toutes, éléments divers de la vérité, se recommandaient au même titre au sens commun, et qu'aucune, ne représentant la vérité tout entière, ne pouvait être acceptée à sa place. Si le sens commun et la philosophie n'ont pu s'accorder, ce n'est pas qu'il y ait deux vérités, l'une pour les philosophes et l'autre pour le vulgaire, c'est qu'il y a deux manières de l'aborder : l'une qui embrasse toute la vérité, assez pour la reconnaitre quand on la lui présente, assez pour sentir quand on la mutile, mais pas assez pour s'en rendre compte et l'exprimer ; tandis que l'autre, qui s'en rend compte et l'exprime, ne peut la saisir tout entière.

Mais le divorce de la philosophie et du sens commun n'est point éternel de sa nature. Si la philosophie s'était donnée pour ce qu'elle est, il y a longtemps qu'elle aurait été admise au rang des sciences raisonnables que le sens commun peut avouer; mais elle est si jeune, qu'elle s'ignore encore, elle, et son but, et sa destinée. Jusqu'ici elle ne s'est pas définie à elle-même d'une manière précise ; elle ne s'est point rendu compte de sa tâche, de ses moyens, de ses limites. Le monde attend qu'elle s'explique pour la juger, et qu'elle se connaisse pour la reconnaitre. Le moment où une science, après s'être longtemps débattue dans son berceau, après avoir signalé sa récente existence par de vigoureuses et incohérentes tentatives, prend enfin conscience d'elle-même, se calme, se contient, fixe son but, sa sphère, sa méthode, et commence à montrer qu'elle se comprend et se gouverne par des recherches sages et réglées, ce moment, qui vient presque d'arriver pour les sciences naturelles, la philosophie l'attend encore. Jusqu'ici tout a été spontané, personnel en philosophie : il y a eu des philosophes, Platon,

Descartes, Locke, Kant ; ils ont jeté, chacun à sa manière, des vues de génie sur le monde intellectuel et moral ; mais ces vues attendent une science qui les reçoive et les classe, car la philosophie n'est point encore.

Le jour où, se repliant sur elle-même et sur l'histoire de ses premiers essais, elle reconnaitra que jusqu'ici ses tentatives les plus hardies n'ont abouti qu'à mettre en lumière quelques-unes des croyances du sens commun, le jour où elle en trouvera la raison dans ce fait de la nature humaine, que ce n'est point l'intelligence qui découvre la réalité, mais la réalité qui se manifeste à l'intelligence, en sorte que les plus puissants génies ne peuvent avoir sur le vulgaire que l'avantage de comprendre mieux quelques articles de cette commune révélation, alors la philosophie reconnaitra sa destination et finira par s'y résigner. Éclaircir, par la réflexion, les intuitions obscures que tout le monde reçoit en présence des choses : voilà tout ce qu'elle peut et par conséquent tout ce qu'elle voudra. Sans le savoir, jusqu'ici et malgré son ambition, elle n'a pas fait autre chose ; mais elle changera de méthode et d'esprit. Elle saura que, toute idée étant nécessairement en nous le reflet de quelque réalité, toute idée, dans sa naïveté primitive, est nécessairement vraie ; elle saura qu'il n'y a de faux que les analyses de la science, et que, si elles sont fausses, c'est qu'elles sont incomplètes ; elle se hâtera donc moins de déclarer la science achevée et le monde expliqué ; au lieu de faire des systèmes, elle fera des observations ; au lieu d'être exclusive, elle deviendra tolérante et revêtira enfin les caractères de la maturité ; car, dans la vie d'une science, l'esprit de système est un signe de jeunesse, comme le penchant à s'engouer dans celle de l'homme.

# II

## DU SPIRITUALISME ET DU MATÉRIALISME

(1825)[1]

En consacrant au spiritualisme et au matérialisme l'article qu'on va lire, nous nous sommes proposé trois choses : en premier lieu, de rechercher quel est le principe philosophique de ces deux opinions ; en second lieu, de démontrer qu'elles sont également exclusives, et, par conséquent, également fausses ; en troisième lieu, enfin, d'exposer les différents systèmes qui les ont représentées dans les temps modernes.

### I

La connaissance suppose toujours deux termes : un être qui connaisse et un objet connu. Dans tous les cas, c'est nous qui connaissons ; mais l'objet connu varie. Tout homme de bon sens, pour peu qu'il veuille y penser, distingue du premier coup deux mondes différents qui tombent l'un et l'autre, mais non pas de la même manière, sous l'œil de l'intelligence. Car, en même

---

1. *Globe*, tome VI, pages 926 et 933, et tome VII, page 3.

temps qu'avec ses yeux, ses mains et ses autres sens, il perçoit les objets matériels qui sont hors de lui, il est informé, non plus avec ses sens, mais par une autre voie, de tout ce qui se passe en lui. S'il jouit, il le sait; s'il souffre, il le sait; s'il croit, s'il doute, s'il désire, s'il veut, s'il délibère, il le sait : tout comme il sait si les objets extérieurs sont ronds ou carrés, grands ou petits, durs ou mous, solides ou liquides. Tout homme se sait donc et sait ce qui se passe en lui, aussi bien qu'il sait les objets extérieurs et sait ce qui se passe hors de lui. Mais il ne connait pas ces deux mondes de la même façon. C'est à l'aide de ses cinq sens qu'il connait le monde extérieur; il n'en a pas besoin pour connaitre le monde intérieur. Il voit le monde extérieur comme un spectacle placé en face de son intelligence; il ne saurait se voir comme une chose étrangère : il se sent, il a la conscience de lui-même, et, bien qu'il ne puisse les toucher et les voir, aucun des phénomènes qui se passent au dedans de lui n'échappe à sa connaissance.

Nous le répétons : tout homme de bon sens distingue facilement et ne saurait refuser d'admettre comme choses incontestables ces deux vues de l'intelligence, l'une sur le dehors par l'intermédiaire des sens, l'autre sur le dedans par le sentiment, et indépendamment de tout intermédiaire.

Mais tous les hommes ne font pas un usage égal de ces deux facultés de l'intelligence. Prenez un naturaliste, par exemple : l'objet qu'il étudie est au dehors; c'est avec les sens qu'il l'observe, qu'il l'analyse; tout ce qu'il apprend lui vient par cette voie; toute sa science s'introduit par ce chemin; son attention se jette tout entière dans cette direction, et se retire tout à fait de la perspective intérieure. Il continue sans doute d'avoir conscience de ce qui se passe en lui; mais il en est informé sans le chercher, sans s'en mêler, sans s'en apercevoir. Accoutumé qu'il est à n'attacher d'importance qu'aux découvertes qu'il fait avec ses sens, il en vient bientôt à oublier qu'on peut en faire d'une autre façon dans un autre monde. Comme tout ce qu'il a constaté d'une manière positive, tout ce qu'il a trouvé de constaté, il l'a vu ou touché, il finit par associer exclusivement aux perceptions de la vue et du tact l'idée de certitude, et par se persuader qu'on ne peut et qu'on ne doit croire qu'à ses yeux et à ses mains.

Supposez, au contraire, un homme comme Descartes, par exemple, qui passe sa vie à observer en lui-même le travail de la pensée, le jeu des passions, les ressorts qui déterminent nos résolutions, les causes qui engendrent nos habitudes; un de ces hommes qui ne reviennent de leurs méditations intérieures que pour boire et manger, et qui marchent au milieu du monde sans rien voir, sans rien entendre, sans rien remarquer, tant ils sont absorbés dans la contemplation de ce qui arrive en eux-mêmes; le phénomène intellectuel qui s'opère chez le naturaliste se produit chez lui, mais en sens opposé : son attention se retire, non plus de la conscience pour se fixer dans les yeux et les mains, mais des yeux et des mains pour se fixer dans la conscience. C'est dans la vue intérieure que toute son intelligence se concentre. Ses sens continuent à l'informer, comme les autres hommes, du voisinage et de la nature des choses extérieures; mais cette information lui arrive sans qu'il la remarque; c'est passivement qu'il la reçoit, et par routine qu'il en fait usage. Le monde extérieur lui est aussi étranger que le monde intérieur l'est au naturaliste. Ce qu'il sait bien, c'est ce qu'il sent en lui : c'est là que tout lui paraît palpitant de réalité, plein de vie, de clarté et d'évidence; il ne voit le reste des choses que dans un vague lointain. La conscience finit par lui sembler la seule source de la véritable science, de la solide certitude; il ne se fie qu'à moitié au témoignage de ses sens, et parfois il est tenté de prendre le monde matériel pour une illusion.

Posez maintenant à ces deux hommes la question de Descartes : *Que pouvons-nous savoir certainement?* Il est évident que la pensée du naturaliste se portera d'abord sur les objets extérieurs que ses sens perçoivent, et celle du métaphysicien sur les phénomènes intérieurs que sa conscience lui révèle. Voilà le germe de deux solutions opposées au problème fondamental des caractères de la vérité. Nous ne disons pas que tous les naturalistes nieront la certitude du sens intime, ni tous les métaphysiciens celle des sens; mais nous disons qu'aux yeux des premiers l'autorité du sens intime ne pourra paraître aussi grande que celle des sens, ni celle des sens aussi imposante que celle de la conscience aux yeux des seconds. Nous disons, en outre, qu'il se rencontrera presque infailliblement parmi les uns et les autres quelques esprits hardis et étroits qui nieront, d'un côté, la certitude des phénomènes intérieurs, et de l'autre, celle des choses matérielles. Nous prétendons enfin que, si la discussion s'engage, chaque parti trouvera si absurde la prétention du parti opposé, qu'il se fâchera, traitera de folie l'opinion de ses adversaires, se pénétrera plus exclusivement de la sienne, et finira par croire bien sincèrement qu'elle est démontrée : car c'est ainsi que va l'esprit humain dans le chemin des systèmes et de l'intolérance.

Que l'opinion du naturaliste soit plus naturelle que celle du métaphysicien, nous ne le contestons pas. Les besoins de l'enfant attirent au dehors son intelligence; l'habitude de connaître par les yeux et les mains se forme; il faut bien des années de méditations pour la rompre et passer à une habitude contraire. C'est ce qui fait que bien peu d'hommes s'accoutument à regarder en dedans, et que ceux-là même qui y parviennent ne perdent jamais tout à fait leur première confiance au témoignage de leurs sens. D'ailleurs ils sont incessamment rappelés au dehors par les besoins de la vie et les devoirs de la société, et dans ces digressions aux méditations philosophiques, la réalité extérieure regagne du crédit sur leur esprit. Au contraire, aucune ancienne habitude ne trouble, dans leur confiance exclusive au témoignage de leurs sens, ceux qui continuent de vivre au dehors; aucune nécessité impérieuse ne les oblige tous les jours à faire usage du sens intime. Ils ont pour eux l'assentiment de presque tous les hommes, retenus comme eux dans le monde extérieur par la force de l'habitude et les affaires de la vie. On conçoit donc comment et pourquoi le sens commun semble plus favorable à l'opinion du naturaliste, et plus étranger à celle du métaphysicien.

Mais que l'une de ces deux opinions soit moins exclusive que l'autre, c'est ce qu'aucun homme raisonnable n'admettra, s'il veut y réfléchir un moment. Nous ne pouvons connaître ce qui se passe en nous avec nos yeux et nos mains, puisque nos yeux ne le voient pas, et que nos mains ne le touchent pas. D'un autre côté, nous ne saurions avoir conscience du monde extérieur, puisque le monde extérieur n'est pas en nous. Notre intelligence ne peut donc être informée de la même manière et de ce qui est en nous et ce qui est hors de nous. Il faut qu'elle sente ce qui se passe en elle, comme il faut qu'elle voie ce qui se passe hors d'elle. Cette différence dans les procédés par lesquels elle atteint les deux mondes était nécessaire. Mais, soit qu'elle aperçoive avec les yeux l'extérieur, ou réfléchisse l'intérieur avec la conscience, c'est toujours elle qui connaît. Si on révoque son témoignage dans un cas, on ne saurait plus s'y fier dans l'autre. Croire aux sens et ne pas croire à la conscience, ou croire à la conscience et ne pas croire aux sens, c'est en même temps croire et ne pas croire à l'intelligence, c'est consentir à l'absurde ; et le naturaliste qui met toute certitude dans les sens, et le métaphysicien qui la place tout entière dans la conscience, sont aussi exclusifs et aussi ridicules l'un que l'autre.

Mais, pour être absurdes, leurs opinions respectives n'en sont pas moins naturelles. Nous avons montré par quelle pente insensible l'esprit humain s'y laisse tomber ; et, pour peu qu'on se rappelle de quelle manière nous avons plus d'une fois expliqué la fausseté des systèmes philosophiqus, on reconnaîtra qu'ici, comme partout, l'erreur provient de la faiblesse de l'intelligence, qui n'embrasse jamais qu'une partie de la réalité qu'elle prend toujours et donne toujours pour la réalité tout entière. L'homme de bon sens a foi à ses yeux et à ses mains, il a foi à sa conscience, il ne doute pas plus qu'il pense quant il se sent penser, qu'il ne doute qu'un corps soit étendu quand il le voit étendu. Mais, pour le philosophe qui a plus connu avec ses sens qu'avec sa conscience, ou avec sa conscience qu'avec ses sens, l'équilibre est rompu : l'un des deux moyens grandit aux dépens de l'autre ; le crédit du premier s'augmente du discrédit du second ; et tantôt la conscience, tantôt les sens, usurpent exclusivement à ses yeux l'autorité qu'ils devraient partager.

Nous donnons maintenant à choisir à nos lecteurs entre ces deux opinions : s'ils adoptent la première, ils se font *matérialistes;* et *spiritualistes*, s'ils préfèrent la seconde.

Nous ne disons pas que ces deux opinions représentent exactement ce que l'on entend d'ordinaire par *matérialisme* et *spiritualisme :* le matérialisme, dans la véritable acception du mot, consiste à nier l'existence de l'esprit, et le spiritualisme, celle de la matière. Nous voulons dire simplement qu'en prenant le parti de ne croire qu'à ses sens, on se condamne au *matérialisme;* tout comme on se condamne au *spiritualisme* en prenant celui de ne croire qu'à sa conscience. Ce sont deux solutions opposées à la question des caractères de la vérité, dont l'une a pour conséquence inévitable la négation de la matière, l'autre celle de l'esprit. Et c'est pourquoi, dans le grand débat de la philosophie moderne sur le problème fondamental, ces deux solutions ont pris les noms de *solution matérialiste* et de *solution spiritualiste*.

Avant de rapporter ces deux solutions aux écoles ennemies qui les ont respectivement adoptées et défendues; avant de nommer Descartes et Leibnitz, Gassendi et Condillac, ces illustres héritiers du platonisme et de l'épicuréisme, qui ont environné des prestiges du génie deux systèmes si évidemment faux, et, si nous osions le dire, si puérils aux yeux du bon sens, nous ferons bien, ce nous semble, pendant que nous en sommes à parler le langage vulgaire et à voir les choses naturellement, nous ferons bien de montrer par quel enchaînement nécessaire la négation de l'esprit ou celle de la matière se rattachent aux opinions que nous venons d'exposer, et de faire comprendre d'avance Cabanis et Berkeley, comme nous avons fait comprendre Condillac et Descartes.

Pour l'homme qui croit à ce qu'il perçoit hors de lui avec ses yeux et ses mains, et à ce qu'il sent au dedans de lui-même avec sa conscience, il y a, comme nous l'avons dit, deux ordres distincts, mais également réels, de phénomènes. A l'extérieur, l'étendue, la figure, la solidité; à l'intérieur, le plaisir, la peine, la pensée, la volonté, l'activité. Mais ce n'est point là que s'arrête sa conviction; elle pénètre plus avant. Il croit que l'étendue, la solidité, la figure, ne sont point de vaines apparences flottant dans le vide, mais qu'il y a quelque chose dont ces phénomènes ne sont que les propriétés : il croit donc à quelque chose, et c'est ce qu'il appelle *matière*. De même, en y pensant un peu, il lui est impossible de supposer que la jouissance et la souffrance ne se rapportent pas à quelque chose qui jouit et qui souffre; qu'il y ait en nous de la pensée, de la volonté, de l'activité, sans quelque chose qui pense, veuille et agisse. Il admet donc une réalité sous les phénomènes intérieurs, tout comme il en admet une sous les phénomènes extérieurs. Et, comme ces deux ordres de phénomènes ne se ressemblent pas, il croit que les deux réalités qui les manifestent sont différentes : c'est pourquoi il appelle *âme* ou *esprit* la réalité intérieure qui est lui, et *matière* la réalité extérieure qui n'est pas lui.

Il y a donc pour un homme de bon sens deux espèces de réalités également incontestables : l'une qu'il voit au dehors, étendue, figurée, colorée, *la matière;* l'autre qu'il sent au dedans, active, intelligente, sensible, *l'âme* ou *l'esprit*.

Supposez maintenant qu'un homme naisse privé de tous ses sens; qu'il n'ait ni vue, ni tact, ni sensibilité quelconque pour les choses du dehors; n'est-il pas vrai qu'il aurait beau sentir pendant des siècles l'activité, l'intelligence, la volonté de l'être intérieur, jamais il n'y puiserait l'idée d'une chose extérieure à lui, étendue, figurée, colorée? N'est-il pas évident que jamais il ne parviendrait à concevoir la matière?

Faites l'hypothèse contraire : admettez un homme dépourvu de tout sentiment de ce qui se passe en lui; il ne verrait plus que le dehors, et dans le dehors que des choses étendues, figurées, colorées : imagine-t-on que cet homme parvînt jamais à se représenter un être intelligent, sensible et volontaire? Y a-t-il rien dans l'étendue, la couleur et la figure des corps, qui puisse mener à de telles idées?

Le premier de ces deux hommes ignorerait donc la moitié des choses, le dehors, la matière et toutes ses propriétés; le second l'autre moitié, le dedans, l'esprit et toutes ses opérations et toutes ses modifications; ni l'un ni l'autre ne pourrait croire à ce qu'il ignore; tous deux se figureraient donc qu'il n'y a que ce qu'ils savent, ou l'esprit ou la matière, ou le monde intérieur ou le monde extérieur. Et pourquoi la connaissance et la croyance seraient-elles ainsi mutilées en eux? Parce que, des deux manières de connaître que nous avons reçues de la nature, ils n'en posséderaient qu'une. Or, c'est là l'histoire du matérialisme et du spiritualisme. Le spiritualiste a bien des sens, mais il ne croit pas à ce qu'ils lui font voir; le matérialiste a bien une conscience, mais il ne croit pas à ce qu'elle lui fait sentir : c'est comme si l'un n'avait pas de sens et l'autre pas de conscience; et l'on voit que, s'ils sont conséquents, ils feront comme les deux hommes que nous avons supposés : ils nieront l'un la matière, l'autre l'esprit.

Mais, par malheur pour la régularité logique des systèmes de philosophie, jamais le philosophe ne l'emporte entièrement sur l'homme. Quand le bon sens dit une chose et la science une autre, il est rare que l'esprit le plus hardi n'use pas de quelque ménagement envers le premier et ne lui fasse pas au moins quelques concessions. Assurément, si les spiritualistes avaient été conséquents, ils ne se seraient point occupés de la matière, ils n'auraient pas même prononcé son nom : car, les sens étant comme s'ils n'étaient pas, ils sont censés ne rien savoir du dehors. De même, à la rigueur, les matérialistes devaient regarder tous les phénomènes internes comme non avenus, et ne pas même prononcer les mots d'âme et d'esprit. Mais les premiers ont beau faire, ils ont des yeux; les seconds ont beau se défendre, ils sentent la vie intérieure. La croyance commune fait retentir à leurs oreilles les noms d'*âme* et de *matière;* eux-mêmes ne peuvent entièrement étouffer quelque reste de sens commun qui lutte encore secrètement contre l'intolérance de leurs principes. Au lieu donc de déduire simplement de leurs opinions respectives sur la certitude l'existence exclusive ou de l'esprit ou de la matière, les matérialistes ont senti le besoin d'expliquer dans leur système quelle est cette chose qu'on appelle *esprit*, et les spiritualistes, dans le leur, en quoi consiste cette autre chose qu'on appelle *matière*. On a donc vu les premiers chercher l'âme avec leurs yeux et leurs mains, et les seconds chercher la matière avec le sens intime : et c'est ici que le ridicule de l'esprit humain, quand il est égaré par un système étroit, paraît dans toute son étendue.

Ce que le spiritualiste sent avec évidence, c'est l'existence de la réalité interne, cause active, intelligente et sensible. Cette cause simple, et toujours agissante et pensante, devient pour lui le type de toute réalité, et il s'accoutume si bien à ne concevoir la réalité que sous cette forme, qu'il ne comprend pas ce que peut être une substance inerte, insensible, inintelligente comme la matière. Néanmoins l'humanité admet cette autre réalité, et cette conviction a une origine qu'il sent le besoin de découvrir. Fidèle à son principe ou à son habitude de ne rien chercher qu'avec sa conscience, il examine donc ce que la conscience lui apprend de la matière. Or, en analysant les différents phénomènes du monde intérieur, il reconnait qu'ils sont de deux espèces : les uns qui viennent de la réalité interne elle-même, les autres qui n'en viennent pas, mais pénètrent en nous du dehors. Ceux-ci se distinguent en deux classes : des sensations agréables ou désagréables, et des idées ou images d'étendue, de formes, de couleurs. A son gré, voilà tout ce que nous savons de l'extérieur, et, par conséquent, de la matière. Or, toutes les sensations ou images ne sont que des phénomènes en nous, comme nos pensées, nos souvenirs, nos actes, nos déterminations : la seule différence entre les uns et les autres, c'est que nous produisons ceux-ci, tandis que les premiers nous ne les produisons pas. Que prouvent donc ces phénomènes ? que nous apprennent-ils de l'extérieur ? Rien, sinon qu'il y a au dehors une ou plusieurs causes qui les produisent, c'est-à-dire que nous ne sommes pas la seule cause existante : il y en a d'autres qui agissent sur nous et nous affectent, comme nous agissons sur elles et les affectons. Ce monde ne renferme donc que des causes qui jouent l'une contre l'autre et se modifient mutuellement ; mais, de matière ou de substance inerte et composée, point. L'illusion du vulgaire et des matérialistes est de prendre les idées d'étendue, de solidité, de forme, qui ne sont que des phénomènes en nous, pour des qualités réelles d'une chose réelle hors de nous ; c'est de mettre dehors ce qui est dedans ; c'est de donner une existence indépendante à des modifications qui ne subsistent que dans le sujet modifié. Que deviendraient le doux et l'amer, le chaud et le froid, si nous n'étions pas ? Ce ne sont que des sensations en nous. Que deviendraient les idées d'étendue, de forme, de solidité, si notre intelligence n'existait pas ? Ce ne sont que des images en elle. Le monde extérieur, pour le vulgaire, c'est la collection des phénomènes que les causes extérieures produisent en nous ; mais le véritable monde extérieur, ce sont ces causes elles-mêmes, c'est-à-dire d'autres esprits comme nous. Berkeley était ravi de cet état de choses : il se félicitait de voir les matérialistes si bien réfutés par la suppression de la matière ; mais c'était une fausse joie : car les matérialistes, en supprimant la conscience, réduisaient du même droit l'âme à la matière, et pouvaient au même titre se féliciter d'avoir détruit le spiritualisme.

L'habitude de concentrer toute son intelligence dans ses yeux et dans ses mains produit chez le matérialiste le même effet que l'habitude opposée chez le spiritualiste. Des deux réalités, il n'y en a qu'une qu'il comprenne bien, qu'il sente bien, c'est la matière, ou la substance solide, étendue, figurée. Elle devient pour lui le type de toute réalité, et il ne comprend pas ce que serait une chose sans solidité, sans forme, ne remplissant aucune partie de l'espace, invisible, intangible, principe mystérieux, dont la seule essence serait d'agir, de sentir, de connaître, comme celui que les hommes appellent âme ou esprit. Cependant ces mots, dans leur pensée, doivent représenter quelque chose : il se décide donc à chercher quelles apparences ont pu leur inspirer cette idée bizarre, et à quel degré de vérité un examen sévère doit la réduire. Fidèle, comme le spiritualiste, à ses habitudes intellectuelles, il va donc à la découverte de l'âme avec ses yeux et ses mains, et voici ce qu'il trouve. Le monde est un ensemble de corps, au nombre desquels se trouve l'homme. Tous ces corps possèdent les mêmes attributs constitutifs ; tous sont composés de parties, étendus, figurés, etc. Mais outre ces attributs fixes, tous manifestent des phénomènes, c'est-à-dire qu'il se produit en eux, soit au-dedans, soit à la surface, différents mouvements qui varient d'un corps à un autre, et qui les distinguent. Ainsi, la plante végète, et la pierre ne végète pas ; l'animal digère, et la plante ne digère pas : des mouvements divers se développent dans ces trois espèces de corps, et c'est ce qui les sépare. Or, quand on cherche pourquoi tels phénomènes se passent dans un corps et non pas dans un autre, on trouve que les parties qui composent les corps diffèrent de l'un à l'autre sous deux rapports, par leur nature et par leur arrangement. Ainsi, tous les corps qui manifestent les mêmes phénomènes sont composés des mêmes parties, arrangées de la même manière ; et, au contraire, les corps qui manifestent des phénomènes différents, ou sont composés d'autres parties, autrement arrangées, ou des mêmes parties différemment combinées. La nature des parties et leur arrangement, ou, si l'on veut, l'*organisation*, voilà donc ce qui distingue réellement les corps, et ce qui fait qu'ils manifestent des phénomènes différents. Cela posé, qu'est-ce que l'âme, et où la trouve-t-on ? On répond que c'est l'être qui pense, qui sent, qui agit. A la bonne heure ; mais dans cette réponse on affirme deux choses : l'existence de certains phénomènes d'une nature particulière, puis l'existence d'une chose distincte du corps, qui manifeste ces phénomènes. Or, si l'on ne peut contester les phénomènes qui sont réels, on peut au moins demander de quel droit on les attribue à un autre sujet que le corps. Pour qu'on eût ce droit, il faudrait, ou qu'on eût touché et vu l'âme, ou du moins qu'on eût démontré que le corps n'est pas susceptible de manifester de tels phénomènes. Or, en vain le scalpel a-t-il interrogé toutes les parties du corps, jamais l'âme ne s'est rencontrée. Reste donc à savoir si les phénomènes qu'on lui attribue ne peuvent être rapportés au corps. Mais de quel droit rapporter au corps certains phénomènes, comme la digestion et la circulation du sang, et lui en refuser d'autres? Tout phénomène n'est-il pas un mouvement? Est-il possible de s'en faire une autre idée? N'est-ce point là le caractère essentiel qui le distingue de l'attribut ou qualité fixe? La sensation, la volonté, la pensée, sont-elles et peuvent-elles être autre chose que des mouvements, particuliers, comme la digestion, aux corps animaux, mouvements qui les distinguent des végétaux, et qui doivent être rapportés comme tous les autres à l'organisation? Qu'est-ce donc en dernière analyse que les phénomènes de la conscience pour Cabanis? Le résultat d'un certain arrangement de certaines parties matérielles. L'âme est identifiée à la matière, tout aussi rigoureusement que la matière à l'esprit par Malebranche et Berkeley.

C'est ainsi que les spiritualistes et les matérialistes ont expliqué ou le dehors par le dedans, ou le dedans par le dehors; c'est ainsi que les uns ne consentant à voir les phénomènes de la matière que dans les effets qu'ils produisent au-dedans, et les autres les phénomènes de l'esprit que dans les mouvements qu'ils manifestent au dehors, ont identifié les phénomènes de la matière avec ceux de l'esprit, ou ceux de l'esprit avec ceux de la matière, et, après avoir ainsi fait l'objet à l'image du sujet, ou le sujet à l'image de l'objet, ont pu conclure, les premiers, qu'il n'y avait point de matière, les seconds, qu'il n'y avait point d'âme.

Et pourquoi s'étonnerait-on d'un pareil résultat? Le spiritualiste, ne se servant point de ses sens, cherche la matière au-dedans de lui, et ne la trouve pas; le matérialiste, ne faisant point usage de sa conscience, cherche l'âme au dehors, et ne la trouve pas: quoi de plus inévitable? Le premier s'étonne qu'on puisse croire à la matière, le second qu'on puisse croire à l'âme; tous deux ont l'un pour l'autre un profond dédain; quoi de plus simple, mais en même temps de plus ridicule? C'est l'histoire de nos deux hommes, l'un privé de ses sens, l'autre de sa conscience. Le spiritualiste et le matérialiste ne sont que des moitiés d'homme, ou plutôt des hommes complets dans la réalité, mais qui se mutilent philosophiquement, et, après s'être mutilés, mutilent le monde dans leurs systèmes.

Il n'y a qu'une manière de trouver l'âme, c'est de la sentir; il n'y a qu'une manière de trouver la matière, c'est de la toucher. Encore une fois, comment un être intelligent pourrait-il se trouver hors de lui-même, ou trouver en lui ce qui n'est pas lui? Comme il est lui et n'est pas le monde, il a conscience de lui-même et connaissance du reste des choses. Il ne peut avoir conscience de ce qu'il n'est pas, ni se séparer de ce qu'il est pour devenir spectateur de lui-même. Il se sent donc, et il regarde les choses qui ne sont pas lui; et, comme c'est toujours lui qui connaît dans les deux cas, il se fie à lui-même dans le premier comme dans le second, dans le second comme dans le premier. Et il a raison, car il ne pourrait renier son intelligence dans un cas sans la renier dans l'autre. On ne partage point l'homme, comme l'a dit Royer-Collard ; on ne fait point au scepticisme sa part ; dès qu'il a pénétré dans l'entendement, il l'envahit tout entier.

## II

La meilleure réfutation du matérialisme, c'est le spiritualisme; la meilleure réfutation du spiritualisme, c'est le matérialisme. Pour bien comprendre l'absurdité de l'une de ces opinions, il suffit de se placer au point de vue de l'opinion contraire.

Les matérialistes, ne consentant point à sentir le dedans, veulent absolument le voir et le toucher ; ne pouvant le connaître de cette manière, parce qu'il est intangible et invisible, ils sont réduits à l'imaginer ; et, comme on n'imagine qu'avec ce qu'on sait, ils sont forcés de le créer à l'image de ce qu'ils ont vu et touché au dehors. C'est ainsi que le dedans devient pour eux un ensemble de phénomènes résultant de la nature et de l'arrangement des parties corporelles. Rien de plus simple que cette marche, rien de plus inévitable que cette conclusion. Voilà l'*âme* des spiritualistes réduite à n'être plus, ou que la collection des phénomènes intérieurs, ou que la collection des parties matérielles dont ces phénomènes émanent. C'est à merveille. Mais voulons-nous juger de la fidélité de cette peinture du monde interne créé par l'imagination des matérialistes? la chose est facile. Laissons là nos yeux et nos mains qui ne peuvent pénétrer dans ce monde intérieur; consentons à le sentir; plaçons-nous en un mot au point de vue des spiritualistes. Alors, dans la conscience intime de ce monde, étranger à nos mains et à nos yeux, nous sentirons s'évanouir la chimérique description des matérialistes; alors deux convictions que nous avons continuellement mais obscurément dans l'état ordinaire, celle de notre causalité et de notre simplicité, deviendront pour nous d'une clarté, d'une évidence, d'une force irrésistibles. La pensée, l'activité, la sensation, ne seront plus à nos yeux des phénomènes abstraits et isolés, que l'imagination peut expliquer et arranger comme il lui plait; nous sentirons vivre en nous ce qui pense, ce qui agit, ce qui sent, en un mot, l'*être* qui est *nous*, et que pour cela nous appelons *moi;* nous le sentirons agir dans l'activité, sentir dans la sensation, connaître dans la connaissance: *le même*, soit qu'il agisse, soit qu'il sente, soit qu'il connaisse ; car il a conscience que c'est lui qui pense, que c'est lui qui sent, que c'est lui qui agit; car il sait qu'il pense et qu'il agit; car il agit en vertu de ce qu'il sent et de ce qu'il sait; car il sent le plaisir d'agir et de connaître ; et non-seulement le *même* sous la variété des phénomènes qu'il produit ou qu'il éprouve dans un moment donné, mais toujours le *même* dans tous les moments : car il se souvient de ce qu'il a senti ; car il prévoit ce qu'il sentira, et juge, quand l'avenir est arrivé, qu'il a bien ou mal prévu ; car il compare entre elles, dans le moment présent, ses idées, ses actions, ses sensations de tous les moments passés. Que dirons-nous de ce principe simple et identique de nos pensées et de nos actes, de ce sujet simple et identique de nos sensations? Qu'en ferons-nous dans le système des matérialistes, ou plutôt, où le retrouverons-nous dans leur description du monde interne? Est-il la collection des sensations, des idées, des actes, en un mot, des phénomènes du monde interne, ce *moi* qui se sent le sujet des uns et la cause des autres? Est-il la collection des parties corporelles, inertes, étendues, figurées, solides, lui qui se sent simple, lui qui se sent un, lui qui se sent actif, lui qui ne se sent ni figuré, ni étendu, ni solide, lui qui ne soupçonnerait pas qu'il y eût des molécules matérielles, qu'il y eût de l'étendue, de la solidité, s'il ne sortait pas de la contemplation de lui-même pour regarder hors de lui? Et à qui s'en rapporter sur ce qu'il est, sinon à lui? N'est-il pas le principe intelligent? N'est-ce pas lui qui apprend aux matérialistes qu'il y a des corps, et quelles sont leurs qualités? Ne se fient-ils pas à son témoignage dans cette information? De quel droit refusent-ils de l'interroger sur lui-même, de s'en fier à lui quand il parle de lui? De quel droit veulent-ils le faire à l'image des corps, quand il proteste contre cette imagination, et se sent autre chose? C'est qu'ils ne veulent pas qu'il se sente; ils veulent qu'il se regarde, qu'il se touche, comme il regarde, comme il touche les corps; et, comme en regardant, en touchant, il ne rencontre que des corps et jamais lui, ils en concluent qu'il n'est qu'un corps, le supprimant ainsi par leur obstination à ne pas vouloir qu'il se trouve, le méconnaissant ainsi par leur opiniâtreté à ne pas souffrir qu'il se connaisse.

Par une autre bizarrerie non moins étrange, les spiritualistes ne consentent point à ce que le principe intelligent cherche la matière où elle est, c'est-à-dire hors de lui; ils exigent qu'il la trouve où elle n'est pas, c'est-à-dire en lui. Ils lui défendent de regarder, de toucher les choses extérieures; c'est dans la conscience qu'il a de lui-même qu'ils le condamnent à les découvrir. Or, de même que l'objet qui se réfléchit dans une glace n'est pas dans cette glace, mais seulement son image, de même le monde extérieur n'est qu'une idée dans notre intelligence. Il n'y a point en nous d'étendue, de forme, de solidité réelle; il n'y a que des idées d'étendue, de forme, de solidité. Si donc l'intelligence ne regarde point la matière elle-même, mais qu'elle se borne à contempler l'idée de la matière qui est en elle, la matière n'est plus pour elle cette réalité distincte de nous, existant par elle-même hors de nous, telle que tout homme de bon sens la conçoit ; la matière n'est plus qu'une idée, qu'un phénomène intérieur, qui s'évanouirait si l'intelligence périssait, qui, par conséquent, n'existe qu'en elle et par elle. Les arbres, les maisons, les montagnes, ne sont donc plus que des idées de nous. Seulement, comme nous ne produisons pas ces idées, il faut qu'une autre cause, c'est-à-dire un autre principe de même nature que nous, Dieu, par exemple, nous les donne. Ainsi, ce que nous prenons pour le monde extérieur n'est qu'une fantasmagorie, dont notre intelligence est le théâtre ; il n'y a de réel hors de nous que le magicien qui la produit. Voilà donc les corps, voilà donc le monde extérieur et la matière perdus sans ressource! Qu'on se rassure cependant : cet arrêt des spiritualistes n'est pas plus irrévocable que celui des matérialistes contre l'âme. Il suffit, pour en revenir, d'en appeler de la conscience aux sens, c'est-à-dire de l'intelligence se contemplant elle-même et ne trouvant en elle que des idées de matière, à l'intelligence regardant hors d'elle, et trouvant hors d'elle la matière elle-même. Cessez de la retenir dans le monde intérieur; rendez-lui les yeux et les mains ; alors, par ces organes, qui ne sont pas les trous d'une chambre obscure qui ne laissent venir à elle que l'ombre des objets, mais qui sont les fenêtres ouvertes de sa prison qui lui laissent voir la nature extérieure elle-même, par ces organes, disons-nous, elle verra, elle touchera cette réalité matérielle, introuvable dans la conscience où elle n'est point, et que les spiritualistes avaient si hardiment supprimée. En effet, dès que nous nous replaçons dans les conditions convenables pour percevoir les objet extérieurs, dès que nous consentons à regarder et à toucher, tout le septicisme des spiritualistes s'évanouit sans retour. Ce ne sont plus des idées d'étendue, de solidité, de formes que nous percevons, mais de l'étendue, de la solidité, des formes réelles. Car ce que voit notre esprit, ce n'est pas en lui qu'il le voit, mais hors de lui; ce qu'il voit n'est donc pas une idée, car il n'y a d'idées qu'en lui. Il y a plus : nous distinguons nettement l'*objet* que nous *percevons*, et qui est extérieur, de l'*idée* de cet objet qui est intérieure et que nous *sentons*. L'*objet* existe indépendamment de nous; nous le trouvons, nous ne le faisons pas; l'*idée* n'existe que pour nous et en nous; elle périrait si nous périssions. L'*objet* persiste et subsiste toujours le même, soit que nous le regardions ou que nous ne le regardions pas, soit que nous y fassions ou n'y fassions pas attention ; l'*idée* s'évanouit et reparaît, se précise, ou s'efface, selon que nous l'oublions ou que nous y pensons, selon que nous la fixons ou la laissons flotter dans notre esprit. C'est parce que nous avons perçu l'*objet* que nous en avons l'*idée* ; l'*idée* n'est en nous que le souvenir ou l'image de la réalité que nous avons vue ; elle la représente, et par cela même la suppose : telle est sa véritable origine. Ainsi donc, loin de prendre, par une méprise stupide, certaines idées en nous pour des réalités hors de nous, comme le prétendent les spiritualistes, nous distinguons nettement les idées, qui sont en nous, des réalités qui n'y sont pas ; loin de conclure, par une induction téméraire, de l'apparition de certaines images dans notre esprit, à l'existence de certaines réalités correspondantes hors de nous, comme ils le prétendent encore, nous reconnaissons que ces images sont en nous la conséquence et non pas le principe de la découverte du monde extérieur. Nous savons que l'idée n'est qu'un fantôme; mais nous ne prenons pas ce fantôme pour la réalité. Nous savons que, si nous ne percevions que l'idée, nous n'aurions pas le droit d'en inférer l'existence de la réalité matérielle; mais c'est la réalité que nous percevons, la réalité elle-même; et, loin que l'idée nous la révèle, l'idée ne naît en nous qu'à la suite de cette perception. Nous ne sommes donc point si trompés que les spiritualistes le pensent, nous autres gens de bon sens. S'il y a des dupes dans cette discussion, ce sont ceux qui, pour voir les corps, commencent par fermer les yeux, et qui, ne trouvant plus en eux que des idées de ce monde qu'ils refusent de voir, s'étonnent que le reste des hommes prenne ces idées pour des choses, comme des aveugles s'étonneraient que ceux qui ont des yeux pussent distinguer au delà des sens quelque chose qu'on appelle la lumière.

Berkeley était un grand logicien; Hume et Malebranche avaient beaucoup d'esprit; un célèbre philosophe de l'antiquité à beaucoup d'esprit et de logique joignit la pratique de son opinion : ses disciples étaient obligés de le retenir, pour qu'il ne donnât pas de la tête contre les arbres et les maisons. A qui ces grands esprits ont-ils persuadé qu'il n'y a point de corps? Quelle religion, quelle croyance ont-ils fondée? quelle opinion ont-ils laissée d'eux dans le monde? Et cependant tel est l'empire de la vérité sur l'esprit humain, qu'une fois démontrée, elle ne périt plus et règne sans retour.

On peut en dire autant de l'opinion contraire. Nous sommes les enfants d'un siècle où le matérialisme a été prêché, professé, démontré, répandu, mis partout, dans les chansons et dans les lois. Que reste-t-il de tant d'efforts? le peuple, si bien endoctriné, sait-il autre chose sur la question qu'auparavant? voit-il autre chose dans l'opinion qu'il a reçue, sinon qu'il y a bien du rapport entre nous et les chiens, ce qui est très-vrai, mais ce qui ne prouve rien, sinon qu'il serait agréable de mourir tout entier quand on a mal vécu et qu'on croit à un enfer, ce qui n'est qu'un mauvais désir et point du tout une conviction? Sur la question elle-même, a-t-il rien de précis, rien d'évident? ne sentons-nous pas, après ce violent effort, l'équilibre se rétablir? et dans quelques années n'en serons-nous pas où nous en étions?

C'est qu'en effet ni la conscience ni les sens ne peuvent être supprimés en nous par les prédications des philosophes; et, tant que l'intelligence garde le sentiment du monde intérieur et la vue du monde extérieur, il lui est impossible de confondre, ou ce qu'elle sent avec ce qu'elle voit, ou ce qu'elle voit avec ce qu'elle sent. Les raisonnements subtils de la philosophie peuvent embarrasser ou séduire le vulgaire, ils ne sauraient le convaincre; la réalité étant *double* et frappant incessamment ses regards et sa conscience, il a beau se tourmenter pour la voir *simple* avec les philosophes, il ne peut y parvenir. C'est pourquoi l'on a vu dans tous les âges le bon sens du genre humain rester en équilibre entre les systèmes opposés de la philosophie, et, sans avoir ni de la matière ni de l'âme des notions bien précises, s'obstiner toutefois à croire à l'une et l'autre.

Nous terminerons ici cette discussion, que nous n'avons si longuement prolongée que pour en finir, s'il est possible, avec des systèmes encore pleins de vie après deux mille ans d'existence, et qui cependant, pour être complétement discrédités, n'ont besoin, ce nous semble, que d'être nettement compris. Nous croyons avoir exposé, d'une manière intelligible pour tout le monde, et l'origine et la nature, et les conséquences, et la vanité, des deux premières et des deux plus célèbres solutions données par la philosophie moderne à la question suprême et fondamentale des caractères de la vérité, posée par Descartes. D'après les spiritualistes, cela seul est certainement vrai qui est attesté par le sens intime ; d'après les matérialistes, cela seul est certainement vrai qui est attesté par les sens extérieurs : voilà les deux solutions incomplètes, et contradictoires parce qu'elles sont incomplètes, proposées par les philosophes. D'après le commun des hommes, cela est également certain et vrai au même titre, qui est attesté par le sens intime et par les sens extérieurs : voilà la solution complète donnée par le sens commun, et qui concilie les deux solutions incomplètes, et par cela contradictoires en apparence, des spiritualistes et des matérialistes. Le principe du spiritualisme étant admis, le monde extérieur, qui n'est point perceptible au sens intime, se trouve révoqué en doute, et sera supprimé par le premier philosophe qui aura le courage d'être conséquent ; le principe du matérialisme étant admis, l'âme, qui n'est point visible aux sens, est mise en question, et sera niée par le premier philosophe qui osera tirer toutes les conséquences de la maxime fondamentale. Ainsi, de deux solutions incomplètes, qui ne reconnaissent chacune pour vraie que la moitié de la vérité, sortent deux mondes incomplets qui ne comprennent chacune que la moitié du monde réel. Le sens commun, admettant à la fois comme vrai ce que nous sentons en nous et ce que nous percevons hors de nous, retrouve à la fois l'âme et le corps, c'est-à-dire le monde réel tout entier. Les spiritualistes, dans ce grand débat, ont contre eux les matérialistes et le reste des hommes; les matérialistes, à leur tour, ont contre eux les spiritualistes et le reste des hommes; le bon sens, d'accord avec les spiritualistes sur l'autorité du sens intime, d'accord avec les matérialistes sur celle des sens, d'accord avec le reste des hommes sur l'égale autorité de ces deux facultés de l'intelligence, n'a contre lui que l'aveuglement systématique des spiritualistes sur l'autorité des sens, et des matérialistes sur celle de la conscience. Tels sont les principaux traits du tableau que nous venons de présenter à nos lecteurs.

### III

Il ne nous reste plus à présent, pour achever la tâche que nous nous sommes imposée, qu'à indiquer rapidement les écoles philosophiques qui ont professé dans les temps modernes le principe du spiritualisme et celui du matérialisme[1].

Descartes, Locke et Leibnitz sont les représentants du spiritualisme moderne. De ces trois philosophes, fondateurs de trois grandes écoles, Leibnitz est le seul qui ait à la fois posé le principe et tiré la conséquence du spiritualisme. Descartes et Locke ont été spiritualistes sans le savoir. En adoptant le principe de l'exclusive autorité de la conscience, ils ont cru ne pas détruire la matière;

---

1. On ne trouvera dans cette esquisse historique ni Kant ni l'école écossaise. L'école écossaise n'y est pas, parce qu'elle n'est ni spiritualiste ni matérialiste, mais tout simplement raisonnable. Pour Kant, il est spiritualiste, mais l'exposition de sa doctrine nous aurait entraîné trop loin.

mais, le principe admis, la conséquence devait tôt ou tard en sortir. Malebranche l'a tirée de la doctrine de Descartes, Berkeley et Hume de celle de Locke.

Il y a deux hommes dans Descartes : l'auteur du *Discours de la méthode*, et l'auteur des *Méditations*. Las de croire sans être assuré de la vérité de ses croyances, Descartes démontra, dans le premier de ces deux ouvrages, que le doute devait être le point de départ de la philosophie, et la recherche des caractères de la vérité sa première recherche. C'est pour avoir ainsi marqué le but et tracé le chemin à tous les philosophes qui l'ont suivi, que Descartes est le père de la philosophie moderne. Mais, après avoir posé le problème, il chercha lui-même à le résoudre, montrant l'exemple et travaillant le premier à la tâche qu'il avait prescrite. C'est dans le livre des *Méditations* que Descartes paraît sous ce nouvel aspect. Le *Discours de la méthode* est la préface de la philosophie moderne ; les *Méditations* en sont le premier chapitre.

Dans ce dernier ouvrage, qui est l'évangile du cartésianisme, Descartes adopte nettement la solution spiritualiste du problème fondamental : il ne reconnaît d'autre évidence immédiate que celle du sens intime, et révoque en doute l'autorité des sens extérieurs. Cette opinion conduit directement au scepticisme sur la réalité du monde extérieur. Descartes en demeure d'accord, et convient que, si nous n'avions d'autre preuve de la réalité de ce que nous voyons et touchons que le témoignage des sens, nous n'aurions pas pour y croire des raisons suffisantes. Mais quelle autre preuve trouver de la réalité du monde extérieur, quand on a supprimé la preuve naturelle ? Il est évident que cet aveu équivaut au scepticisme même. Aussi, vainement Descartes trouve-t-il dans les données de la conscience des preuves de l'existence de Dieu, et dans la véracité de Dieu des raisons de croire que les sens qu'il nous a donnés ne nous trompent pas ; ce mauvais raisonnement, que personne ne fait, ne saurait remplacer l'autorité détruite du témoignage des sens ; c'est un sophisme péniblement inventé pour échapper aux conséquences inévitables du principe. Malebranche le sentit, et, plus hardi que son maitre, fit porter au cartésianisme ses fruits véritables. D'après ce philosophe, les arbres, les maisons, les montagnes, sont des phénomènes que nous voyons en Dieu : ce qui revient à dire que le monde extérieur est une cause qui produit en nous des images que nous prenons pour des réalités : conséquence à laquelle, sous une forme ou sous une autre, sont arrivées toutes les écoles spiritualistes.

Descartes avait nettement reconnu l'autorité du sens intime, et positivement nié celle des sens ; Locke, pour qui ne l'étudie que superficiellement, semble au contraire tenir la balance égale entre les sens et la conscience. Il accorde deux sources à la connaissance humaine, le sentiment de ce qui se passe en nous, qu'il appelle *réflexion*, et la perception de ce qui existe au dehors, qu'il nomme *sensation*. Non-seulement il accepte avec la même confiance les idées qui nous arrivent par ces deux voies, mais il semble attacher plus d'importance à celles que la sensation nous donne, car c'est à l'analyse des idées de cette espèce que son livre est particulièrement consacré. On le croirait donc, à la première vue, plus suspect de matérialisme que de spiritualisme, et plusieurs s'y sont trompés, surtout en France, où on regarde Condillac comme son disciple fidèle ; cependant il n'en est rien. Locke assurément n'a jamais eu de goût pour le spiritualisme, et n'a jamais songé que sa doctrine dût y conduire; mais il n'en est pas moins vrai que, sans le vouloir et à son insu, il a anéanti l'autorité des sens tout aussi complétement que Descartes, et cela, pour avoir dénaturé et représenté inexactement le fait de la perception sensible. Selon lui, notre intelligence n'atteint pas les objets extérieurs eux-mêmes à travers les organes corporels : les organes de la vue et du tact lui transmettent les *idées* ou *images* des objets, qu'elle perçoit en elle-même. Entendre de cette manière la perception, c'est la détruire. Il est de toute évidence que, s'il en est ainsi, l'intelligence n'étend pas ses regards au delà du monde intérieur, et qu'elle est réduite à la faculté de sentir ce qui se passe en elle, c'est-à-dire à la conscience. Or, c'est là justement le principe du spiritualisme. Locke ne s'en est pas aperçu; mais ses successeurs, Berkeley et Hume, l'ont parfaitement compris. Admettant la maxime fondamentale, que nous ne percevons pas le monde intérieur lui-même, mais seulement son image en nous, ces deux philosophes ont très-bien montré que nous pouvions bien affirmer l'existence de l'image en nous, puisque nous la percevons, mais non pas celle d'une réalité extérieure que nous ne percevons pas. Croire que l'image représente la réalité, et que l'on peut conclure de l'existence de l'une à celle de l'autre, c'est faire une hypothèse pour trouver le monde. Tant que l'intelligence n'a pas perçu la réalité elle-même, elle ne peut juger si l'idée qui est en nous la représente, ou si elle n'est qu'un phénomène qui ne ressemble à rien. Or, comme la perception de la réalité est impossible dans la doctrine de Locke, il s'ensuit rigoureusement que la question est à jamais indécise, et qu'ainsi des arbres, des maisons et des montagnes, ne prouvent véritablement qu'une chose, l'existence hors de nous de certaines causes qui nous affectent : conclusion tout à fait identique à celle de Malebranche.

Entre la méthode de Descartes et de Locke, et celle de Leibnitz, il y a une grande différence. Descartes et Locke s'élèvent par l'observation à leur doctrine sur la nature des choses ; le lecteur observe avec eux et conclut avec eux ; il lui est facile à chaque pas qu'il fait d'examiner si son guide l'égare, et de reconnaître dans une première méprise la source de ses erreurs. Leibnitz procède tout autrement : il débute par construire le monde, puis il démontre que son hypothèse rend compte des faits. C'est la manière des philosophes anciens avant Socrate. Il est évident que le vaste esprit de Leibnitz, après avoir embrassé toutes les difficultés que présentent les questions métaphysiques, a cherché comment il faudrait que l'univers fût construit pour que ces difficultés s'expliquassent, et que, regardant son hypothèse comme vraie par cela seul qu'elle rendait compte des faits, il l'a prise à ce titre et ordonnée sur ce fondement pour l'image fidèle de la réalité. Ce n'est pas ici le lieu de discuter les inconvénients de cette méthode hardie, tout à fait étrangère au génie de la philosophie moderne, et dont le moindre défaut est de donner à la vérité même les apparences de la fiction : nous devons nous borner à constater l'opinion de Leibnitz sur la question fondamentale des caractères de la vérité ; et cette opinion, pour être présentée sous l'enveloppe poétique d'une hypothèse, n'en est pas moins précise et clairement établie.

Selon ce philosophe, tous les êtres possibles sont de même nature : il les appelle du nom commun de *monades*. Tous ont pour caractères essentiels la *simplicité* et l'*activité;* tous, en d'autres termes, sont des *forces* ou des *causes*. Par cette première hypothèse, Leibnitz supprime du premier coup la *matière*, que Descartes s'était donné tant de peine à sauver, et adopte le *spiritualisme*. La *dualité*, admise par le bon sens dans la composition de cet univers, est rejetée : le monde extérieur se trouve réduit à cette collection de *causes* ou de *natures* semblables à la nôtre. Qu'on ne s'étonne pas de trouver ainsi posée de prime abord et sous la forme d'une vérité incontestable une opinion si douteuse, et qui n'est sortie qu'avec effort, et comme dernière conséquence, des doctrines de Descartes et de Locke; c'est la suite naturelle de la marche synthétique adoptée par Leibnitz; et, bien que le spiritualisme apparaisse dans son système comme une théorie à part, il ne s'en rattachait pas moins dans son esprit à son véritable principe. La théorie de l'*aperception* explique celle de *la nature des monades*

Toutes les monades, selon Leibnitz, ont la propriété de réfléchir, comme ferait un miroir, l'univers tout entier. Cette faculté, commune à toutes, est ce qu'il appelle la *perception*. Mais vainement une monade porte-t-elle en elle-même cette image du monde, si elle ne jouit en même temps de la faculté d'*apercevoir* cette image. L'image donnée par la *perception* n'est que le sujet de la connaissance; pour qu'une monade connaisse, il faut qu'elle soit douée d'*aperception*, c'est-à-dire qu'elle distingue et voie en elle-même cette image. Or, c'est par ces deux facultés intellectuelles que les *monades*, essentiellement identiques d'ailleurs, diffèrent les unes des autres. Toutes ont la propriété de *réfléchir* l'univers; mais, en premier lieu, cette *réflexion* est plus ou moins obscure dans les diverses *monades;* en second lieu, les unes ont la faculté d'*apercevoir* en elles cette image, tandis que les autres ne l'ont pas; enfin, chez celles qui jouissent de ce privilége, la faculté d'*aperception* est plus ou moins clairvoyante : dans Dieu, par exemple, elle embrasse et pénètre l'image tout entière; chez l'homme, elle n'en éclaircit que quelques points. Ainsi se distinguent les monades, ainsi s'accomplit le fait de connaissance chez celles qui sont intelligentes. Or, ne retrouve-t-on pas dans cette seconde hypothèse le principe du spiritualisme tel que nous l'avons posé? Ne suit-il pas de cette hypothèse que l'intelligence humaine, dans l'opinion de Leibnitz, n'aperçoit point les choses elles-mêmes, mais seulement l'image des choses en elle? et n'est-ce point là l'idée même de Locke, d'où Berkeley a déduit son scepticisme sur la matière?

On retrouve donc, dans les hypothèses de Leibnitz, et le principe véritable, et les conséquences nécessaires du spiritualisme ; en rendant à ses opinions leur forme naturelle, on les ramène à celles de Descartes et de Locke. C'est comme s'il avait dit avec le premier : *Il n'y a pour nous d'évidence immédiate que celle de la conscience* ; avec le second : *Nous ne percevons pas le monde extérieur lui-même, mais seulement l'image de ce monde en nous;* et qu'il eût conclu avec Berkeley : *Ces images ne prouvent rien autre chose que des causes qui les produisent ; donc il n'y a en ce monde que des causes inconnues et point de corps.* Nous n'ignorons pas que Leibnitz est sorti de ces limites rigoureuses du spiritualisme ; qu'il a décrit la nature, expliqué l'origine, déterminé les rapports des causes extérieures, ou, ce qui revient au même, de toutes les *monades* qui peuplent l'univers; qu'il est allé même jusqu'à faire de l'*étendue* avec des *sensations de résistance*, et des *corps* avec des *forces*. Mais nous savons aussi que toutes ces excursions hors du monde de la conscience sont autant d'inconséquences à sa *théorie* de l'*aperception*. Le philosophe semble avoir oublié qu'il n'est lui-même qu'une *monade*, et que, si son système est vrai, il ne peut rien savoir de ce qu'il dit. Du reste, cette contradiction s'explique dans la méthode de Leibnitz. Du point de vue hypothétique où il se place, il ne décrit pas le monde comme il doit paraître d'après sa description même à l'homme qui en fait partie, mais tel qu'il se montrerait à un spectateur étranger, doué d'une intelligence assez vaste pour l'embrasser et le comprendre. Il est fâcheux seulement que le lecteur ne puisse se prêter à l'illusion, et oublier l'incompétence du philosophe en admirant son génie.

Tels sont les trois grands métaphysiciens qui ont professé dans les temps modernes la doctrine du spiritualisme. Malgré la différence des formes, on a pu voir quelle était dans les trois systèmes l'identité des principes, et avec quelle fatalité, si nous osons le dire, l'identité des principes a entraîné l'identité des conséquences. Nous allons voir le matérialisme se développer avec la même uniformité dans les doctrines de Gassendi, de Hobbes et Condillac. C'est une chose digne de remarque que cette puissance de la logique qui pousse invinciblement et à leur insu les partisans d'une opinion à en accepter tôt ou tard les conséquences les plus extravagantes. On ne tient pas assez compte de l'influence de ce mobile dans les affaires de la vie. Parce que les hommes ne raisonnent pas comme les théologiens, on ne suppose pas qu'ils puissent être conséquents; et cependant l'histoire est là pour dire qu'il n'y a point d'induction si subtile de leurs principes qui ait échappé à la logique des partis, point de si absurde ou de si furieuse, devant laquelle leur fanatisme ait reculé dans la pratique.

Les travaux de Gassendi sur la philosophie d'Épicure, qu'il a si admirablement restituée, décidèrent probablement la direction que prirent ses opinions. Sa doctrine métaphysique, en effet, n'est au fond que celle du philosophe grec; et si Épicure est le représentant le plus complet du matérialisme antique, on peut considérer Gassendi comme le promoteur et le père du matérialisme moderne. Tandis que Descartes, résolvant lui-même la question qu'il avait posée, décidait que cela seul est certain qui est attesté par le sens intime, Gassendi, évoquant la maxime fondamentale de l'épicurisme, mit en avant et défendit l'autre grande solution du problème, que cela seul est certain qui est attesté par les sens, et de même que le principe de Descartes contenait implicitement la négation de la matière, de même celui de Gassendi renfermait virtuellement la négation de l'âme. Mais ni Descartes ni Gassendi n'allèrent à la conséquence de leurs doctrines. Descartes crut de bonne foi retrouver le monde extérieur par le raisonnement, Gassendi n'osa nier l'âme. Ce n'est pas trop présumer que de croire qu'il ne fut retenu que par la foi ou par la réserve que lui imposait son caractère ecclésiastique; car il avait trop bien montré, dans son exposition d'Épicure, la liaison qui existe entre le principe que toutes nos idées viennent des sens, et la conséquence que l'âme n'est qu'un atome ou une collection d'atomes matériels, pour ne pas comprendre qu'en professant la première proposition on avouait la seconde. Quoi qu'il en soit, Gassendi, sans nier expressément la nature immatérielle, soutint une proposition qui, en présentant le principe de l'épicurisme sous une autre forme, conduit plus immédiatement encore à la conséquence. Après avoir montré que nous ne pouvons nous représenter l'âme et Dieu que sous des formes matérielles, il soutint qu'une idée qui n'est pas une représentation n'est rien. De là à conclure que nous n'avons point d'idée de l'âme et de Dieu, et que, par conséquent, Dieu et l'âme n'existent pas, ou que, si nous en avons, Dieu et l'âme sont des substances étendues et figurées, il n'y avait évidemment qu'un pas. Si Gassendi ne l'a pas fait, il faut avouer qu'il est difficile de voir dans cette omission autre chose qu'une réticence.

Hobbes fut plus sincère ou tout au moins plus conséquent. Après un premier voyage à Paris, où ce philosophe se lia avec Gassendi, il y revint, chassé de sa patrie par la révolution, et habita la France durant plusieurs années. A en juger par l'intimité qui s'établit entre les deux philosophes, il y a grande apparence que Hobbes embrassa les opinions métaphysiques de Gassendi, ou tout au moins qu'ils puisèrent à la même source leur doctrine. Ce qu'il y a de certain, c'est que les principes du philosophe anglais sur la question fondamentale sont tout à fait les mêmes que ceux de son ami. Il adopte comme lui la maxime d'Épicure, *que toutes nos idées viennent des sens*, et l'appuie du même raisonnement. Comme nous ne pouvons rien nous représenter que sous des formes matérielles, et que l'on ne conçoit pas ce que serait une idée qui ne représenterait pas son objet, il s'ensuit que toutes nos idées viennent des sens, et sont des idées de choses matérielles. Mais Hobbes pousse plus avant, et, avec la rigueur logique qui le distingue éminemment, arrive à la conséquence définitive du principe. Selon lui, tout être est nécessairement matériel. Les phénomènes intérieurs ne sont que les résultats de l'organisation du corps; l'objet ébranle l'organe; le mouvement se communique par les nerfs au cerveau, et de là au cœur; le cœur, affaissé sous la pression, fait effort pour s'en délivrer, et renvoie le mouvement à l'extérieur : ainsi s'expliquent la *sensation* et la *réaction volontaire*. De la sensation diversement transformée naissent la *mémoire*, l'*imagination*, et tout ce que nous appelons *facultés de l'intelligence*. Les sensations accumulées dans le cerveau se combinent de mille façons différentes, et c'est ainsi que se forment les idées de *composition*, d'*abstraction*, de *comparaison*, en un mot toutes les idées possibles. Toute la doctrine que professa, un siècle plus tard, Condillac dans le *Traité des sensations*, et à l'exactitude physiologique près, toute celle que développa Cabanis dans son livre des *Rapports du physique et du moral*, se trouvent ou complétement exposées ou clairement pressenties dans la philosophie de Hobbes. On peut ajouter qu'elle reproduit également les principales idées d'Épicure sur l'organisation de l'univers, idées qui ne sont pas moins la conséquence du principe de la *sensation* que toutes les autres. Si l'on songe que Hobbes rattacha au même principe, avec une rigueur logique incomparable, un système complet de morale et de politique, on sera forcé de convenir qu'aucun autre philosophe, à l'exception d'Épicure, n'a donné au matérialisme de plus larges développements, et qu'il en est peu qui aient embrassé plus d'objets dans leurs spéculations, et construit avec plus de conséquence un plus vaste système.

Dans la lutte qui s'éleva entre le matérialisme et le spiritualisme, au temps de Descartes et de Gassendi, le spiritualisme triompha, en ce sens qu'après Descartes, sa doctrine continua à être représentée en France par une suite non interrompue de philosophes jusqu'au milieu du xviii<sup>e</sup> siècle, tandis que celle de Gassendi fut abandonnée par les métaphysiciens. Mais cette dernière conserva des partisans parmi les hommes du monde; et depuis Bernier, Molière et Chapelle, on peut suivre sa trace jusqu'à Voltaire. Dans cette école d'hommes aimables et voluptueux, les traditions d'épicurisme pratique et d'incrédulité religieuse se gardèrent mieux que les dogmes métaphysiques du matérialisme; on ne songeait guère au principe de la sensation chez Ninon de l'Enclos, et depuis longtemps la philosophie de Gassendi était morte en France, même chez ses disciples, lorsque la traduction du livre de Locke vint la ranimer.

Il n'y avait guère alors dans ce pays que les Cartésiens qui fussent capables de comprendre l'*Essai sur l'entendement*; mais, préoccupés de leurs vieilles idées, ils ne consentirent point à l'examiner. Peu au fait des questions métaphysiques, ceux qui embrassèrent la nouvelle doctrine se méprirent sur son véritable esprit; et tandis que Berkeley et Hume en déduisaient rigoureusement le spiritualisme en Angleterre, Condillac, en France, y trouva le matérialisme. Il suffit de comparer les premières pages du *Traité des sensations* avec le commencement du second livre de l'*Essai sur l'entendement*, pour se convaincre de l'illusion passagère où tomba Condillac en se croyant le disciple de Locke. Sans doute on trouvera souvent dans les deux ouvrages les mêmes formules : ni Locke, malgré son bon sens, ni Condillac, malgré son amour pour la clarté, ne se sont bien compris; mais leur point de vue est tout différent. Locke s'enferme en lui-même, et laisse venir à lui les images du monde extérieur; Condillac se place au dehors, à côté de sa *statue*, et lui compose une âme avec les sensations qu'il lui donne successivement. Ce qui est certain pour Locke, ce qu'il admet sans discussion, ce dont il ne parle pas, c'est le *moi;* ce qui est incontestable pour Condillac, ce qu'il ne met pas en question, c'est le *monde extérieur.* L'un est tout occupé de savoir comment le *moi* connait le monde extérieur ; l'autre, de découvrir comment le monde, agissant sur les organes, développe au sein de la *statue* ce qu'on appelle les *phénomènes de l'entendement et de la volonté.* Locke, résolvant sa question, déclare que nous ne connaissons le monde extérieur que *par les idées de ce monde que les sens nous transmettent;* Condillac, résolvant la sienne, proteste qu'il n'y a rien dans la *statue* qui ne soit une *transformation de la sensation.* L'un est toujours *dedans*, l'autre *dehors*, comme ils étaient au point de départ. Locke ne consent point à *sortir* pour voir les corps : il veut absolument les trouver dans le fait intérieur des *idées;* Condillac ne consent point à *entrer* pour prendre connaissance des phénomènes de l'âme il s'obstine à les déduire du fait extérieur de la *sensation.* Et, comme ce qu'ils cherchent l'un et l'autre n'est point où ils le cherchent, il est évident qu'ils ne le trouveront pas, s'ils sont conséquents, et que la réalité intérieure échappera au philosophe français, comme la réalité extérieure au philosophe anglais.

On voit que, si Condillac est un disciple de Locke, l'élève est bien peu fidèle aux principes du maitres, ou n'a guère compris sa pensée. Du reste, l'un n'a pas mieux senti que l'autre la portée de sa doctrine. Locke croyait à la matière bien fermement, et Condillac n'avait point de mauvais dessein contre l'âme. On le voit, dans le *Traité des sensations,* se débattre entre son principe qui la détruit, et son bon sens qui la conserve ; tantôt, oubliant le principe, il la pose comme le *sujet distinct* qui éprouve les sensations ; puis, s'apercevant que dans cette hypothèse l'idée de l'âme ne dérive pas de la sensation, il revient au principe, et affirme que l'âme ne saurait être que la *collection des sensations actuellement éprouvées*. Aucun philosophe ne s'est plus souvent contredit. En isolant tour à tour telle ou telle page de son livre, on peut successivement lui reconnaître deux ou trois opinions différentes. Mais ce n'est point dans ces efforts que fait un philosophe pour arranger son système avec le sens commun qu'il faut chercher le caractère de sa philosophie ; c'est dans le principe même qui a mis sa philosophie en contradiction avec le sens commun, et qui a rendu ces inconséquences nécessaires. Encore une fois, tout philosophe est homme : comme homme il partage toutes les croyances de l'humanité ; comme philosophe, il en cherche l'explication. Quand l'explication est incomplète, ce qui arrive presque toujours, une lutte s'élève entre le philosophe qui la croit bonne et voudrait nier tout ce dont elle ne rend pas compte, et l'homme qui défend ces croyances et refuse de les sacrifier à l'explication. C'est une lutte curieuse que retracent tous les livres possibles de philosophie. Quand l'auteur est un esprit ferme, hardi, tourné à la logique, comme Hobbes et Berkeley, l'homme succombe, et le philosophe l'emporte ; les croyances les plus enracinées dans le cœur humain tombent, comme l'épi sous la faux, devant les conséquences inexorables de l'explication adoptée. Mais quand l'auteur est un esprit naturellement incertain et timide, comme Locke ou Condillac, le philosophe prend moins d'empire, et le bon sens résiste avec plus d'avantage à un système moins décidément accepté ; alors la lutte est presque égale, et, l'emportant tour à tour, la philosophie domine dans une page, et le sens commun dans l'autre ; à travers mille efforts pour se mettre d'accord avec lui-même l'auteur, toujours indécis, arrive à la conclusion, qui n'est encore qu'un résumé de ses incertitudes. C'est dans de pareils écrivains qu'il est important de distinguer le philosophe de l'homme, quand on veut juger sainement du premier; c'est alors qu'il faut hardiment dégager les principes systématiques qui lui appartiennent, et ne point s'effrayer des inconséquences qui ne viennent pas de lui, et n'expriment que les scrupules du sens commun. Si les critiques avaient songé à cette distinction, on ne les aurait point vus si embarrassés et si peu d'accord dans l'appréciation de certaines doctrines philosophiques; et si d'autres personnes encore daignaient y penser, elles comprendraient facilement qu'il ne faut pas brûler les philosophes ; car ce n'est point le philosophe, mais l'homme que l'on brûle ; et ce n'est jamais l'homme qui s'égare, mais toujours le philosophe.

Condillac n'était point matérialiste, et cependant sa philosophie est le matérialisme même. Ce n'est pas tant dans ses ouvrages qu'il faut la rechercher que dans le livre des *Rapports du physique et du moral* de son disciple Cabanis. Ici le principe du maître est dégagé de tout le commentaire inextricable qui l'accompagne dans le *Traité des sensations;* la doctrine a repris sa véritable allure, et marche librement à ses conséquences naturelles. La *sensation* n'est plus un phénomène indécis, moitié corporel et moitié spirituel ; la *sensation* est prise pour ce qu'elle apparait aux yeux et aux mains, c'est-à-dire pour une impression produite sur une certaine partie du corps ; les nerfs qui y viennent aboutir sont ébranlés ; l'ébranlement se communique jusqu'à leur extrémité intérieure, d'où il revient au point du départ. Cette action et cette réaction, que l'expérience physiologique peut constater, et dont les nerfs sont le sujet, constituent et le phénomène complet de la *sensation*, et tous les phénomènes volontaires, intellectuels et moraux, qui n'en sont que des conséquences. Ainsi, tous les phénomènes intérieurs dérivent de la *sensation*, selon le principe de Condillac; et la *sensation* elle-même est ramenée à ce qu'elle doit être au point de vue extérieur de Condillac, c'est-à-dire aux phénomènes visibles et palpables de l'*impression* organique, de l'*ébranlement* et de la *réaction nerveuse*. Voilà donc la doctrine de Condillac réduite à ses véritables termes. Or, dans cette doctrine, quel est le *sujet sentant* ? ce sont les nerfs. Ce sont donc les nerfs qui pensent, qui veulent, qui raisonnent et qui jugent; notre corps a donc des *organes* dont la *fonction* est de sentir, de vouloir et de penser, comme il en a dont la *fonction* est de digérer. Qu'est-ce donc que l'âme? une *fonction* du corps. Et d'où vient au corps le privilége d'une *fonction* si remarquable? de son *organisation*. Voilà le matérialisme dans toute sa pureté, déduit avec une invincible conséquence du principe de Condillac, qui n'est, au fond, que celui-ci : *Nous ne pouvons rien connaître qu'avec nos yeux et nos mains.* D'où il suit que l'âme, que nous ne saisissons pas de la sorte, n'existe pas; d'où il suit encore que tous les phénomènes intérieurs se réduisent à des *ébranlements de nerfs*, les seuls que nos yeux et nos mains puissent constater.

Voulez-vous aller plus loin dans les inductions rigoureuses de cette doctrine? Vous trouverez que le *juste* et l'*injuste*, n'étant pas des transformations de la sensation, ne sont rien; que le seul *bien* et le seul *mal* à nous connus se rencontrent dans la *sensation*, qui est tantôt *agréable*, tantôt *désagréable;* qu'ainsi tout *bien* se ramène au *plaisir*, tout *mal* à la *douleur;* d'où il suit que le seul principe de la conduite humaine est d'*éviter la douleur* et de *chercher le plaisir*. Voilà la *morale* d'Helvétius, ou plutôt du principe de l'exclusive autorité des sens. Voulez-vous aller plus loin encore? Vous trouverez que, chacun poursuivant son *plaisir propre* ou son *intérêt personnel*, sans qu'aucune idée d'*ordre moral* ou de *justice* le retienne et lui impose du respect pour les autres, tous les hommes sont naturellement *ennemis*, et que la *guerre* est l'*état naturel*; d'où il suit que le plus fort a raison, que la *force* est le *seul droit*, et que le pouvoir absolu, *principe de paix*, est éminemment *légitime*. Voilà la *politique* de Hobbes, c'est-à-dire la politique du principe de l'exclusive autorité des sens. Voulez-vous poursuivre? Il n'y a point de *mérite* à l'homme d'atteindre le *plaisir*, ni de *démérite* à le laisser échapper; on ne peut voir d'un côté que de l'*habileté*, et de l'autre que de la *maladresse*; d'où il suit qu'il n'y a ni *vertu* ni *crime*; d'où il résulte que l'état actuel se suffit à lui-même, et n'exige après soi ni *rémunération* ni *châtiment*; d'où il faut conclure que, s'il y a un *Dieu* ou des *dieux*, ils ne s'occupent pas de nous, et qu'au delà de cette vie il n'y a rien à craindre ni à espérer, en supposant même, ce qui est absurde, que la dissolution des nerfs n'entraînât pas la destruction de notre *personnalité*. Voilà la *religion* d'Épicure, c'est-à-dire encore la religion du principe de l'exclusive autorité des sens.

On voit donc que les solutions exclusives et incomplètes de la question fondamentale entraînent après elles, non-seulement en métaphysique, mais en morale, mais en religion, mais en tout, d'autres solutions, également incomplètes et exclusives, de toutes les grandes questions qui intéressent l'humanité, et que ces dernières solutions ont trouvé des représentants dans les écoles philosophiques, comme les premières. Peut-être cette considération répandra-t-elle quelque intérêt sur les recherches purement métaphysiques que nous nous sommes permis d'introduire dans cet ouvrage, et servira-t-elle d'excuse à la longueur de cet article.

# III

## DU SCEPTICISME

### (1830)[1]

Le mot *scepticisme*, qui dérive du verbe grec σκέπτομαι, *je considère, j'examine*, signifie proprement cet état psychologique qui précède le jugement et la résolution, alors que l'intelligence, avant d'adopter une opinion ou un parti, considère le pour et le contre, examine les raisons opposées, et se sent encore indécise sur ce qu'il est bon de croire ou de faire. Cette disposition est si familière à la conscience humaine, qu'elle nous est parfaitement connue. Elle est spéciale aux créatures raisonnables dont l'intelligence est bornée : Dieu et les créatures qui n'obéissent qu'à l'instinct ne peuvent la connaître. En Dieu, l'intelligence, saisissant le vrai du premier coup, ne saurait hésiter ; chez les animaux, la considération de ce qui est vrai ou bon n'existant pas, tout se décide par impulsion, rien par raison : or, la parfaite égalité de deux impulsions instinctives contraires n'est probablement qu'une hypothèse ; et, quand bien même ce cas chimérique se réaliserait, le phénomène résultant ne serait pas celui du doute, mais celui de l'équilibre. Le

---

1. *Encyclopédie moderne*, tome XX.

doute résulte quelquefois de l'action opposée de deux raisons; l'équilibre ne résulte jamais que de l'action opposée de deux forces; toutes choses sont susceptibles d'équilibre, hormis la raison : la raison seule est capable de doute. Ainsi, Dieu est au-dessus du doute, et les bêtes au-dessous. Le doute est un phénomène humain; il témoigne, comme tout ce qui est spécial à l'homme, de la grandeur et de l'infirmité de sa nature.

L'idée que Dieu ne saurait douter n'implique pas seulement que son intelligence est parfaite, mais encore qu'il existe une vérité absolue : car si rien n'était absolument vrai, la perfection de l'intelligence ne servirait qu'à l'apercevoir parfaitement, et l'état de doute serait l'état divin par-excellence. Mais, si notre bouche peut énoncer cette hypothèse, notre intelligence ne peut la comprendre. Car, si certaines choses existent, elles existent d'une certaine manière, et il y a entre elles certains rapports; il est donc absolument vrai qu'elles existent de telle manière, et qu'il y a entre elles tels rapports. Que si, au contraire, rien n'existe, il est absolument vrai que rien n'existe. Pour que la vérité absolue n'existât pas, il faudrait donc que certaines choses existassent et n'existassent pas en même temps, qu'elles eussent et n'eussent pas en même temps certaine manière d'être, et qu'il y eût et n'y eût pas en même temps entre elles certains rapports, ce qui est contradictoire. Si quelque chose est, il y a de la vérité absolue; si rien n'est, il y en a encore. Quiconque nie qu'il y ait de la vérité absolue, nie à la fois la réalité et le néant, ou plutôt affirme la coexistence de ces deux choses; la langue même se refuse à exprimer une pareille absurdité : elle est forcée de faire *coexister* ce qui est le contraire de l'*existence*, le néant.

Il y a donc une vérité absolue : celui-là participe à la vérité absolue, qui voit telle qu'elle est une partie quelconque des choses; celui-là la possède tout entière qui voit telle qu'elle est la totalité des choses. Ce dernier privilége, étant celui d'une intelligence parfaite, n'appartient et ne peut appartenir qu'à Dieu; celui de participer à la vérité absolue est le seul auquel l'esprit humain puisse prétendre.

Que l'esprit humain possède, en effet, ce privilége, c'est ce dont l'humanité ne doute pas; et, ce qui le démontre, c'est que l'humanité croit. Tout acte de croyance implique dans celui qui croit la conviction qu'il participe à la vérité absolue. Ainsi, quand je vois un arbre couvert de feuilles et de fruits, si je crois que cet arbre existe réellement et qu'il est réellement couvert de feuilles et de fruits, j'admets tacitement que mon intelligence voit telle qu'elle est cette partie des choses, et qu'en ce point elle participe à la vérité absolue. Il en est de même quand je crois que j'existe, quand je crois que j'éprouve une sensation, quand je crois que tout événement a une cause, en un mot, quand mon esprit accepte une proposition quelconque. Croire, c'est considérer comme vraie une certaine connaissance ; c'est juger qu'elle est conforme à ce qui est : or, toute connaissance conforme à ce qui est, est une portion de la vérité absolue, car cette conformité est précisément le caractère constitutif de la vérité absolue. Et qu'on ne dise pas que l'humanité l'ignore, et ne va pas jusqu'à se rendre un tel compte de ce qu'implique sa croyance. L'humanité sait fort bien que la vérité qui ne serait pas la vérité absolue serait une vérité fausse, c'est-à-dire ne serait pas la vérité; et si l'humanité jugeait que tel est le caractère de la vérité humaine, elle ne l'appellerait pas la vérité, elle n'y croirait pas. Donc, par cela seul que l'humanité croit, l'humanité juge qu'elle voit les choses telles qu'elles sont, ou, ce qui revient au même, qu'elle participe à la vérité absolue.

L'humanité a-t-elle raison de juger ainsi? C'est une question qu'elle ne se fait pas ; les philosophes se la sont faite pour elle, et les avis ont été partagés. Les uns ont trouvé que l'humanité avait raison, et ont dit pourquoi ; les autres, qu'elle avait tort, et ont essayé de le prouver. Ces derniers ont été appelés *sceptiques;* et c'est à désigner leur opinion que l'usage a exclusivement restreint l'acception du mot *scepticisme*.

La première chose qui étonne dans le scepticisme, c'est qu'il soit d'origine humaine ; car, le fait de croire impliquant la conviction qu'on a le droit de croire, il y a contradiction apparente entre ce fait et le dogme que l'homme n'a pas le droit de croire, qui est le scepticisme. Or, le fait de croire est humain par excellence ; il n'est pas un homme chez qui il ne se produise cent fois par jour, et les sceptiques n'échappent pas plus que les autres à cette nécessité universelle. Cependant les sceptiques sont des hommes, et les opinions des hommes ne peuvent rien contenir qui n'ait ses racines dans la nature humaine: Il est donc à la fois dans la nature de l'intelligence humaine d'admettre et de nier qu'il y ait pour elle de la vérité. Comment expliquer cette contradiction ?

Pour trouver la solution de cette antinomie de la raison humaine, il faut examiner, d'une part, comment et à quels titres elle croit, et, d'autre part, comment et à quels titres elle vient à douter qu'elle ait le droit de croire. Quand nous saurons de quelle manière les choses se passent, il nous sera facile d'apprécier ce qu'il y a de réel dans cette contradiction apparente, et ce qu'il peut y avoir de légitime dans la doctrine du scepticisme.

Soit que nous ayons conscience de ce qui se passe en nous, soit que nous percevions ce qui existe et se produit hors de nous, soit que nous concevions ce qui n'affecte ni notre conscience ni nos sens, soit enfin que nous nous souvenions des choses que nous avons connues, de quelque manière en un mot, et par quelque procédé qu'une connaissance se produise dans notre intelligence, il arrive toujours, quand elle s'y produit, que nous nous faisons du phénomène de sa production, et des conditions de sa vérité, l'idée suivante : certaines choses existent ou ont existé réellement ; notre intelligence a la propriété d'en être informée ; la connaissance est cette information même : voilà pour la production de la connaissance. Cette connaissance est vraie, si elle est conforme à la réalité ; elle est fausse, si elle ne lui est pas conforme : voilà pour les conditions de vérité de la connaissance.

Il suit de là que la vérité de la connaissance dépend de la constitution de notre intelligence ; que, si l'intelligence humaine est constituée de manière à réfléchir fidèlement la réalité, la connaissance humaine est vraie ; que, s'il n'en est pas ainsi, la connaissance humaine est fausse.

Or, toutes les fois que par la conscience, la perception, la raison, la mémoire ou tout autre procédé de l'intelligence, nous obtenons une connaissance quelconque, nous sommes invinciblement déterminés à croire que ce que nous sentons, que ce que nous voyons, que ce que nous concevons, que ce dont nous nous souvenons, est conforme au sentiment, à la perception, à la conception, au souvenir, et en général à la notion que nous en avons : ce qui veut dire que, dans chacune de ces applications particulières, nous croyons que notre intelligence n'est pas trompeuse, et qu'elle est constituée de manière à réfléchir les choses telles qu'elles sont.

Nous croyons, il est vrai, que dans toutes ou presque toutes ses applications, l'intelligence est sujette à l'erreur ; mais c'est précisément ce que nous ne croirions pas si nous la supposions naturellement trompeuse. Pour croire que l'intelligence se trompe quelquefois, il faut deux choses : admettre sa véracité naturelle, et pouvoir reconnaitre à des signes certains les cas particuliers où cette véracité naturelle est abusée. Or, c'est précisément ce qui arrive en nous. Nous reconnaissons que, dans chacune des applications de l'intelligence, certaines conditions sont nécessaires pour qu'elle ne soit pas abusée ; mais, quand ces conditions ont été remplies, nous croyons aux connaissances qu'elle nous donne : ce qui veut dire que nous admettons qu'elle est naturellement constituée de manière à voir les choses telles qu'elles sont.

Voilà tout le fondement des croyances de l'humanité. Toutes les fois qu'un homme adhère à une proposition, si vous remontez au principe de sa conviction, vous trouverez toujours qu'elle repose sur le témoignage d'une ou de plusieurs de ses facultés : autorité qui vient se résoudre elle-même dans celle de l'intelligence, laquelle serait tout à fait nulle, si l'intelligence n'était pas constituée de manière à réfléchir les choses telles qu'elles sont.

Mais qui nous démontre que telle est la constitution de l'intelligence ? Non-seulement nous n'avons pas cette démonstration, mais il est impossible que nous l'ayons. En effet, nous ne pouvons rien démontrer qu'avec notre intelligence : or, notre intelligence ne peut être reçue à démontrer la véracité de notre intelligence ; car, pour croire à la démonstration, il faudrait admettre en principe ce que la démonstration aurait pour objet de prouver, la véracité de l'intelligence, ce qui serait un cercle vicieux. Nous n'avons donc et nous ne pouvons avoir aucune preuve du fait sur lequel reposent toutes nos croyances, savoir, que l'intelligence humaine n'est point trompeuse. Il fallait donc, de deux choses l'une, ou que l'homme ne crût à rien, ou qu'il fut invinciblement déterminé à croire sans motif et sans preuve à ce premier fait. Aussi, si l'homme croit, c'est à cette dernière condition; et, comme il n'agit que parce qu'il croit, on peut dire que tout ce qu'il fait et que tout ce qu'il croit, il le fait et le croit sur le fondement d'une première croyance aveugle et sans motif, à laquelle sa nature le détermine fatalement et l'oblige de se soumettre, soit qu'il le sache ou qu'il l'ignore.

Un acte de foi aveugle, mais irrésistible, tel est donc le fondement de toute croyance. C'est parce que cet acte de foi est irrésistible que tous les hommes croient, les sceptiques comme les autres; c'est parce qu'il est aveugle, c'est-à-dire sans motif aux yeux de la raison humaine, que, parmi les hommes à qui la réflexion a fait faire cette découverte, quelques-uns ont pensé que l'intelligence humaine ne pouvait légitimement croire à rien. Telles sont les racines communes de la foi et du scepticisme dans la nature humaine.

Il y a rationnellement contradiction entre la foi et le scepticisme : car l'homme ne peut à la fois avoir et n'avoir pas le droit de croire. Aussi, la raison déclare absolument que l'homme croit sans motif, ou, ce qui revient au même, n'a pas le droit de croire. Mais, en fait, il n'y a pas contradiction entre la foi et le scepticisme; car l'homme croit par instinct et doute par raison. Or, entre le fait de croire, déterminé par notre constitution, et le fait que nous croyons sans droit de croire, déclaré par notre raison, il n'y a pas contradiction. De ce que notre raison ne reconnaît pour légitimes que les croyances fondées sur des preuves, il ne s'ensuit pas qu'il n'y en ait pas d'autres; il s'ensuit seulement que ces autres croyances ne sont pas légitimes.

Les sceptiques ne tombent donc pas dans une contradiction quand, dans la pratique de la vie, ils croient à leurs sens, à leur conscience, à leur mémoire, et agissent en conséquence; ils obéissent à leur nature instinctive en croyant ainsi, et obéissent à leur nature rationnelle en professant que leurs croyances sont illégitimes.

Par là, nous absolvons également l'humanité qui croit et les sceptiques qui doutent; mais nous ne pouvons également absoudre les philosophes qui ont combattu le scepticisme en essayant de démontrer la légitimité rationnelle des croyances humaines. Qu'on dise que l'humanité croit, et les sceptiques comme l'humanité, c'est un fait incontestable; qu'on ajoute que l'humanité croit avoir le droit de croire, c'est-à-dire admet que l'intelligence humaine voit les choses telles qu'elles sont, cela est vrai, et les sceptiques ne le nient pas; mais que, prenant le scepticisme corps à corps, on prétende démontrer que l'intelligence humaine voit réellement les choses telles qu'elles sont, voilà ce que je ne comprends pas. Comment ne s'aperçoit-on pas que cette prétention n'est autre chose que celle de démontrer l'intelligence humaine par l'intelligence humaine? ce qui a été, ce qui est, et ce qui sera éternellement impossible. Nous croyons le scepticisme à jamais invincible, parce que nous regardons le scepticisme comme le dernier mot de la raison sur elle-même. Quant aux dangers du scepticisme, ils sont absolument nuls : Dieu y a pourvu en nous forçant de croire; et l'on ne voit pas qu'il soit arrivé malheur à aucun sceptique. Sans doute, si l'humanité doutait de tout, elle cesserait d'agir raisonnablement; il n'y aurait plus ni bien, ni mal, ni lois, ni société; mais aussi, si l'humanité se mettait à marcher sur la tête, tout ici-bas serait bouleversé; et cependant personne ne prendrait l'alarme si quelque philosophe soutenait que ce système de progression est très-raisonnable. Avant de s'effrayer d'une doctrine, il faut s'assurer d'abord si son application est possible.

Une chose d'ailleurs doit rassurer : c'est que, si l'on ne peut démontrer que l'intelligence humaine voit les choses telles qu'elles sont, on ne peut non plus démontrer le contraire. Le scepticisme ne conduit donc pas à la négation de ce que l'humanité croit; s'il allait jusque-là, il ne serait plus le scepticisme. Il est possible que ce que l'humanité croit ne soit pas vrai, car elle le croit sans preuve : tel est le seul résultat du scepticisme, le seul du moins que la raison avoue. Si on veut réfléchir à cette distinction, on s'apercevra qu'on a honoré du titre de sceptiques bien des philosophes qui ne le méritaient pas.

Nous n'avons pas parlé de ce scepticisme mesquin, qui a précédé l'autre, et qui ne se fonde que sur les contradictions apparentes des jugements humains. Prouver qu'il y a contradiction, soit entre les résultats auxquels arrive chaque faculté de l'esprit prise à part, soit entre ceux auxquels aboutissent les diverses facultés, comme les sens et la raison; établir qu'il y a la même contradiction, soit entre les opinions admises par différents hommes ou différentes nations, soit entre celles auxquelles l'humanité s'est arrêtée à différentes époques; puis, conclure de là que l'intelligence humaine regarde tour à tour comme vraies des choses contradictoires, et que par conséquent il n'y a point pour elle de vérité : tel est tout le mécanisme de ce scepticisme de second ordre, dans lequel se sont complu et se complaisent encore un foule de petits esprits. Il y a longtemps que ce scepticisme a été réfuté sur tous les points, et que l'unité de la vérité humaine, admise, *à priori* dans tous les temps par les intelligences supérieures, a été démontrée. Ce scepticisme est un thème sur lequel on brodera longtemps encore : il fait les délices des hommes d'esprit; il ne mérite pas d'arrêter les philosophes.

# IV

## DE L'HISTOIRE DE LA PHILOSOPHIE

### (1827)[1]

Toutes les questions philosophiques se rapportent au monde intellectuel et moral, comme toutes les questions naturelles au monde physique. Si les réalités intellectuelles et morales se dérobaient entièrement à notre observation, nous ne pourrions résoudre aucune question philosophique, tout comme nous ne pourrions résoudre aucune question naturelle, si le monde physique était entièrement invisible à nos sens. Tout ce que nous savons du monde physique sort de ce que nous en voyons; et de même, tout ce que nous pouvons savoir du monde intellectuel et moral sort de ce que nous en pouvons observer. Or, la réalité intellectuelle et morale ne se révèle immédiatement à nous qu'en nous-mêmes : le principe moral et intellectuel, que nous sentons penser, vouloir et agir en nous, est la seule réalité de cette espèce qui tombe sous notre observation. Au dehors, nous ne voyons que les effets des principes semblables qui remplissent le monde; et jamais ces effets ne nous auraient

1. *Globe*, tome IV, page 503; et tome V, page 6.

révélé leurs principes, si nous n'avions fait connaissance en nous-mêmes avec un principe de même nature. C'est avec notre conscience que nous comprenons Dieu; c'est avec elle que nous comprenons toute force, toute intelligence, toute volonté; c'est, en un mot, dans le spectacle intérieur de notre propre nature que se révèlent à nous, et l'existence, et la nature, et les lois du monde intelletuel et moral. Tout ce que nous savons et tout ce que nous pouvons savoir sur ce monde est donc sorti de là, ou doit en sortir. Dans la connaissnce de nous-mêmes gît donc le principe de toute la science philosophique, comme, dans la connaissance de la partie du monde physique qui tombe sous nos sens, gît le principe de toute la science naturelle. Toute question philosophique qui peut être résolue vient se résoudre dans quelques-uns des faits de conscience, comme toute question naturelle qui peut l'être vient se résoudre dans quelques-uns des faits physiques qui tombent sous nos sens. Au delà des faits psychologiques, comme au delà des faits physiques observables, la science philosophique et la science naturelle ne procèdent plus que par induction.

Cela posé, on conçoit deux manières de faire la science du monde intellectuel et moral. La première consiste à partir des questions, et à venir chercher dans la conscience les faits de la nature humaine qui s'y rapportent et peuvent seuls les éclairer. C'est ainsi que la philosophie a toujours procédé jusqu'à nos jours. La seconde consisterait à observer et à constater, d'abord, tous les faits de la nature humaine, sans songer aux questions; puis, quand la psychologie serait faite, et que tous les renseignements que nous pouvons avoir sur le monde moral seraient ainsi recueillis, on passerait aux questions, et on verrait ce que la science peut y répondre de certain. Cette seconde méthode est d'invention moderne: l'idée de faire des phénomènes de l'esprit humain l'objet d'une science d'observation méthodique et régulière, tout à fait indépendante de la solution des questions philosophiques, dans l'intérêt même de ces questions, n'a été bien conçue que de nos jours.

Nous avons montré ailleurs [1] tous les inconvénients de la première méthode. En effet, quand on ne recourt aux faits que pour résoudre une question dont on est préoccupé, ordinairement on observe mal; plus ordinairement encore on se contente du premier fait que l'on rencontre, et on se hâte de résoudre le problème par ce seul fait, sans soupçonner qu'il y en a vingt autres qui le modifient et le complètent. Quelquefois enfin, on ne songe pas même à recourir à l'observation de la réalité sur laquelle porte la question : inspirés par quelques réminiscences, l'imagination et le raisonnement prennent les devants, et façonnent une solution. Voilà ce qui est arrivé aux philosophes, et ce qui a livré la philosophie à l'esprit de système. L'esprit de système a son principe dans cette méthode. Mais, d'un autre côté, ce n'est point par choix que cette méthode a été adoptée et a dominé jusqu'à présent dans la philosophie: rien, parmi les hommes, ne se fait arbitrairement; tout y va selon les lois naturelles de l'esprit humain. Ce qui frappe d'abord dans l'ordre moral comme dans l'ordre physique, c'est que nous ne comprenons ni l'un ni l'autre. De là, des questions sur ce que nous ne comprenons pas. L'esprit humain se tourmente pendant des siècles pour les résoudre, avant de découvrir comment il doit

---

1. Préface des *Esquisses de philosophie morale.*

s'y prendre pour y parvenir. Ce n'est que très-tard, par réflexion, et surtout par l'expérience de ses éternels mécomptes, qu'il sent enfin la nécessité de calculer, de régler ses efforts, qu'il conçoit ainsi l'idée de méthode, qu'il en cherche une, et qu'il trouve la véritable. C'est alors qu'il accouche de cette idée puissante et féconde, que, pour résoudre les questions, il faut d'abord les oublier, et étudier patiemment la nature et ses lois, parce que la connaissance de la nature et de ses lois contient la solution, et la seule solution solide, de toutes les questions sur la nature. Les sciences naturelles ont été longtemps sous le régime des questions comme la philosophie; et longtemps, comme la philosophie, elles n'ont rendu que des systèmes, c'est-à-dire des solutions incomplètes de problèmes isolés, renversées par d'autres solutions aussi vraisemblables, mais non moins incomplètes. Elles sont enfin sorties de ce régime. La philosophie doit en sortir comme elles, et, comme elles, en sortira. Il ne faut que du temps et des exemples, choses dont on ne doit jamais s'inquiéter, parce que l'avenir est long et l'esprit humain révolutionnaire.

On peut donc considérer la philosophie jusqu'à nos jours comme l'ensemble des systèmes qui ont été imaginés pour résoudre les questions philosophiques avant qu'on eût découvert la véritable manière de les résoudre. On peut donc à juste titre recommencer la philosophie, comme une science qui jusqu'ici avait cherché mais n'avait point trouvé sa véritable méthode. C'est là-dessus que se fondent ceux qui prétendent qu'il n'y a qu'un moyen de constituer la philosophie, à savoir, de laisser là les questions, et de s'occuper d'abord de constater en nous les lois de la nature morale et intellectuelle, à laquelle toutes les questions se rapportent, et sans la connaissance de laquelle elles ne peuvent être résolues : persuadés qu'une fois les lois connues, les questions se résoudront d'elles-mêmes, celles-là du moins qui ne sont point insolubles. Il est certainement impossible de ne pas reconnaître la justesse de cette vue, et de ne pas admettre que la philosophie ne puisse et ne doive être constituée de cette manière. Cette méthode est la méthode psychologique.

En face de cette méthode, qui a ses partisans, s'en élève une autre qui a aussi les siens, et qui mérite de les avoir, la méthode historique. Quand on songe aux puissantes intelligences qui depuis Pythagore jusqu'à nos jours ont soulevé et remué dans tous les sens le champ de la philosophie, quand surtout on a parcouru quelques-uns des admirables monuments de leurs recherches, on ne peut guère échapper à cette conviction, non-seulement que toutes les questions de la science n'aient été posées et agitées avant le commencemet du XIXe siècle, mais encore que les faits de la nature humaine qui peuvent éclairer ces questions et concourir à les résoudre n'aient été aperçus, signalés, décrits dans cette longue et puissante investigation, et que par conséquent il ne soit très-difficile, pour ne pas dire impossible, de tomber en pareille matière sur une idée ou sur un fait nouveau de quelque importance. Or, si cette conviction est fondée, il s'ensuit que la science existe quoiqu'elle soit inconnue à notre siècle, et qu'elle sortirait toute faite, pour qui saurait l'y découvrir, des immortels ouvrages des philosophes qui l'ont créée. Mais comment trouver ces ouvrages et comment les entendre? La plupart sont écrits dans des langues qui nous sont peu familières ; quelques-uns dorment encore en manuscrits dans la poudre des bibliothèques ; en outre, chacun de ces grands hommes parle un langage philosophique qui lui est propre et n'est point du siècle ; chacun a considéré les questions à son point de vue ; et, dans chacun, la question que l'on voudrait étudier occupe une place différente et se trouve enchaînée aux autres d'une manière particulière : en sorte que c'est un premier travail de la découvrir dans chaque système, un autre de la dégager, un autre de la comprendre, un autre de rapprocher la solution qu'elle y reçoit de toutes les solutions différentes qu'on lui a données dans les autres systèmes, et un dernier enfin de tirer de la comparaison de toutes ces solutions, qui contiennent chacune une portion de la vérité, la solution complète, qui est la véritable.

La philosophie existe donc; mais elle n'existe pas pour le commun des hommes, ni même pour les hommes très-éclairés, ni même pour les simples savants, ni même pour les simples philosophes. Elle n'existe que pour le petit nombre de ceux qui, étant à la fois et très-érudits et très-philosophes, ont passé leur vie à en chercher les membres épars dans les monuments qui la contiennent. Que manque-t-il donc à la philosophie, pour être véritablement? Deux choses seulement : qu'on la connaisse et qu'on l'organise; qu'on la connaisse, c'est-à-dire qu'on traduise et qu'on publie tous les grands monuments qui la renferment; qu'on l'organise, c'est-à-dire qu'on arrange les questions dans leur ordre légitime avec les vérités découvertes sur chacune par les différents philosophes, de manière que tout forme une science méthodique où l'on puisse voir d'un coup d'œil et ce que l'on sait et ce qui reste à trouver.

Or, de ces deux tâches, la première seule est difficile à remplir; car, si elle était remplie, l'organisation de la science en sortirait d'elle-même. Quelle lumière, en effet, répandue sur la philosophie, si Pythagore et son époque, si Aristote et le péripatétisme, si Zénon et le stoïcisme, si Sextus et le scepticisme, si les Alexandrins, si Descartes si Leibnitz, si Kant, étaient un jour traduits à l'intelligence du sens commun, comme l'épicurisme l'a été par Gassendi, et comme le sera dans quelques années, par M. Cousin, le platonisme! Quelle large donnée pour comprendre la philosophie! et comme à ce spectacle, l'organisation de cette science, à peine entrevue, apparaîtrait et naîtrait d'elle-même! Voilà ce qui a toujours manqué à la philosophie et ce qui lui manque encore : c'est cette vaste connaissance d'elle-même, c'est, en d'autres termes, sa propre histoire. Voilà ce qui fait qu'on n'a cessé de la recommencer comme une chose éternellement neuve, sans que, dans cette succession de tentatives, elle ait pu trouver le moyen de s'organiser. Si les résultats des recherches de tous les grands hommes qui l'ont cultivée étaient sous nos yeux, traduits dans une même langue philosophique, cette organisation sortirait alors du sein de leurs travaux, éclatante de lumière et d'évidence. Aucune des questions de la science n'ayant pu échapper à une si longue, à une si persévérante investigation, toutes les questions philosophiques apparaîtraient; et, dans ce rapprochement, on les verrait se distinguer naturellement en deux classes, les questions de faits et les questions d'induction : les premières que l'observation seule peut résoudre, les secondes qui ne peuvent l'être que par les inductions tirées de l'observation; et, dans chacune de ces classes, on les verrait se distribuer et se ranger dans l'ordre le plus naturel, c'est-à-dire dans celui où le philosophe doit les aborder pour les résoudre. Ainsi seraient donnés les cadres de la science, et il ne resterait plus qu'à distribuer dans ces cadres les découvertes de tous les philosophes, ce qui ne serait pas moins facile. En effet, si tous les systèmes ne sont que des vues incomplètes de la réalité érigées en images complètes de cette même réalité, ces vues diverses étant rapprochées se concilieraient comme les faits qu'elles représentent se concilient dans la nature ; ce qu'elles ont d'incomplet, c'est-à-dire ce qu'il y a de faux dans les systèmes, apparaîtrait et s'abstrairait, et les cadres de la science se trouveraient tout à coup remplis de tout ce que le génie des différentes écoles a saisi de vrai sur chaque question. La contradiction de ces écoles serait donc tout à la fois expliquée et terminée ; et l'esprit humain, relevé, comme la philosophie, des éternelles accusations de leurs ennemis communs, se reposerait dans la conviction qu'il y a une vérité pour l'homme sur les questions qui l'intéressent le plus, et que l'homme est capable de la trouver malgré sa faiblesse et ses erreurs.

Ainsi, traduire et publier dans une même langue philosophique tous les systèmes, et de la comparaison de ces systèmes tirer l'organisation de la science et la science elle-même qu'ils doivent contenir, telle est la seconde méthode qui a été proposée pour restituer la philosophie. Il faut voir maintenant si cette méthode historique, plus profondément analysée, est véritablement une rivale de la méthode psychologique, ou si plutôt, malgré leur diversité apparente, elles ne se résoudraient pas au fond dans une seule méthode totale, dont elles ne seraient chacune qu'une partie insuffisante.

Une chose est évidente : c'est que la philosophie ne sera jamais une science, tant que les faits de la nature humaine n'auront pas été méthodiquement recueillis et ordonnés, tant que les lois de la nature humaine et de toute nature morale qui en dérivent n'en auront pas été régulièrement déduites, et tant que la solution des questions philosophiques n'aura pas été méthodiquement tirée de ces lois. Voilà l'édifice qu'il faut élever. Les faits en sont la base : car, les faits trouvés, les lois s'ensuivent et les lois déterminées résolvent les questions. Il s'agit donc par-dessus tout et avant tout d'arriver à une connaissance aussi complète que possible des faits de la nature humaine, point de départ nécessaire, fondement véritable de toute la science philosophique.

Or, nul doute que la méthode psychologique n'aille droit à la difficulté, puisqu'elle se donne pour premier objet de déterminer par l'observation tous les phénomènes de la nature morale et intellectuelle qui peuvent être saisis. Nul doute encore qu'elle ne puisse à la longue parvenir à la résoudre aussi complétement que possible, puisque, après tout, nous ne pouvons découvrir ces phénomènes intellectuels et moraux que par l'observation, et que c'est précisément par l'observation qu'elle les recherche, avec la volonté décidée et la résolution prise de l'appliquer jusqu'au bout, sans fixer d'autres bornes à ses investigations que l'impossibilité même de les poursuivre.

La philosophie, d'un autre côté, sous le long régime des questions, a découvert presque tous les faits de la nature humaine; car, toujours ramenée par les questions qu'elle agitait à la seule partie de la réalité morale et intellectuelle qui pût lui donner des lumières sur ces questions, il est peu de faits de cette réalité qui lui aient échappé. Aussi trouve-t-on une vue psychologique vraie au fond de tous les systèmes. En sorte qu'en réunissant les vues vraies de tous les systèmes, on aurait une psychologie toute faite, au sein de laquelle viendraient s'expliquer et se concilier tous les systèmes. Mais, pour reconnaitre ces vues vraies au fond de chaque système, il faut que l'historien de la philosophie ait étudié les faits. Autrement, il ne pourrait démêler ce qu'il y a de vrai, c'est-à-dire de conforme aux faits, et ce qu'il y a de faux, c'est-à-dire d'exclusif et d'incomplet, dans chaque système. L'histoire de la philosophie contient donc, tout trouvés, les faits de l'esprit humain, base de la science ; la méthode historique les a donc sous sa main comme la méthode psychologique ; mais, pour les reconnaitre dans les systèmes, il faut que l'historien les ait observés dans la réalité ; il faut donc qu'il ait parcouru les voies de la psychologie. D'où l'on voit que la méthode historique implique et suppose la méthode psychologique, et que, sans elle, elle ne saurait rendre ce que la science demande avant tout, une statistique des phénomènes de la nature morale et intellectuelle.

Mais si la psychologie est indispensable à l'historien, l'histoire n'est-elle d'aucune utilité au psychologue ? Sans doute, à la rigueur, la psychologie peut, sans le secours de l'histoire, recueillir la statistique dont nous venons de parler ; mais elle montrerait bien peu de jugement en s'imposant cette prétentieuse réserve. En effet, tous les plus grand hommes qui aient honoré l'humanité sont venus tour à tour, et ont jeté un regard de génie sur cette nature morale et intellectuelle dont la connaissance est l'objet de la psychologie. Ils ont interrogé cette réalité aux points de vue divers de toutes les époques, sous les inspirations variées de toutes les questions. Sous combien de faces n'ont-ils pas dû saisir cette réalité ? que de faits, que de nuances n'ont-ils pas dû démêler ? et quel observateur oserait se flatter, même sous la direction de la méthode la plus ingénieuse, de retrouver tout ce qu'ils ont vu, tout ce qu'ils ont senti, tout ce qu'ils ont deviné de vrai et de réel dans ce champ si obscur et si vaste ? Or, leurs observations existent ; elles sont écrites de leur main dans les annales de la philosophie. N'est-ce donc point là un riche trésor d'informations et de renseignements, et conviendrait-il à personne de le dédaigner ? A tout le moins, n'offre-t-il pas au psychologue un moyen de compléter ses propres découvertes, d'en contrôler et d'en vérifier l'exactitude ? Est-il des observateurs assez sûrs d'eux-mêmes pour ne pas être charmés de retrouver dans une page d'Aristote ou de Platon la description d'un fait qu'ils viennent d'analyser ? en est-il d'une sagacité assez infaillible pour ne jamais rencontrer, dans ces antiques observations, des détails qui leur aient échappé ou des différences qui les obligent à revenir avec fruit sur leur pas ? Bien donc que l'observation puisse à la rigueur se passer de l'histoire dans l'investigation des faits et des lois de la nature humaine, l'histoire cependant peut fournir de telles indications, abréger tellement le travail, et présenter un commentaire si instructif et une confirmation si éclatante des vérités données par l'observation, qu'il serait tout à fait absurde, dans l'intérêt de la science, de rejeter ses services et de s'enfermer exclusivement dans le point de vue psychologique.

On voit donc que c'est en portant le flambeau de la psychologie dans les monuments de la philosophie, pour recueillir à sa lumière les nombreuses observations qu'ils contiennent, et en portant dans la psychologie les indications de l'histoire, pour en diriger, pour en abréger, pour en féconder les recherches, qu'on arrivera le plus promptement et le plus sûrement possible à ce premier grand *desideratum* de la philosophie : une statistique complète des phénomènes de la nature morale et intellectuelle, d'où doivent sortir, par induction, la connaissance des lois qui la gouvernent, et, par déduction, la solution scientifique de toutes les importantes questions qui s'y rapportent.

Si cela était fait, la science serait faite : car c'est là toute la science; mais l'histoire de la science resterait encore à faire. Or, ce serait trop peu que la philosophie fût organisée, si le passé de la philosophie restait une chose inconnue et inexpliquée. Il est impossible à une science de reposer dans cette ignorance de sa propre histoire; il est impossible à l'esprit humain de le souffrir. Si démontrée qu'elle soit à ses propres yeux, une science a besoin, pour se fier à elle-même, d'avoir le mot de ses égarements; elle n'est bien sûre d'être dans le vrai que quand elle s'est bien expliqué comment elle a passé et comment elle devait passer par le faux : et la raison en est toute simple. En effet, de qui sont tous ces systèmes sur lesquels nous passerions à l'ordre du jour sans nous donner la peine ni de les comprendre ni de les expliquer? Ces systèmes sont des créations de l'esprit humain. Et quelle est l'autorité que nous invoquons à l'appui de nos réformes, et à laquelle nous demandons la sanction de nos méthodes nouvelles? l'autorité de l'esprit humain. Rompre sans façon avec l'histoire d'une science au moment où on la réforme, c'est donc renier l'esprit humain en même temps qu'on l'invoque; c'est lui dire tout à la fois qu'il est admirable et absurde. Mauvais moyen d'obtenir sa foi : car il ne croit que parce qu'il se fie à lui-même; et si vous le mettez en dé fiance de lui-même, il ne peut plus croire même à ce qui lui paraît évident. Il sait que pour lui le chemin de la vérité a été semé d'obstacles; il conçoit donc que l'erreur puisse être ici-bas la préface nécessaire de la vérité, et qu'il ait dû s'égarer longtemps avant de trouver la bonne route; mais, pour qu'il soit sûr qu'il est enfin dans le port, il a besoin d'avoir la carte des écueils qu'il a parcourus. Il ne faut point oublier ce besoin quand on réforme une science : il est aussi impérieux qu'inévitable, et c'est pourquoi toute réforme pareille exige et crée à son profit l'histoire de la science réformée.

Or, pour faire l'histoire de la philosophie, l'alliance de l'historien et du psychologue n'est pas moins nécessaire que pour faire la psychologie elle-même ou la science. D'une part, en effet, l'observation complète des phénomènes de la nature humaine doit infailliblement donner tous les faits qui ont servi de germe aux différents systèmes : elle doit donc aboutir à l'explication et à la conciliation de tous les systèmes. Mais, pour que le psychologue arrive à ce résultat si rassurant pour l'esprit humain et qui confirmerait si puissamment les données de la science nouvelle, il faut qu'il connaisse ces systèmes, il faut donc qu'il ait fait connaissance avec tous les monuments historiques de la philosophie. Mais, d'une autre part, à quoi servirait la connaissance de ces monuments, si l'érudit qui la possède ne les comprenait pas? et comment les comprendrait-il, sans la science de cette réalité morale qui vit en nous, et dont tous ces systèmes représentent quelque face? Nous ne saurions en effet nous lasser de le répéter : tous les systèmes ne sont que des vues incomplètes de cette réalité, et, pour distinguer ce que vaut un système, il faut toujours le confronter avec cette réalité pour constater jusqu'à quel point il la représente et jusqu'à quel point il la défigure. Ainsi s'apprécie chaque système ; et, en parcourant les idées premières de tous les systèmes, on reconnaît avec admiration que les systèmes ont fait le tour de cette réalité, chacun l'ayant saisie par un côté, et aucun ne l'ayant embrassée tout entière. Cette promenade de l'esprit humain autour d'un objet trop vaste pour être vu en même temps sous toutes ses faces est le spectacle que l'histoire de la philosophie nous présente. Les différents systèmes sont les vues d'après nature qu'il a dessinées chemin faisant dans les stations successives où il s'est reposé. Toujours vraies, mais toujours partielles, ces vues n'ont d'autre défaut que l'inscription que chaque philosophe y a mise. Au lieu d'écrire au-dessous : *Ceci est la grande pyramide*, il fallait écrire : *Ceci est le côté oriental de la grande pyramide*. C'est à l'histoire qu'il appartient d'effacer au bas de chaque système l'inscription ambitieuse pour y substituer l'inscription vraie. Or, elle ne le peut faire qu'en parcourant les lieux elle-même les systèmes à la main, et en reconnaissant dans la réalité le sujet et le cadre de ces dessins partiels. L'histoire des systèmes doit donc être écrite dans le sanctuaire de la conscience. Autrement elle ne serait pas une histoire, mais une nouvelle édition des systèmes; et cette nouvelle édition serait tout aussi utile que ces belles planches du *Voyage d'Égypte*, où nos artistes ont supérieurement dessiné des milliers d'hiéroglyphes dont nous n'avons pas la clef.

Terminons enfin ces considérations déjà trop longues. On voit ce que commandent de nos jours les besoins de la philosophie, et à quelles conditions elle peut devenir une science. Ni une psychologie, ni une histoire des systèmes n'y suffirait : sans la psychologie on ne comprendrait pas l'histoire, et sans l'histoire on se déficrait de la psychologie. Il faut l'une et l'autre. En second lieu, pour arriver à ces deux grands résultats, le concours de l'observation et de l'érudition est toujours utile, le plus souvent indispensable. Les systèmes sont pleins de faits psychologiques épars, et la psychologie donne la clef des systèmes. Il faut donc que l'observation appelle l'érudition à son secours pour trouver la science, et que l'érudition s'éclaire des lumières de l'observation pour tracer son histoire. Quand nous aurons une psychologie bien faite et une exposition complète de tous les systèmes, on verra que la philosophie est une science comme une autre, ni plus ni moins conséquente, qui a marché comme les sciences naturelles, qui a la même méthode, le même criterium, la même certitude, qui a toujours été et qui est encore plus avancée au fond, malgré les apparences, mais qui n'est parvenue que plus tard à reconnaitre sa véritable méthode et à s'organiser.

Ces deux grandes tâches, une psychologie bien faite et une histoire complète de tous les systèmes, sont chacune au-dessus des forces d'un seul homme. La chose est évidente pour l'histoire; et ceux qui savent avec quelle lenteur se développent les sciences d'observation concevront qu'une bonne psychologie ne se formera que peu à peu et par les travaux successifs d'un grand nombre d'observateurs. Néanmoins, de ces deux entreprises, l'histoire est celle qui demande, sans aucun doute, la réunion la plus difficile de qualités : car le psychologue, à toute force, peut ignorer l'histoire de la philosophie ; tandis que l'histoire de la philosophie, telle qu'elle doit être faite, exige impérieusement dans l'historien toutes les qualités et toutes les connaissances du psychologue.

La traduction seule des monuments de la philosophie ancienne, telle qu'elle doit être faite, est une œuvre d'une immense difficulté. Il ne suffit pas d'être habile philologue pour l'accomplir; l'intelligence profonde des questions philosophiques et la connaissance de l'histoire de la philosophie sont deux conditions non moins impérieusement exigées. Le plus habile helléniste ne comprend point Platon : il suffit, pour s'en convaincre, d'observer comment la philologie a toujours reculé devant les dialogues les plus métaphysiques de cet auteur, au point qu'ils sont encore à traduire dans la plupart des langues modernes. Mais il ne suffit pas de traduire, même avec une parfaite intelligence : la traduction proprement dite ne fait que substituer un idiome à un autre. Une seconde traduction est indispensable, c'est celle du langage philosophique de chaque auteur; c'est-à-dire qu'après avoir traduit les mots, il faut traduire les idées, ou, ce qui revient au même, les exposer sous les formes simples d'aujourd'hui, sous les formes du sens commun, accessibles à tous. C'est là ce que M. Cousin a fait pour Platon dans ses arguments. Non-seulement nous pouvons lire Platon dans sa traduction, mais le comprendre dans ses arguments, et nous assurer que nous le comprenons bien, en relisant le texte à la lumière des arguments, et en soumettant à une comparaison sévère la pensée de l'original et celle de l'interprétation. Or, cette traduction des idées, sans laquelle celle du texte ne serait qu'un demi-service, n'exige pas seulement un philosophe, mais un philosophe qui n'ait point de système qui l'empêche de se prêter au génie et aux idées de Platon pour le comprendre, et qui, de plus, connaisse assez tous les systèmes, et la vérité dont tous les systèmes expriment quelque face, pour ne point s'enfermer dans le point de vue de Platon et pour pouvoir encore le juger et lui faire sa part en l'exposant. Disons-le, c'est là une réunion rare de qualités, et peut-être faudrait-il en désespérer, si l'air que nous respirons ne douait pas, pour ainsi dire, au berceau, les esprits distingués de notre siècle de celle de toutes ces qualités qui est la plus difficile et la moins commune, nous voulons dire l'étendue.

# PSYCHOLOGIE

## I

OBJET, CERTITUDE, POINT DE DÉPART ET CIRCONSCRIPTION
DE LA PSYCHOLOGIE

(1823)[1]

### I

*Objet de la Psychologie.* — Au dedans de nous et dans les profondeurs de notre être un principe se développe continuellement, qui va saisir hors de nous les réalités que le monde contient, et en conçoit des notions plus ou moins complètes, plus ou moins distinctes.

Ce principe ne s'arrête pas à la superficie des choses, à ces phénomènes, à ces attributs visibles qui nous les manifestent immédiatement ; il pénètre plus avant, et s'introduit dans un monde caché que notre œil ne voit point, que notre main ne saurait toucher.

---

1. *Encyclopédie moderne*, tome XIX.

Au delà des phénomènes, il conçoit des causes; entre les faits, des dépendances; sous les attributs, des existences réelles; et, par delà encore, une cause source de toutes les causes, des lois règles de tout rapport, une existence centre commun de toutes les existences, un espace qui contient tout, une durée où tout se produit et s'écoule.

Il embrasse ainsi le visible et l'invisible, l'apparent et le caché, et élève dans son sein une image du monde, qui est la connaissance humaine.

Or, toutes les fois que ce principe se développe, un phénomène singulier se produit en lui. En atteignant les réalités extérieures, il a conscience de lui-même qui les atteint; en les trouvant, il se trouve. Saisissant à la fois deux choses, l'une qui connaît, l'autre qui est connue, se reconnaissant dans la première, et ne se reconnaissant point dans la seconde, le principe intelligent exprime cette différence et cette dualité, en disant *moi* et *non moi*.

Dès lors, il se pose au centre de cet univers qu'il embrasse et qui le contient, et il s'en distingue nettement. Dès lors aussi, au centre de toutes les sciences possibles, apparaît et se distingue une science spéciale, qui est celle du principe intelligent, ou la psychologie.

Cette science est identique à celle du *moi*; car qui dit *moi*? le principe intelligent; et ce qu'il appelle *moi*, c'est nécessairement lui. Elle est également identique à la science de l'homme; car qu'est-ce que l'homme, sinon ce que chacun de nous appelle *moi*? et qui dit *moi*, sinon le principe intelligent? et que peut-il appeler *moi*, sinon lui-même? Le *moi*, l'*homme*, le *principe intelligent*, sont donc des dénominations différentes d'une même chose; la science de l'une de ces choses est donc la science des deux autres; la psychologie, qui est la science du principe intelligent, est donc par cela même la science du *moi* ou de l'homme.

On aurait tort d'en conclure que la psychologie est la science de ce composé de matière et de forces diverses, que le même nom d'*homme* sert à distinguer des autres êtres organisés. Il y a dans ce composé deux choses distinctes : l'*homme* proprement dit, et l'*animal*. La physiologie étudie l'animal; la psychologie l'homme, c'est-à-dire le principe dans lequel chacun de nous sent distinctement que sa personnalité est concentrée, et qui est le principe intelligent. C'est là le *moi*, ou l'homme véritable, et c'est en ce sens seulement que la psychologie est la sience de l'homme.

Le principe intelligent n'est pas seulement intelligent, il est en même temps sensible, volontaire, passionné, locomoteur. C'est ce qu'il reconnait lui-même, en rapportant à lui, comme à leur sujet ou à leur cause véritable, les phénomènes de la sensibilité, de la volonté, de la passion et de la locomotion ; tandis qu'il ne s'attribue point et renvoie à l'animal les phénomènes de la digestion, de la circulation, de la sécrétion de la bile, et une foule d'autres qui se produisent dans le composé avec lequel on voudrait l'identifier. En renfermant l'homme dans le principe intelligent, nous ne le mutilons donc pas; et, en le séparant de l'animal, nous ne faisons que constater dans la science une distinction qui est dans la nature des choses.

## II

*De la nature et de la certitude de la science psychologique.*
— Ce qui est l'objet de la science psychologique, c'est

le principe intelligent; ce qui en est l'instrument, c'est ce même principe. Il y a donc cela de spécial dans la psychologie, que son instrument et son objet sont identiques. C'est ce qui n'arrive que dans cette seule science. Dans toutes les autres, l'instrument, qui est le principe intelligent, est distinct de l'objet même auquel il s'applique.

De cette singularité en résulte une autre : c'est que la connaissance ne s'obtient pas en psychologie de la même manière que dans les autres sciences. L'intelligence ne peut s'observer comme elle observe les choses qui ne sont pas elle; elle a le spectacle de celles-ci, elle les voit, elle les contemple; mais elle ne peut avoir le spectacle d'elle-même; elle en a le sentiment ou la conscience. La psychologie est fille de la réflexion, comme toutes les autres sciences le sont de l'attention.

Mais là s'arrêtent les différences, et l'on n'en peut rien conclure, ni contre la possibilité, ni contre la certitude de la science psychologique. En effet, ni l'identité de l'instrument et de l'objet n'empêche la connaissance, ni la manière dont elle est obtenue n'en affaiblit la certitude.

Ce qui démontre la première de ces vérités, c'est le fait que nous savons à chaque moment ce qui se passe dans le sein de notre *moi*; et ce qui démontre la seconde, c'est que, de toutes les certitudes, la plus invincible à nos yeux est celle qui s'attache aux dépositions du sens intime. Rien au monde ne pourrait nous persuader que nous ne pensons pas, que nous ne voulons pas, que nous ne sentons pas, quand nous avons la conscience que nous pensons, que nous voulons et que nous sentons; et la plus absurde de toutes les suppositions serait celle qu'un homme pût penser, vouloir, sentir, sans en être informé.

Aussi bien serait-il étonnant qu'un principe dont l'essence est de connaître ne se connût pas lui-même, ou qu'on dût croire à tout ce qu'il affirme, excepté à ce qu'il affirme de sa propre nature.

Il suffit de savoir à quel titre nous croyons pour apprécier la valeur des doutes qu'on a élevés contre la certitude psychologique.

Quand notre intelligence a obtenu la notion d'une réalité quelconque, elle conçoit que cette notion peut être conforme ou non conforme à la réalité connue. Conforme, elle est vraie; non conforme, elle est fausse. Les raisons que l'intelligence peut avoir de regarder comme vraie la notion qu'elle a obtenue fondent la certitude de cette notion.

Or, l'intelligence est assurément susceptible de commettre des erreurs; elle le sait, et elle n'adopte pas légèrement et de prime abord les notions qu'elle acquiert. Mais, lorsqu'elle a pris les précautions qui lui sont inspirées par sa nature pour éviter l'erreur, il arrive que les notions ainsi acquises lui inspirent une pleine confiance; elles les regarde comme vraies; elle y croit.

D'où vient cette confiance? elle n'est autre chose que la foi que l'intelligence a en elle-même. L'intelligence est profondément convaincue qu'il est dans sa nature de voir les choses telles qu'elles sont, et que, si elle se trompe quelquefois, la faute n'en est pas à cette nature, mais aux conditions matérielles auxquelles elle est soumise en cette vie; en sorte que, quand, toutes les précautions contre l'erreur ayant été prises, une chose lui paraît vraie, elle pense avec une ferme confiance qu'elle est vraie réellement.

Ainsi, la certitude de toutes nos connaissances repose en dernière analyse sur la véracité supposée de notre intelligence. Or, si cette véracité est réelle, elle est permanente, et ne saurait être suspendue dans un cas particulier. Quel que soit donc l'objet auquel s'applique notre intelligence, la véracité de l'intelligence est la même. Si donc on l'admet pour une science, on doit l'admettre pour toutes.

La question de savoir si la certitude existe pour une certaine science se ramène donc à celle-ci : l'intelligence juge-t-elle que dans cette science sa véracité puisse être mise à l'abri des causes d'erreurs qui peuvent l'égarer ; en d'autres termes, les notions qu'elle acquiert dans cette science lui inspirent-elles cette pleine confiance qui entraine son assentiment et sa croyance? Or, l'affirmative n'est point douteuse en psychologie : les notions que la conscience nous donne nous inspirent une parfaite confiance. La certitude de la science du moi est donc appuyée sur les mêmes bases que la certitude de toute science possible.

## III

*Du point de départ de la psychologie.* — Puisque le moi se sent continuellement, il a continuellement une connaissance plus ou moins distincte de lui-même. Puisqu'il se distingue continuellement de ce qui n'est pas lui, il sait à chaque instant plus ou moins distinctement ce qu'il est. Ainsi la science du moi est commencée dans la conscience de chaque homme.

D'où vient que la science du moi ne sort point claire et complète de cette conscience sans cesse renouvelée qu'il a de lui-même?

L'intelligence humaine, quel que soit son objet, n'atteint jamais, sans l'intervention de la volonté, la connaissance claire des choses. L'expérience nous apprend ce fait, et la nature de l'intelligence nous l'explique.

Pour que nous puissions observer un objet quelconque, il faut que nous le connaissions. Pour que nous le connaissions, il faut qu'il se soit manifesté à nous sans que nous l'ayons voulu. Il y a donc une connaissance involontaire de chaque chose, qui précède inévitablement l'étude volontaire que nous pouvons en faire.

Or, c'est encore un fait d'expérience, que cette connaissance involontaire et primitive est toujours obscure, et qu'elle ne devient claire que par l'analyse qui sépare et considère isolément chacun des éléments qui la composent.

L'analyse, source de la clarté, est le procédé nécessaire de l'intelligence volontaire; la synthèse, source de l'obscurité, parce qu'elle embrasse et ne distingue pas, est le procédé naturel de l'intelligence involontaire.

Ainsi, comme nous débutons nécessairement par une intelligence involontaire des choses, toute connaissance est d'abord obscure et indistincte. Elle ne devient claire et nette que lorsqu'elle a été analysée, c'est-à-dire lorsqu'elle a été soumise à l'action libre de l'intelligence.

Voilà pourquoi tant que le moi ne s'est pas replié librement sur lui-même, la connaissance spontanée qu'il a de sa manière d'être, quoique incessamment renouvelée, reste obscure.

Et de là vient que la plupart des hommes meurent sans avoir obtenu une connaissance exacte de ce qu'ils sont.

Pour celui-là seul qui s'est étudié volontairement, c'est-à-dire qui a réfléchi sur sa propre nature, la notion du moi, la science du moi, peut être distincte.

Le point de départ de la science du moi contient donc toute la science du moi; en d'autres termes, la conscience obscure que nous avons tous de nous-même deviendra la science du moi, quand elle aura été éclaircie par la réflexion libre.

Conscience obscure du moi, voilà le point de départ de la psychologie; connaissance claire du moi, voilà la psychologie elle-même : entre le point de départ et le but, il n'y a qu'une différence de forme. La psychologie n'est autre chose que la conscience de nous-même transformée; c'est le sentiment du moi, commun à tous les hommes, rendu clair d'obscur qu'il était.

Le moyen ou l'instrument de transformation, c'est la réflexion; et la réflexion n'est autre chose que l'intelligence humaine librement repliée sur son principe.

## IV

*Première transformation de la notion primitive du moi, ou circonscription de la psychologie.* — Qu'y a-t-il dans la conscience que chacun de nous a de soi-même? La solution de cette question est la psychologie tout entière. Mais nous ne pouvons découvrir tout d'un coup toutes les notions particulières contenues obscurément dans la conscience totale que nous avons de notre moi. Dans ce cas, comme dans tous les cas semblables, le phénomène de l'éclaircissement ne s'opère que peu à peu. D'abord, les notions principales renfermées dans la notion complexe apparaissent et se distinguent; ensuite, dans le sein de chacune d'elles nous distinguons des notions moins étendues, qui se résolvent elles-mêmes peu à peu dans des notions plus élémentaires, jusqu'à ce qu'enfin, de subdivision en subdivision, la décomposition atteigne les éléments.

La première chose qui m'apparaisse nettement lorsque je cherche à me rendre compte de ce que je suis, c'est que je me trouve toujours agissant d'une certaine manière, et éprouvant des modifications qui ne sortent pas de moi, mais que je subis sans les avoir produites et sans pouvoir les éviter.

Ainsi, je ne me trouve pas nu et dépouillé de modifications; je me trouve toujours sous une manière d'être particulière; en sorte qu'il y a toujours complexité dans l'objet qui tombe sous ma vue, complexité dont le moi est l'élément invariable, et dont la manière d'être du moi est l'élément variable.

Dans quelque état et dans quelque moment que je me surprenne, c'est toujours le moi que je rencontre; de plus, je le rencontre toujours agissant ou modifié d'une certaine façon; et enfin, j'observe que l'action ou la modification n'est pas toujours la même, mais varie d'un cas à un autre.

Quand je m'interroge sur ce qui est moi et sur ce qui n'est pas moi, dans chaque cas je trouve que l'élément constant, c'est-à-dire ce qui agit et ce qui est modifié est appelé *moi* par la conscience, qui appelle *non-moi* les actions diverses produites et les modifications variables éprouvées.

En passant d'un état à un autre, l'élément constant qui s'appelle *moi* est convaincu qu'il est le même dans les différents cas; il est convaincu en même temps que les actions et les modifications changent d'un cas à un autre.

Enfin, dans chaque cas particulier, l'élément *moi* se reconnait simple sous la multiplicité des actions qu'il produit et des modifications qu'il éprouve.

De là, une première distinction capitale dans la conscience obscure que nous avons du monde interne. Il y a dans le monde interne, il y a dans l'objet complexe saisi à chaque instant par la conscience, deux éléments distincts, l'un qui est nous, l'autre qui n'est pas nous; et il y a entre ces deux éléments cette différence ultérieure, que l'élément qui est nous est simple dans chaque moment, identique à lui-même dans tous les moments, tandis que l'élément qui n'est pas nous est multiple dans chaque cas, et variable d'un moment à un autre.

Poursuivons notre analyse. Bien que l'élément variable et l'élément constant soient distincts, il y a entre eux une dépendance. Le moi est le principe des actions qu'il produit, il est le sujet des modifications qu'il éprouve; sans lui, les actions ne seraient pas; et, s'il n'était pas là pour être modifié, il n'y aurait point de modifications. Ainsi, l'élément variable n'existe que par l'élément invariable. En d'autres termes, tout ce qui se passe en nous n'existerait pas sans nous. La réciproque n'est pas vraie.

En effet, nous concevons clairement que nous pourrions exister sans être modifiés. Le principe actif en nous pourrait sommeiller sans produire. L'effet dépend de la cause, la modification du sujet; mais la cause n'implique pas nécessairement l'effet, ni le sujet la modification.

Il y a donc ce rapport entre nous et ce qui se passe en nous, que ce qui se passe en nous ne subsiste que par nous, tandis que nous pourrions subsister sans lui.

A ces propriétés opposées, nous reconnaissons dans l'élément variable du monde interne le caractère de phénoménalité, et dans l'élément invariable le caractère de réalité.

Nous sommes donc une réalité. Les actions que nous produisons, les modifications que nous subissons, sont donc des phénomènes. Le monde interne renferme donc une réalité simple et identique à elle-même, qui est nous, qui subsiste et persiste par elle-même ; et de plus, une phénoménalité multiple et changeante, qui dépend de la réalité d'où elle émane ou qu'elle modifie.

Le moi, qui est une réalité, sent en lui-même persister avec lui des attributs invariables comme lui ; ce sont ces attributs qui le constituent lui et non toute autre réalité. Mais, par delà ces attributs dans lesquels il se sent immédiatement, et par lesquels il se manifeste à lui-même, il conçoit quelque chose de plus fixe encore, de plus immuable, quelque chose qui n'est pas individuel comme lui, et sans quoi il ne subsisterait pas. Ce quelque chose, il l'appelle de différents noms, tant qu'il ne s'est pas rendu compte nettement de sa nature ; mais dans ce quelque chose, quel qu'il soit, il ne se trouve pas ; ce quelque chose, il ne l'appelle pas moi, il ne se sent pas en lui. Alors donc qu'il l'atteint, il sort non-seulement de ce qui est visible pour lui, mais encore de ce qui est lui ; et non-seulement de ce qui est lui, mais encore de ce qui vient de lui ou en dépend. Ce n'est plus ni le moi, ni une action du moi, ni une modification du moi ; ce n'est ni un phénomène, ni une réalité individuelle ; c'est quelque chose d'une troisième nature, qu'il ne comprend que négativement ; c'est quelque chose qui le dépasse, et à quoi il se rattache ; c'est enfin l'objet, encore confusément entrevu, de cette autre science, distincte de la psychologie, et qu'on appelle l'ontologie.

La conception obscure de cet objet invisible, non individuel et non phénoménal, est bien contenue dans la conscience du monde interne que nous analysons ; mais cet objet lui-même n'y est pas compris. Arrivé au point où la réalité moi finit, et où l'intelligence voit poindre, pour ainsi dire, cet objet nouveau, la psychologie expire. Ce sont là ses limites du côté de l'ontologie.

Transportons-nous maintenant à l'autre extrémité du monde interne ou de cette sphère de phénomènes embrassée par la conscience, et marquons également de ce côté les bornes qui séparent la psychologie de la science du monde externe.

Ici, l'extrême multiplicité des phénomènes ne nous permet pas d'indiquer à quel point chacun d'eux cesse d'être visible pour la conscience. C'est dans l'analyse spéciale de ces phénomènes que l'on peut seulement conduire chacun d'eux, du point où il se rattache au moi, jusqu'au point où il se perd dans le monde externe, et cesse d'apparaître à l'observation interne.

Qu'il nous suffise de dire que, de toutes parts, le monde interne est délimité par la conscience, et avec lui la psychologie ; car l'objet de la psychologie est d'éclaircir ce que la conscience sait de nous-mêmes, et là où la conscience ne pénètre point, il n'y a rien à éclaircir.

Mais, de même que la réalité moi se rattache à quelque chose d'invisible à l'œil interne, de même les phénomènes se rattachent à quelque chose qui n'est point contenu dans la sphère de la conscience. Les modifications que le moi subit ont une cause ; les actions qu'il exerce ont un but. Les phénomènes, en un mot, qui sont dans le monde interne, ne tiennent au moi que par une extrémité. L'extrémité opposée ne demeure point suspendue et flottante ; elle se rattache nécessairement à quelque réalité extérieure ; et c'est ainsi que le moi est lié à la nature extérieure et communique avec elle.

Telles sont les premières distinctions que la réflexion nous manifeste en nous ; telle est la circonscription exacte qu'elle donne à l'objet de la conscience.

Dès lors, et par le fait seul de cette première décomposition, le corps est exclu de l'objet de la psychologie. Chose singulière, si le corps était l'homme ! car l'homme est certainement dans ce qu'il appelle soi ; il n'est pas là où il reconnaît lui-même qu'il n'est pas ; et si, d'une part, il se place dans un principe actif et sensible, simple et identique à lui-même, dont il a une perpétuelle conscience ; si, d'autre part, il ne se reconnaît plus dans les modifications inétendues et sans forme qu'il éprouve, par cela seul qu'il ne se sent pas en elles et qu'elles sont multiples et variables ; à plus forte raison il ne se reconnaît pas dans cette masse solide, figurée, étendue, composée, et perpétuellement changeante, qui l'enveloppe, et qu'il nomme lui-même le corps.

Non-seulement il ne s'y trouve pas ; mais il la regarde comme une chose extérieure à lui, qui agit sur lui et sur laquelle il agit, qui sert d'instrument à ses volontés sur la nature extérieure, ou d'instrument à la fatalité extérieure sur lui, qui, à tous ces titres, est avec lui dans des rapports intimes, permanents et tout spéciaux, mais qui, malgré ces rapports, ne se confond pas plus avec lui que les planètes qui gravitent dans les cieux ou les invisibles soleils qui en éclairent les profondeurs.

## II

### DE L'AMOUR DE SOI

(1823)[1]

Le phénomène de la sensation, dans sa simplicité, est tout à la fois une affection agréable ou désagréable pour la sensibilité qui l'éprouve, et un signe déterminé pour l'intelligence qui l'aperçoit; par ce double caractère, il donne naissance à deux series de phénomènes psychologiques, dont l'une se développe dans la sensibilité même, et dont l'autre se produit dans l'intelligence. Nous allons suivre dans cet article les effets de la sensation dans la sensibilité; car il paraîtra bientôt que les mouvements variés qu'elle y excite émanent d'un même principe, et que ce principe est *l'amour de soi*.

C'est comme affection que la sensation devient pour la sensibilité une cause de développement : comme signe, elle n'excite que par des faits intellectuels. Or, comme affection, elle ne revêt que deux formes essentiellement, distinctes : elle est agréable ou désagréable. Une affection, qui ne serait ni agréable ni pénible à quelque degré, ne serait pas; car, dans cette hypothèse, nous ne serions

[1]. *Encyclopédie moderne*, tome II.

pas affectés. Il n'y a donc pas de sensation indifférente, bien que nous puissions être indifférents à certaines sensations, soit que l'habitude de les éprouver nous ait familiarisés avec elles, soit que notre attention, détournée ailleurs, ne les remarque pas.

Puisque la sensation n'affecte la sensibilité que de deux manières vraiment distinctes, tous les phénomènes qu'elle y développe doivent se manifester à la suite de l'affection agréable ou de l'affection désagréable : les chercher ailleurs serait inutile. Ce sont donc les résultats de ce double mode de la sensation que nous allons observer et décrire.

Dans la sensation agréable et dans la sensation pénible, ce qui sent en nous est purement passif; il éprouve, dans les deux cas, l'action d'une force étrangère; mais à peine a-t-il commencé à la subir, qu'excité par l'impression, il réagit vers la cause de cette impression, et développe un mouvement qui, sortant de lui et allant à elle, se distingue nettement du mouvement de cette cause, qui partait d'elle et aboutissait à lui.

Or, ce mouvement réactif, qu'enfante évidemment ce qui sent en nous, varie avec la sensation qui le détermine. A la suite de la sensation agréable, il est essentiellement expansif; à la suite de la sensation désagréable, au contraire, son caractère est la concentration : la sensibilité s'épanche hors d'elle dans le premier cas, elle se resserre en elle dans le second. Le développement de ces deux mouvements opposés se compose de mouvements successifs, qui en sont comme les degrés, et que nous allons décrire tels que l'observation nous les a montrés.

La sensibilité étant agréablement affectée, commence par s'épanouir, pour ainsi dire, sous la sensation; elle se dilate et se met au large, comme pour absorber plus aisément et plus complétement l'action bienfaisante qu'elle éprouve : c'est là le premier degré de son développement. Bientôt ce premier mouvement se détermine davantage, et prend une direction; la sensibilité se porte hors d'elle, et se répand vers la cause qui l'affecte agréablement : c'est le second degré. Enfin, à ce mouvement expansif finit tôt ou tard par en succéder un troisième qui en est comme la suite et le complément : non-seulement la sensibilité se porte vers l'objet, mais elle tend à le ramener à elle, à se l'assimiler, pour ainsi dire. Le mouvement précédent était purement expansif, celui-ci est attractif; par le premier la sensibilité allait à l'objet agréable, par le second elle y va encore, mais pour l'attirer et le rapporter à elle : c'est le troisième et dernier degré de son développement.

La sensibilité, désagréablement affectée, manifeste des mouvements d'une nature tout à fait contraire. Au lieu de s'épanouir, elle se resserre; nous la sentons se contracter sous la douleur, comme nous la sentons se dilater sous le plaisir : la contraction est le premier mouvement qui suive la sensation pénible. Mais ce premier mouvement ne tarde pas à prendre un caractère plus décidé : la sensibilité se resserre comme pour fermer passage à la douleur; elle fait plus, elle se détourne de la cause, elle la fuit, et on la sent qui se replie en elle-même : c'est la concentration opposée à l'expansion. Puis, bientôt après, et presque en même temps, à ce mouvement, par lequel elle semble se dérober à l'objet désagéable, se mêle un troisième et dernier mouvement, qui éloigne et qui repousse cet objet, et qui correspond, en s'y opposant, au mouvement attractif.

Telles sont les deux séries de mouvements que la sensibilité développe à la suite des deux sensations agréables et désagréable. Les trois phénomènes qui composent chacune de ces séries sont très-distincts, quoiqu'ils se mêlent plus ou moins dans la rapidité ou la lenteur de leur succession, et tiennent de bien près l'un à l'autre par leur nature. Or, il est facile de reconnaître, dans la dilatation et la contraction, les deux phénomènes opposés de la *joie* et de la *tristesse* qui succèdent immédiatement en nous au sentiment du plaisir et de la douleur; dans l'expansion et la concentration, les phénomènes également opposés de l'*amour* et de la *haine*, qui ne manquent pas de se déclarer en nous à quelque degré pour l'objet qui nous affecte agréablement ou péniblement; dans le mouvement attractif, le *désir*, qui aspire à la possession de l'objet aimé; et dans le mouvement répulsif, l'*aversion*, distincte de la haine, en ce que la haine nous éloigne de l'objet désagréable, tandis que l'aversion, comme l'indique assez la force étymologique du mot, le détourne et le repousse. *Joie* et *tristesse*, *amour* et *haine*, *désir* et *aversion*, tels sont les mots populaires dont l'acception générale reproduit plus ou moins fidèlement et laisse plus ou moins reconnaître la nature réelle des mouvements sensibles que nous avons constatés; *dilatation* et *contraction*, *expansion* et *concentration*, *attraction* et *répulsion*, tels sont ceux que nous désirerions voir consacrer par la science, parce que leur énergie vraie, quoique un peu grossière, nous semble traduire, avec autant d'exactitude que de précision, et le caractère propre de chaque phénomène et les différences essentielles qui les distinguent. Ce que ces termes ont de plus précieux, c'est qu'ils expriment chaque mouvement dans sa pureté sensible, et sans aucun mélange intellectuel, tandis que, dans les dénominations populaires que nous avons citées, on ne retrouve pas seulement le mouvement simple, tel que la sensibilité le développe, mais encore la conscience réfléchie de ce mouvement par l'intelligence, et souvent aussi des idées étrangères qui s'y sont attachées.

S'il est impossible de résoudre l'un dans l'autre les mouvements qui composent chacune des deux séries que nous venons de décrire, il est tout aussi évident qu'ils sont unis et enchaînés dans leur diversité, et qu'on peut les considérer comme les développements successifs d'un seul principe, qui d'abord manifeste vaguement sa tendance, qui la produit ensuite d'une manière plus décidée, et finit enfin par la préciser tout à fait dans un dernier développement qui marque clairement son but, et dévoile pour ainsi dire l'esprit qui l'anime.

La sensibilité, dans le mouvement de la joie et dans celui de la tristesse, obéit déjà à ce double instinct qui la porte vers l'objet agréable et l'éloigne de l'objet désagréable; mais ce n'en est que la première saillie, et cette saillie ne la pousse point encore vers le premier, ne la détourne point encore du second. D'une part, la sensibilité se dilate, de l'autre elle se resserre; ici elle ferme, là elle ouvre passage à l'action de l'objet, comme si son instinct n'avait d'abord saisi que l'effet, et n'avait pas encore songé à la cause. Bientôt on dirait qu'elle vient d'opérer cette distinction, et que, rapportant le plaisir à l'objet agréable, et la peine à l'objet désagréable, en se portant vers l'un, et en se détournant de l'autre, elle témoigne plus nettement le sens et l'esprit de son premier mouvement. Enfin, comme si elle s'apercevait qu'il ne lui sert à rien de se porter vers l'objet ou de le fuir, et que c'est sa possession ou son éloignement qu'il lui faut véritablement, le mouvement expansif devient attractif, et la répulsion se mêle à la concentration. C'est ainsi que le désir et l'aversion ne sont qu'un développement de l'amour et de la haine, qui ne sont eux-mêmes qu'un développement de la joie et de la tristesse; ou, pour mieux dire, c'est ainsi que la joie, l'amour et le désir, d'une part, ne sont que les développements successifs d'un même instinct qui porte la sensibilité à s'unir à la cause qui l'affecte agréablement; et que la tristesse, la haine et l'aversion, d'autre part, ne sont non plus que les développements successifs d'un autre instinct qui porte la sensibilité à se séparer et à se délivrer de la cause qui l'affecte désagréablement. La joie, l'amour et le désir, bien que distincts comme mouvements, ont donc une même tendance, une même nature, un même esprit. Ces trois mouvements peuvent et doivent être considérés comme les degrés successifs du développement d'un seul. Il en est de même des trois mouvements opposés. On peut donc ramener à deux grands mouvements tous les phénomènes qui s'élèvent dans la sensibilité à la suite de la sensation : l'un qui naît de la sensation agréable, et tend à la possession de sa cause; l'autre qui naît de la sensation désagréable, et tend à l'éloignement de sa cause; le premier *attractif*, le second *répulsif*.

Mais est-il bien certain que nous ayons atteint le dernier terme du développement de ces deux mouvements, et que l'un aboutisse définitivement au désir, l'autre à l'aversion? Nous croyons pouvoir l'affirmer : car, outre que l'observation la plus persévérante ne nous a jamais fait remarquer aucun autre mouvement sensible, il nous semble qu'arrivée au désir d'une part et à l'aversion de l'autre, la sensibilité est parvenue à l'expression la plus déterminée de ce qu'elle veut, et comme au terme de ce qu'elle peut. Si elle avait le pouvoir comme elle a le désir, il ne lui resterait plus qu'à satisfaire l'un par l'autre; mais en nous l'accomplissement n'appartient pas à la sensibilité, il est entre les mains de la volonté. Nous avons donc suivi le double développement sensible jusqu'au point où il a tellement exprimé sa tendance, que l'on ne conçoit plus rien au delà que le consentement de la volonté à la satisfaire; nous sommes donc arrivés, de ce côté, aux limites des faits sensibles; et comme d'ailleurs nous sommes partis de la sensation, où commence ce double développement, et que tel est l'enchainement des phénomènes qui le composent, qu'un élément nouveau ne saurait où se placer, nous croyons l'avoir embrassé dans toute son étendue et décrit dans toutes ses périodes.

Or, ce double développement de la sensibilité n'est autre chose que la *passion*, avec sa double forme, son double objet, et les degrés successifs qu'elle parcourt en se manifestant. Il n'y a donc et il ne peut y avoir en nous que deux *passions :* l'une qui naît à la suite de la sensation agréable, et qui, commençant par la *joie*, se transforme en *amour* et finit par aspirer, dans le *désir*, à la possession de la cause quelconque de cette sensation; l'autre, qui naît à la suite de la sensation pénible, débute par la *tristesse*, devient *haine*, et aboutit à l'*aversion* de la cause quelconque de cette sensation. Nous désignerons ces deux passions par les noms de *passion attractive* et *passion répulsive*.

Une distinction populaire, consacrée par le temps et l'assentiment universel, partage les passions en *passions bienveillantes* et *passions malveillantes*. L'observation psychologique, comme on le voit, confirme cette distinction; mais, en la justifiant, elle lui donne une précision et par là même une autorité toute scientifique. La conscience du genre humain ne se trompe jamais; mais, comme elle sent vaguement, elle exprime vaguement. La science distingue, et de là vient la précision de son langage. La philosophie n'est guère que le développement des croyances du sens commun : ses résultats sont bien suspects quand ils contredisent ces croyances, et bien probablement vrais quand ils les expliquent.

La sensation est le point de départ de la passion; la cause de la sensation en est le terme. L'observation nous la montre toujours enfermée entre ces deux limites, et se développant de l'une à l'autre : de telle sorte que, si vous supprimez la sensation, la sensibilité reste immobile, et que, si vous la rétablissez, le mouvement qui lui succède a toujours pour objet la cause connue ou inconnue qui l'a produite. Rien n'est plus incontestable que ce double fait; mais comment l'expliquer? Qu'y a-t-il dans la sensation qui excite la sensibilité à se déployer? qu'y a-t-il dans la cause qui la rende constamment l'objet, tantôt de notre amour et de nos désirs, tantôt de notre haine et de notre aversion?

Si nous nous interrogeons et que nous cherchions pourquoi nous désirons ou repoussons tel objet, nous trouvons naturellement que c'est parce que nous l'aimons ou le haïssons; pourquoi nous l'aimons ou le haïssons, c'est qu'il nous réjouit ou nous attriste. Mais si nous voulons pénétrer plus avant et découvrir la cause de la joie ou de la tristesse qu'il nous inspire, nous sommes obligés de la reconnaître dans le plaisir ou la douleur qu'il nous fait éprouver; en sorte qu'en dernière analyse, c'est la sensation qui paraît rendre raison de tous ces mouvements passionnés que sa cause seule semblait exciter en nous. Cette découverte est bien simple, et cependant elle nous donne la solution du double problème que nous avons posé.

Qu'y a-t-il en effet dans tel objet, qui le rende le but de notre passion? Est-ce véritablement lui qui nous réjouit ou nous attriste? est-ce pour lui que nous l'aimons et le désirons, que nous le haïssons et le repoussons? Faites que, sans le modifier en aucune façon, la sensation qu'il nous cause soit de quelque manière interceptée ou suspendue : avec la sensation tombe la passion; faites que, sans le modifier, la sensation, d'agréable qu'elle était, devienne désagréable : la passion change avec elle, et cependant l'objet n'a pas changé; ce n'est donc pas lui que j'aime en lui ou que je hais. c'est la sensation agréable ou désagréable qu'il me cause; il est le terme apparent, il n'est pas la fin réelle de la passion : la fin réelle de la passion, c'est la sensation.

Supprimez donc la sensation, les objets n'ont plus rien qui attire la passion; il n'y a plus de raison pour qu'elle naisse. La sensation n'est donc pas seulement un fait qui précède constamment la passion, c'est la raison même de la passion; et c'est pour cela qu'elle la précède constamment.

L'objet n'est donc pas le terme de la passion comme objet, mais comme cause de la sensation; et cela est si vrai, que, quand la cause est inconnue, la passion n'en naît pas moins, et que, quand elle est connue, cette qualité d'être cause de la sensation est imperceptible en lui pour l'intelligence, et n'est révélée que par la sensation elle-même.

Pourquoi donc la sensation précède-t-elle en nous la passion? C'est qu'elle la fait naître. Pourquoi la fait-elle naître? C'est qu'elle est l'unique fin qui l'attire. Pourquoi les objets sont-ils le terme de la passion? C'est qu'ils sont la cause de la sensation. Pourquoi n'en sont-ils pas la fin, et pourquoi la sensation l'est-elle ? C'est un fait qui explique tous les autres, et qui lui-même n'a point d'explication : c'est la nature même des choses.

La sensation agréable et la sensation désagréable sont donc la fin véritable des deux passions qui se développent dans la sensibilité : or, la sensation agréable, c'est le *bien sensible;* la sensation désagréable, c'est le *mal sensible;* la passion désire l'un et repousse l'autre : la fin de la passion est donc la jouissance du bien sensible et l'éloignement du mal sensible.

Mais, en repoussant le mal sensible, la sensibilité témoigne le même esprit qu'en aspirant au bien sensible; le premier étant le contraire du second, repousser l'un c'est encore aspirer à l'autre ; la passion répulsive a donc la même fin et le même principe que la passion actractive; tous les mouvements élémentaires qui les composent ne sont donc plus que les manifestations variées de la tendance d'un même principe à une même fin ; il y a donc unité de principe et de fin dans tout le développement sensible. Cette fin unique, c'est le *bien sensible;* ce principe unique, qui manifeste par tant de mouvements divers sa tendance uniforme à cette fin, c'est l'*amour de soi.*

L'amour de soi ne doit être confondu avec aucun des mouvements simples qui constituent les passions, ni avec les passions elles-mêmes, ni avec la passion considérée dans son unité : il est le *pourquoi* de tous ces mouvements, il n'est pas un mouvement ; ils le manifestent, et il y a entre eux et lui toute la différence qui existe entre la manifestation et la chose manifestée. L'amour de soi est le principe de la passion, comme la sensibilité en est la cause, et la sensation la condition; l'amour de soi est la loi suprême de la sensibilité, dont la nature est d'aspirer à son propre bien et rien qu'à son propre bien, c'est-à-dire de s'aimer elle-même et de n'aimer qu'elle.

Et telle est la force de cette nature en elle, que rien ne peut ni en empêcher, ni en suspendre, ni en altérer le développement. Dès que la sensation a été éprouvée, cette nature s'échappe, se manifeste, se répand au dehors invinciblement ; la joie ou la tristesse, l'amour ou la haine, le désir ou l'aversion, se produisent fatalement selon la nature de l'affection. La raison a beau blâmer la passion, la volonté libre a beau s'efforcer contre elle : l'une peut la juger, l'autre peut lui refuser satisfaction, mais il faut que son développement s'accomplisse. La sensibilité même, qui en est la source, n'a point d'empire sur elle : la sensibilité n'est point une force qui se contienne et se possède ; elle est fatale pour elle-même, et tous les mouvements qu'elle développe tiennent d'elle ce caractère.

Cette fatalité se fait sentir jusque dans l'énergie de ces mouvements : plus la sensation a été vive, plus aussi la sensibilité se passionne fortement pour ou contre sa cause ; l'intensité de la passion est fatalement proportionnelle à l'intensité de la sensation. Non-seulement donc la sensibilité ne saurait retenir le développement de sa propre force, elle ne saurait même en altérer l'énergie.

Tel est l'amour de soi : loi suprême et fatale de la force sensible ; forçant son développement, qui est la passion ; déterminant sa tendance uniforme, qui est au bien sensible ; dominant tout et expliquant tout dans sa sphère sensible, et les phénomènes et la sensibilité elle-même.

Ainsi, après avoir constaté, dans tous ses mouvements élémentaires, le développement de la double passion qui se produit en nous à la suite de la sensation ; après avoir constaté et son point de départ, qui est la sensation, et sa source, qui est la force sensible, et son terme, qui est la cause de la sensation ; après avoir ainsi, de bonne foi et sans aucune vue systématique, reconnu les faits et le rang qu'ils prennent en se manifestant, nous voyons sortir, sans effort, du sein de cette observation naïve, l'explication qui révèle la nature qui les anime et le lien qui les unit. La découverte de la fin de la passion, qui résultait si naturellement des faits, a tout dévoilé, et par là tout animé et tout lié. La sensation n'est plus un fait qui précède, on ne sait pourquoi, le développement de la passion : c'est la raison même de ce développement. La cause de la sensation n'est plus un objet attiré ou repoussé, sans motif, par la passion : c'est de lui que dérivent le bien ou le mal sensible, et c'est ce bien ou ce mal qu'on aime ou qu'on hait en lui. La sensibilité n'est plus une force sans caractère et sans physionomie, passive d'abord, active ensuite, sans qu'on sache ni ce que signifie son activité, ni pourquoi elle revêt une double forme, ni par quelle cause secrète elle succède constamment à la passivité et ne la précède jamais. L'amour de soi, qui lui est fatal, explique tout ce qui se passe en elle, l'explique elle-même, et, en l'expliquant, lui donne, pour ainsi dire, une figure et une vie : par lui, la sensibilité devient à nos yeux quelque chose qui n'aime que soi, c'est-à-dire son propre bien ; ce bien, c'est la sensation agréable ; le contraire de ce bien, c'est la sensation pénible. Tant qu'elle n'a éprouvé ni bien ni mal déterminé, elle n'a pas de raison de se développer ; mais, dès que le bien ou le mal surviennent, elle obéit à sa nature, aime et désire l'un, hait et repousse l'autre : elle y obéit irrésistiblement, parce que cette nature lui est fatale ; et, parce qu'elle lui est fatale, les mouvements qu'elle développe sont proportionnés à l'intensité du bien qu'elle désire ou du mal qu'elle repousse. Enfin, la passion n'est plus une double série de mouvements simples, renfermée entre deux faits, la sensation d'une part et sa cause de l'autre, sans qu'on connaisse le sens secret de ces mouvements, la raison de leur diversité ou de leur opposition, et les liens qui les rattachent au fait d'où ils partent et à l'objet où ils aboutissent : l'amour de soi, qui a expliqué l'énigme de la sensibilité, explique celle de la passion qui en est le développement. La double forme qu'elle prend, l'opposition des mouvements qui la constituent sous chaque forme, et leur enchaînement, tout reçoit sa solution ; et, l'unité apparaissant sous la variété, le lien sous les éléments, et l'âme de la passion, pour ainsi dire, sous l'ensemble des apparences qu'elle revêt, la passion se réduit, pour nous, à un mouvement qui a sa source dans la force sensible, sa condition dans la sensation, son principe dans l'amour de soi, son objet dans la cause de la sensation, sa fin dans le bien sensible, et sa loi dans la fatalité ; et non-seulement la sensation et sa cause, la sensibilité et ses mouvements, sont expliqués, mais les rapports et l'harmonie de ces quatre termes. Le premier mouvement part de la cause et aboutit à la sensibilité ; son résultat est la sensation ; il détermine le second, qui part de la sensibilité, va à la cause et revient à la sensibilité. L'action de la cause étant donné, tout le reste suit fatalement, et trouve sa raison, son principe et son unité harmonique dans un seul fait, qui est la nature de la sensibilité ou *l'amour de soi*.

Telle est la passion dans sa pureté primitive ; telle elle serait toujours dans un être purement sensible et isolé de tout autre. Mais cette condition n'est point la nôtre. Le principe intelligent qui est en nous ne tarde pas à corrompre la passion; pénétrant sa fin véritable, il la dépouille de cette ignorance d'elle-même, qui lui donne dans l'enfant le charme de l'innocence; prévoyant combien est passager le bien où elle aspire, le mal qu'elle repousse, il introduit la *crainte* et l'*espérance*, qui compliquent chaque passion des mouvements de la passion contraire; découvrant un *bien moral* obligatoire, distinct du *bien sensible* qui ne l'est pas, il oppose le *juste* à l'*utile*, le *devoir* à la *passion*, avilit la passion en flétrissant sa fin, et lui imprime le caractère d'*égoïsme;* montrant enfin à la sensibilité des sensibilités rivales qui prétendent comme elle à la possession exclusive du bien sensible, l'intelligence corrompt l'amour de soi lui-même; tout, dans la sensibilité, prend, pour ainsi dire, une forme sociale; l'amour de soi devient *amour-propre;* la joie est un triomphe; la tristesse une humiliation; l'envie se mêle à la haine, l'orgueil et la jalousie à l'amour; le désir s'inquiète et menace, et l'aversion semble méditer la vengeance. Nous ne décrirons point ici toutes ces formes nouvelles que le regard sévère de l'intelligence force la passion de revêtir, et par lesquelles elle l'oblige de trahir en face du *devoir* le vice de son origine et l'infériorité de sa nature. Cette histoire complète du développement des phénomènes sensibles nous mènerait trop loin; il nous suffit de l'avoir indiquée[1].

1. Depuis que cet article est écrit, mes idées sur la *passion* se sont étendues et modifiées. Ce qu'on vient de lire reste vrai des passions qui naissent de la sensation; mais ces passions ne sont que la traduction des passions ou des tendances primitives de notre nature, lesquelles se développent antérieurement à toute sensation, et, loin de dériver du plaisir et de la douleur, sont la condition sans laquelle il n'y en aurait point. Ces passions primitives sont loin de mériter tout le mal que je dis ici des autres.

# III

DE L'AMITIÉ

(1823)[1]

Une passion particulière n'est que la *passion* proprement dite, rapportée à l'objet particulier qui l'a excitée en nous ; définir une passion, c'est donc déterminer son objet.

Trois passions principales se développent dans l'homme, qui l'attirent vers ses semblables, et enchaînent l'un à l'autre, par un triple lien, les membres de la société humaine : la *sociabilité*, l'*amour* et l'*amitié*.

Un individu de notre espèce nous plait par cela seul qu'il est de notre espèce : de là cette bienveillance fondamentale de l'homme pour l'homme, qu'on a appelée *sociabilité*. L'individu d'un sexe plaît à l'individu de l'autre par cela seul qu'il est d'un sexe différent : de là une autre passion bienveillante, qui a pour fin la conservation de l'espèce, et qu'on nomme *amour*. Enfin, indépendamment de l'*humanité* et du *sexe*, chaque individu possède certaines qualités qui le distinguent et peuvent le rendre particulièrement aimable à quelques-uns de ses semblables : de là un troisième penchant qui

---

1. *Encyclopédie moderne*, tome II.

rend particulièrement agréable et resserre plus étroitement, entre quelques membres de la famille humaine, le lien qui l'a formée et celui qui la conserve : c'est l'*amitié*.

La *sociabilité* a pour objet spécial l'*humanité*, c'est-à-dire le caractère constitutif de l'espèce; l'*amour* a pour objet spécial le *sexe*; l'*amitié* n'a point d'objet spécial : tout ce que l'homme peut avoir d'aimable pour l'homme, indépendamment de l'*espèce* et du *sexe*, est de nature à l'exciter.

On peut donc définir positivement la *sociabilité* et l'*amour*; mais on ne peut définir l'*amitié* que négativement. En effet, le seul caractère spécial et permanent de son propre objet, c'est d'exclure l'objet de l'amour et celui de la sociabilité. Du reste, il varie indéfiniment en soi : tantôt simple et tantôt complexe, diversement simple et diversement complexe, il n'a rien de semblable à lui-même dans les différents cas; jusque-là que les éléments qui le composent dans telle circonstance sont absolument contraires à ceux qui le composent dans telle autre. Celui-ci peut aimer son ami pour son énergie et son activité, celui-là le sien pour sa faiblesse et son indolence.

L'amitié est donc tantôt une passion simple, tantôt la collection d'un plus ou moins grand nombre de passions simples, selon qu'elle est excitée par une ou plusieurs qualités aimables; et, dans les deux cas, l'élément ou la réunion d'éléments qui la constitue est susceptible de varier indéfiniment. On ne peut donc rien saisir dans l'amitié qui persiste dans tous les cas; et la science, ne pouvant dire ce qu'elle est toujours, se contente de constater ce qu'elle n'est jamais, en la distinguant de la sociabilité et de l'amour.

Quand la sociabilité est le seul penchant qui nous attire vers l'un de nos semblables, le fait porte le nom de *sociabilité;* mais lorsqu'à cette bienveillance primitive vient s'ajouter l'amitié ou l'amour, la sociabilité disparait, pour ainsi dire, dans le mélange, et le fait complexe prend le nom du nouvel élément.

Il est bien rare, dans nos mœurs actuelles, que l'amour seul rapproche deux individus : presque toujours le charme de quelques qualités aimables se mêle à la séduction du sexe, et fortifie l'amour par l'amitié; souvent même, dans le concours des deux passions, l'amitié semble tenir le premier rang, et voile l'amour qui se cache dans son sein, inaperçu et comme effacé. Néanmoins, dans tous les cas où l'amour et l'amitié sont unis, c'est l'amour qui donne son nom au fait complexe, et cet usage semble fondé sur la nature des choses : car, à quelque faible degré qu'intervienne l'amour, qu'il soit aperçu ou qu'il ne le soit pas, avoué ou non avoué, il répand sur le sentiment composé un charme extrême qui ne vient que de lui, et qui lui imprime, pour ainsi dire, sa couleur. C'est ce charme qui rend plus douces les amitiés entre les personnes de sexes différents, et qui a fait dire à La Rochefoucauld que l'amitié est fade quand on a senti l'amour.

Ainsi, dans les mélanges continuels des trois passions qui unissent les hommes, partout où paraît l'amour, il domine et impose son nom; l'amitié, qui lui cède, l'emporte sur la sociabilité, qui ne conserve d'existence propre que quand elle se développe à part et sans mélange des deux autres.

La sociabilité fonde la société humaine; l'amour la conserve; l'amitié, en la subdivisant, pour ainsi dire, en sociétés partielles plus étroitement unies, la rend si douce, qu'elle devient pour tous indispensable. Telle est la nature, telle est la destination de ces trois passions puissantes, qui semblent, à elles seules, expliquer l'origine, la durée et l'impérissable force des liens qui unissent les hommes : car nous pensons, sans toutefois l'affirmer, que l'amour de la patrie, l'amour conjugal, l'amour filial et paternel, n'en sont que les corollaires.

Il faut en convenir : c'est incontestablement à ces penchants purement sensibles qui attirent l'homme vers l'homme, que la société doit son existence ; car ils se développent aussitôt que nous sommes nés, et nous lient à nos semblables par l'attrait du plaisir longtemps avant que la raison morale ait établi de nous à eux et d'eux à nous des obligations et des devoirs réciproques. Il est certain même que la société, confiée aux seules passions, ne périrait point, et serait continuellement entretenue par les besoins impérieux qui l'ont fondée ; mais il est tout aussi évident qu'elle serait éternellement tourmentée par la nature capricieuse et variable des passions mêmes dont elle est l'inévitable conséquence, si le devoir ne venait consacrer les rapports qu'elles ont établis, et ajouter à l'attrait changeant et passager qui les entretient des obligations qui ne varient point avec lui, qui ne passent point comme lui, et qui leur donnent, indépendamment de lui, une force toujours égale et une permanence inébranlable.

Ainsi, la sociabilité établit des rapports de l'homme à l'homme ; l'amour, de l'amant à l'amante ; l'amitié, de l'ami à l'ami ; mais le devoir, s'appliquant à ces rapports, impose à l'homme et à l'homme, à l'amant et à l'amante, à l'ami et à l'ami, des obligations réciproques, qui ne croissent pas et ne décroissent pas avec la passion, qui ne cèdent pas comme elle à l'invasion d'une passion plus forte, qui ne périssent pas avec elle, mais qui subsistent immuables et impérissables comme la vérité qui les fonde.

C'est pour n'avoir pas dégagé de la passion cette obligation morale qui s'y ajoute, mais qui en est essentiellement distincte par son origine, sa nature et ses effets, qu'on a attribué à la passion, qui est l'intérêt même, tout le désintéressement et toute la moralité du devoir. Et de là sont nées ces doctrines fausses aux yeux de la science, dangereuses dans leur application, mais pures dans l'intention de leurs auteurs, qui, ne trouvant pas le devoir hors de la passion, et voyant sortir de la passion tous les effets qu'on lui attribue, l'ont dénoncé au monde comme une chimère inutile, et ont élevé la morale sur la seule base du *sentiment*.

L'amitié n'a point échappé à cette confusion : elle lui doit les nombreux éloges qu'on lui a prodigués et la grande réputation de désintéressement et de dévouement dont elle jouit. Il est bon de rétablir les faits, de rendre à la raison ce qui lui est dû, et de remettre la passion à sa place.

Quand l'amitié n'est pas seulement le penchant d'une personne pour une autre, mais qu'elle est mutuelle, il s'établit avec le temps, un engagement tacite entre les deux amis, en vertu duquel l'un compte sur l'autre, et met en lui sa confiance : de cet engagement naît une obligation pour chacun d'eux, celle de ne point se jouer de cette confiance, c'est-à-dire, non-seulement de ne point nuire à l'autre, mais encore de lui être utile de toutes les manières possibles.

Sans l'amitié mutuelle qui s'est établie entre ces deux personnes, assurément cet engagement ne serait pas formé ; c'est donc à propos de l'amitié qu'est né l'engagement. Mais qu'y a-t-il du reste de commun entre ces deux faits? L'amitié est une passion, c'est-à-dire un mouvement sensible; l'engagement est une convention conclue entre deux intelligences, et qui entraîne, comme toute convention, l'obligation morale de la respecter. Que fait la passion? Elle attire l'un à l'autre les deux amis. Que fait l'engagement? Il oblige moralement chacun d'eux à ne pas tromper la confiance de l'autre. Ces deux faits sont bien évidemment de nature opposée. La passion est tout entière dans l'un, puisque l'autre est purement intellectuel.

Dira-t-on que, malgré la différence de nature, ces deux faits sont également, et au même titre, les éléments de l'amitié? Ira-t-on même jusqu'à prétendre, comme on l'a fait, que, dans ce complexe, c'est l'élément moral qui est l'élément essentiel et constitutif de l'amitié? En admettant l'une ou l'autre de ces deux assertions, les deux éléments resteront toujours distincts : ce qui est passionné restera passionné, ce qui est rationnel restera rationnel; et, comme on aura distingué les principes, on sera forcé de rendre à chacun les effets qui lui sont propres, l'égoïsme à la passion, le dévouement au devoir. Mais cette manière de constituer l'amitié est tout à fait arbitraire et contraire au bon sens : car, si l'on admet que l'élément moral est l'élément essentiel de l'amitié, il faut admettre qu'elle est partout où existe un engagement moral, et, par exemple, entre deux ennemis qui se détestent : ce qui est absurde. Et, d'un autre côté, si l'on prétend que cet engagement, sans être un élément essentiel, est au moins un élément intégrant de l'amitié, comme il ne s'ajoute à l'amitié que lorsqu'elle est mutuelle, il faut soutenir que tant que l'amitié n'est point réciproque, elle n'est pas; que, lorsque j'aime une personne sans en être aimé, je ne l'aime pas, et que mon amitié ne commence que du jour où commence la sienne : ce qui n'est pas moins contraire au sens commun.

Non-seulement donc la passion et l'engagement moral n'ont rien de commun, mais encore la passion constitue à elle seule l'amitié. Tous les effets de la passion appartiennent donc à l'amitié, et aucun de ceux de l'élément moral ne peut être attribué à la passion, ni à l'amitié, qui est la passion.

Or, la passion de l'amitié est soumise à toutes les lois de la passion proprement dite. Fatale, elle ne dépend ni de l'intelligence ni de la liberté, et se développe indépendamment de l'estime ou du mépris de la raison, de l'acquiescement ou de l'opposition de la volonté ; égoïste, elle aime un individu, non pour lui, mais pour ses qualités aimables, non pour ses qualités aimables, mais pour le plaisir qu'elles lui font. Si ces qualités passent, elle passe avec elles ; si, en subsistant, elles cessent de lui agréer par quelque caprice sensible ou toute autre cause, elle cesse aussi de les aimer. Tant qu'elle aime, il est vrai, elle désire le bien de ce qu'elle aime, et redoute le mal qui pourrait l'affliger : mais c'est que la passion jouit et souffre du bien ou du mal qui arrive à ce qu'elle aime, et cette bienveillance passionnée, suite de toute passion semblable, est égoïste comme elle.

Tels sont les vrais effets de l'amitié en soi, c'est-à-dire de la passion ; tels ne sont pas ceux de l'élément moral. L'engagement une fois formé, les qualités de mon ami ont beau disparaître, une passion plus forte a beau venir mettre ses intérêts en contradiction avec ceux de l'amitié : dans ces deux cas, où l'amitié disparaît ou succombe, l'engagement survit et résiste, et nous nous sentons obligés, sur l'honneur, de respecter notre convention. C'est alors qu'il y a dévouement; mais, loin qu'il dérive de la passion, il la sacrifie, et manifeste par là de quelle source auguste il descend.

L'amitié n'est donc pas une passion à part qui secoue le joug de l'égoïsme et la loi générale de toute passion: elle partage le sort commun; et le dévouement dont on lui a fait un si grand mérite ne vient pas d'elle. Il en est de même de l'amour, que le même engagement moral accompagne et revêt des mêmes apparences; il en est de même de toutes les passions de cette famille.

Grâce à l'introduction de l'élément moral dans l'amitié, quelques auteurs célèbres ont trouvé dans cette passion quelque chose de persistant qui donnait prise à la définition : malheureusement le fait qu'ils ont défini est étranger à l'amitié. L'amitié, réduite à ce qu'elle est, c'est-à-dire à un ensemble variable de passions simples, est absolument indéfinissable. On peut constater ce qu'elle est dans tel ou tel cas; on peut chercher quelle est l'amitié la plus parfaite, la plus douce, la plus belle; mais toutes ces investigations curieuses n'ont rien de scientifique; et quand on a dit de l'amitié ce qu'elle n'est pas, son unité disparaît; il ne reste que des amitiés particulières.

Nous ne terminerons point cet article sans remarquer que l'amitié se déclare fréquemment en nous pour des êtres qui ne sont point de notre espèce, pour un chien, par exemple, ou un oiseau; mais c'est encore l'homme que nous aimons en eux : car ces êtres ne se font aimer que parce qu'ils reproduisent plus ou moins quelques-unes des qualités de la nature humaine. A mesure que l'on descend, dans l'échelle des êtres, à des espèces qui s'éloignent davantage de la nôtre, l'amitié trouve moins de prise, et finit par n'en plus avoir. Personne ne peut aimer les corps inanimés, à moins que quelque souvenir ne s'y attache; mais il est possible de prendre un commencement d'amitié pour certaines plantes douées d'une espèce de vie sensible; les animaux nous deviennent beaucoup plus facilement chers, et le penchant que nous nous trouvons à les aimer augmente à mesure qu'ils montrent plus de sensibilité et d'intelligence.

# IV

## DU SOMMEIL

(1827)[1]

### I

Je n'ai jamais bien compris ceux qui admettent que dans le sommeil notre esprit dort. Quand nous rêvons, assurément nous dormons, et assurément aussi notre esprit ne dort pas, puisqu'il pense : il est donc prouvé que souvent l'esprit veille quand les sens sont endormis. Mais il ne l'est pas du tout que jamais il dorme avec eux. Dormir, pour l'esprit, ce serait ne pas rêver ; et il est impossible d'établir qu'il y a, dans le sommeil, des moments où l'esprit ne rêve pas. N'avoir aucun souvenir de de ses rêves ne prouve pas qu'on n'a pas rêvé. il est souvent démontré que nous avons rêvé, sans qu'il en reste la moindre trace dans notre mémoire.

Le fait que l'esprit veille quelquefois pendant que les sens dorment est donc établi ; le fait qu'il dorme quelquefois avec eux ne l'est pas : les analogies sont donc pour qu'il veille toujours. Il faudrait des faits contradictoires pour détruire la force de cette induction : tous les

---

(1.) *Globe*, tome V, pages 102 et 110.

faits semblent, au contraire, la confirmer. Je vais en analyser quelques-uns, qui m'ont semblé curieux et frappants. Ils me paraissent impliquer cette conclusion, que l'esprit, pendant le sommeil, n'est point dans un état spécial, mais qu'il marche et se développe absolument comme dans la veille.

Quand un habitant de la province vient à Paris, son sommeil est d'abord troublé et continuellement interrompu par le bruit des voitures qui passent sous ses fenêtres. Mais bientôt il s'accoutume à ce mouvement, et il finit par dormir à Paris comme il dormait dans son village.

Cependant le bruit reste le même, il frappe également ses sens; d'où vient que ce bruit l'empêche d'abord, et puis ensuite ne l'empêche plus de dormir?

L'état de veille présente des faits analogues. Tout le monde sait qu'il est difficile de fixer son attention sur un livre, quand on est entouré de personnes qui causent; cependant on finit par acquérir cette faculté. Un homme qui n'est pas accoutumé au tumulte des rues de Paris ne saurait suivre une idée en les parcourant; les personnes qui vivent habituellement à Paris n'y trouvent aucune difficulté, et elles pensent aussi tranquillement, au milieu de cette foule et de ces voitures, qu'elles pourraient le faire au fond d'un bois.

L'analogie entre ces faits de l'état de veille et le fait de l'état de sommeil que j'ai cité d'abord est si grande, que l'explication des uns doit jeter sur l'autre quelque lumière.

L'attention est l'application volontaire de l'esprit à une chose. C'est un fait d'expérience qu'il ne peut la donner en même temps à deux choses différentes. Être distrait, c'est cesser de faire attention à la chose dont on s'occupait, pour faire attention à une autre qui se jette à la traverse. Dans la distraction, l'attention ne se détourne que parce qu'elle est attirée par une sensation ou une idée étrangère, qui la sollicite plus fortement que celle qui l'occupait. Tant que la sollicitation est moins forte de la part de l'idée étrangère, l'attention ne se détourne pas; tous les faits le prouvent. Plus l'attention est fortement attachée à un sujet, moins elle est susceptible de distraction : ainsi, un livre qui excite vivement la curiosité retient l'attention et la captive; un homme occupé d'une affaire où il va de sa vie, de sa réputation ou de sa fortune, n'est pas facilement distrait; il ne voit rien et n'entend rien de ce qui se passe autour de lui : on dit qu'il est en proie à une préoccupation profonde. Pareillement, plus nous sommes curieux, ou plus sont curieuses les choses qu'on dit autour de nous, moins nous pouvons fixer notre attention sur le livre que nous lisons. Pareillement encore, si nous attendons quelqu'un, les moindres bruits nous donnent des distractions, parce que ces bruits peuvent être le signal de l'événement que nous attendons. Tous ces faits établissent que la distraction ne se produit que quand l'idée étrangère nous sollicite plus fortement que celle qui nous occupe.

De là vient que l'homme nouvellement arrivé à Paris ne peut penser au milieu des rues. Les sensations qui assiégent ses yeux et ses oreilles étant pour lui des signes de choses nouvelles ou peu connues, quand elles arrivent à son âme, elles l'intéressent plus fortement que la chose même dont il voudrait s'occuper. Chacune de ces sensations annonce une cause qui peut être belle, rare, curieuse ou redoutable : l'intelligence ne peut s'empêcher d'aller à la vérification. Elle n'y va plus, quand l'expérience lui a fait connaitre tout ce qui peut frapper les sens dans les rues de Paris; elle reste chez elle, et ne se laisse plus déranger.

L'autre fait s'explique de la même manière. Il serait impossible de lire sans distraction au milieu d'une société inconnue; la curiosité l'emporterait. La même chose arrive si le sujet de la conversatiion est très-intéressant. Mais, au milieu d'une société qui nous est familière et dont les sujets habituels de conversation nous sont connus, les idées du livre peuvent facilement prendre le dessus.

La volonté peut aussi quelque chose contre la distraction. Non qu'elle puisse retenir l'attention, quand elle est inquiète ou curieuse; mais elle peut la ramener, et ne pas lui permettre de longues absences; en la remettant sans cesse à la chose qu'elle veut, elle finit par faire prévaloir l'intérêt que cette chose offre à l'esprit. Les raisonnements qu'on se fait sur la nécessité de rester attentif ont aussi de l'influence sur l'attention : ils l'occupent, ils viennent au secours de l'idée, et prêtent, pour ainsi dire, main forte à celle-ci.

Quoi qu'il en soit de toutes ces petites influences, il reste évident que ni la distraction ni la non-distraction ne sont des affaires de sens, mais bien des affaires d'esprit. Ce ne sont pas les sens qui s'accoutument à entendre les bruits de la rue ou les sons de la conversation, et qui en sont à la longue moins affectés : si nous sommes d'abord très-affectés des bruits de la rue ou du salon, et ensuite peu ou point, c'est d'abord que l'attention s'occupe de ces sensations et ensuite les néglige; quand elle les néglige, elle n'est point détournée, et le fait de distraction n'a pas lieu; quand elle s'en occupe, au contraire, elle abandonne son idée, et la voilà distraite.

Remarquons, à l'appui de cette conclusion, que l'habitude d'entendre les mêmes sons nous rend tantôt très-sensibles à ces sons, comme il arrive chez les sauvages et chez les aveugles, tantôt presque insensibles à ces sons, comme il arrive au Parisien pour le bruit des voitures. Si l'effet était physique, s'il dépendait du corps et non de l'esprit, il y aurait contradiction : car, ou l'habitude d'entendre les mêmes sons émousse l'organe, ou elle l'aiguise ; elle ne peut avoir à la fois ces deux effets, elle ne saurait en avoir qu'un. Le fait est qu'elle ne l'aiguise ni ne l'émousse : l'organe reste le même ; les mêmes sensations s'y produisent ; mais lorsque ces sensations sont intéressantes pour l'âme, elle s'y applique et s'accoutume à les démêler ; lorsqu'elles ne le sont pas, elle s'accoutume à les négliger, et ne les démêle pas. Voilà tout le mystère : le phénomène est psychologique, non physiologique.

Revenons maintenant à l'état de sommeil, et voyons si l'analogie n'exige pas que nous expliquions de la même manière le fait que nous avons posé en commençant.

Qu'arrive-t-il quand le bruit nous empêche de dormir ? Le corps fatigué s'assoupit un peu ; puis tout à coup les sens sont frappés, et nous nous éveillons ; puis la fatigue reprend le dessus, nous retombons dans un assoupissement bientôt interrompu de nouveau ; et ainsi de suite. Quand nous sommes accoutumés au bruit, au contraire, les sensations qu'il nous donne ne troublent plus notre premier sommeil ; l'assoupissement se prolonge, et nous dormons.

Que les sens soient plus engourdis dans le sommeil que dans la veille, c'est une chose certaine. Mais quand je m'endors, il y a un moment où il le sont autant le premier jour de mon arrivée à Paris que le centième. Le bruit étant le même, ils éprouvent les mêmes impressions, qu'ils transmettent, égales en vivacité, à l'esprit. D'où vient donc que le premier jour je m'éveille, et non pas le centième? Les faits physiques sont les mêmes; la différence ne peut donc venir que de l'esprit, comme dans les cas de distraction et de non-distraction de l'état de veille. Admettons que l'âme s'endormit avec le corps : elle serait également assoupie dans les deux cas, comme les sens, et on ne verrait pas non plus d'où viendrait qu'elle s'éveille dans l'un plutôt que dans l'autre. Il reste donc certain qu'elle ne s'endort pas comme le corps, et que, dans un cas, inquiétée par ces sensations inaccoutumées, elle éveille les sens pour voir ce que c'est; tandis que, dans l'autre, sachant par expérience de quel fait extérieur ces sensations sont le signe, elle demeure tranquille, et ne dérange pas les sens pour obtenir un éclaircissement inutile.

Car remarquons que l'âme a besoin des sens pour connaître les choses extérieures. Dans le sommeil, les sens sont, les uns fermés, comme les yeux, les autres à demi engourdis, comme le tact et l'ouïe. Si l'âme est inquiétée par les sensations qui lui arrivent, elle a besoin des sens pour en trouver la cause et se tirer d'inquiétude : elle est donc obligée de les éveiller.

Voilà pourquoi nous nous trouvons inquiets toutes les fois que nous sommes éveillés par un bruit extraordinaire, ce qui n'arriverait point si nous n'avions pas été occupés de ce bruit avant le réveil.

Voilà pourquoi nous sentons quelquefois en dormant les efforts que nous faisons pour éveiller nos sens, lorsqu'un bruit extraordinaire ou quelque sensation pénible trouble notre sommeil. Si nous sommes profondément endormis, nous sommes longtemps inquiet avant de pouvoir nous éveiller; nous nous disons qu'il faut que nous nous éveillions pour sortir de peine; mais le sommeil des sens résiste, et ce n'est que peu à peu que nous dissipons l'engourdissement qui les enchaîne. Quelquefois, quand le bruit cesse avant le dénouement de cette lutte, le réveil n'a pas lieu, et nous avons, le matin, un souvenir confus d'avoir été troublés dans notre sommeil, souvenir qui ne se précise que quand nous apprenons par les autres qu'effectivement il s'est passé telle ou telle chose pendant que nous dormions.

J'avais donné l'ordre, il y a quelque temps, qu'on frottât, le matin, avant de m'éveiller, un salon qui est à côté de ma chambre. Les deux premiers jours, ce bruit m'éveilla; mais depuis, je ne m'en suis pas aperçu. D'où peut venir cette différence? Ce sont les mêmes bruits à la même heure; je suis au même degré de sommeil; les mêmes sensations m'arrivent donc. D'où vient que je m'éveillais et que je ne m'éveille plus? Il n'y a à cela, ce me semble, qu'une seule explication : c'est que mon âme qui veille, et qui sait à présent d'où viennent ces sensations, ne s'en inquiète plus et ne réveille pas mes sens. Il est vrai que je ne conserve pas le souvenir de ce raisonnement; mais cet oubli n'est pas plus extraordinaire que celui de tant d'autres pensées qui traversent notre esprit tant dans l'état de sommeil que dans l'état de veille.

J'ajoute une remarque. Le bruit de la brosse sur le parquet de mon salon est infiniment plus faible que celui des énormes voitures qui passent dans la rue à la même heure, et qui ne troublent pas le moins du monde mon sommeil. J'étais donc éveillé par une sensation beaucoup plus faible qu'une foule d'autres que je recevais en même temps. Pourrait-on me dire pourquoi, dans l'hypothèse que le réveil est un fait fatal, dans lequel les sensations dissipent l'engourdissement des sens, et les sens celui de l'âme? Il est évident que mon esprit seul a dû faire que la sensation la plus faible m'éveillât: tout comme mon esprit seul peut faire, lorsque je lis dans ma chambre, que le bruit léger d'une souris qui trotte dans un coin me donne une distraction, tandis que l'énorme bruit d'une voiture qui passe et fait crier mes vitres ne m'en donne pas.

La même explication rend parfaitement compte de ce qui arrive à ceux qui dorment à côté des malades. Tous les bruits étrangers au malade sont sur eux sans effet; mais que le malade se retourne dans son lit, pousse un soupir, une plainte, que sa respiration devienne pénible et entrecoupée, aussitôt le gardien s'éveille, pour peu qu'il ait l'habitude de son état ou qu'il s'intéresse à la santé du malade. D'où viendrait ce discernement entre les bruits qui méritent qu'on s'éveille et ceux qui ne le méritent pas, si, lorsque les sens s'endorment, l'âme ne demeurait pas attentive, ne faisait pas sentinelle, ne jugeait pas les sensations que les sens apportent, et n'éveillait pas les sens selon qu'elle les trouve ou ne les trouve pas inquiétantes? C'est en se préoccupant fortement, avant de s'endormir, de l'idée qu'on doit être attentif à la respiration, aux mouvements, aux plaintes du malade, qu'on parvient à s'éveiller à tous ces bruits et à ne pas s'éveiller à tous les autres. L'habitude d'une pareille préoccupation donne cette faculté aux garde-malades de profession; le vif intérêt qu'elles portent à la santé du malade la donne également aux personnes de sa famille.

C'est d'une manière tout à fait semblable que nous

nous éveillons à une heure donnée, quand nous avons pris, en nous endormant, la ferme résolution de le faire. J'ai tout à fait cette propriété, et je remarque que je la perds, dès que je compte sur quelqu'un pour m'éveiller. Dans ce dernier cas, mon esprit ne se donne pas la peine de mesurer le temps ou d'écouter la pendule. Mais, dans le premier, il faut bien qu'il le fasse; autrement le phénomène serait inexplicable. Tout le monde a fait ou peut faire cette expérience. Quand elle ne réussira pas, on remarquera, si je ne me trompe, ou qu'on n'était pas assez intéressé à s'éveiller à l'heure fixée, ou qu'on ne s'était pas assez préoccupé la veille de l'idée de le faire, ou qu'on était extrêmement fatigué; car, lorsque les sens s'engourdissent fortement, d'une part ils apportent à l'âme des sensations plus sourdes des bruits indicateurs, et de l'autre ils résistent plus longtemps aux efforts qu'elle fait pour les éveiller, lorsque ces bruits sont arrivés jusqu'à elle.

Après une nuit passée dans cette attente, ordinairement on a le souvenir, au réveil, d'avoir été continuellement pendant le sommeil occupé de cette idée. L'âme veillait donc, et, pleine de sa résolution, attendait le moment. C'est ainsi que, quand on se couche très-préoccupé d'un sentiment ou d'une idée, on se souvient le matin d'avoir été durant toute la nuit poursuivi par cette idée. Dans ces occasions, le sommeil est léger, parce que, l'esprit n'étant pas calme, ses agitations troublent sans cesse l'engourdissement des sens. Quand l'esprit est calme, il ne dort pas d'avantage, mais il agit moins.

Il serait curieux de constater si les personnes qui ont la mémoire faible ou la tête fort légère ne sont pas plus incapables que les autres de s'éveiller à une heure donnée:

car ces deux circonstances doivent produire cet effet, si l'idée que je me fais du phénomène est exacte. Une tête légère ne sait point se pénétrer d'une résolution, ni se préoccuper fortement d'une pensée; d'une autre part, c'est la mémoire qui conserve le souvenir de la résolution qu'on a pris en s'endormant. Je n'ai pas eu l'occasion de faire là-dessus des expériences.

Il me semble qu'il suit invinciblement des observations précédentes :

1° Que les sens seuls s'engourdissent dans le sommeil, mais que l'esprit reste éveillé ;

2° Que quelques-uns de nos sens continuent de transmettre à l'esprit les sensations imparfaites qu'ils reçoivent ;

3° Que l'esprit juge ces sensations, et que c'est en vertu des jugements qu'il en porte qu'il éveille les sens ou ne les éveille pas ;

4° Que la raison qui fait que l'esprit éveille les sens, c'est que la sensation tantôt l'inquiète, parce qu'elle est inaccoutumée ou pénible, tantôt l'avertit qu'il doit éveiller les sens, parce qu'elle est le signe connu du moment où il doit le faire ;

5° Que l'âme a le pouvoir d'éveiller les sens, mais qu'elle n'y parvient qu'en surmontant par son action l'engourdissement qui les enchaîne ; et que cet engourdissement est un obstacle à vaincre, qui résiste plus ou moins selon qu'il est plus ou moins profond.

Si ces conclusions sont vraies, il s'ensuit qu'on peut s'éveiller à volonté et à des signes convenus; que l'instrument appelé *réveil-matin* n'agit pas tant par le bruit qu'il fait que par l'association que nous avons formée, en nous couchant, entre ce bruit et l'idée de nous éveiller; qu'ainsi un instrument beaucoup moins bruyant, et ne rendant même qu'un son très-faible, produirait probablement le même effet. Il s'ensuit encore qu'on peut s'accoutumer très-vite à dormir profondément au milieu des bruits les plus forts; qu'il suffit pour y parvenir, peut-être dès la première nuit, de se mettre dans l'esprit que ces bruits ne méritent pas de nous éveiller; que par là, chacun probablement peut aussi bien dormir dans un moulin que le meunier lui-même. Il s'ensuit encore que le sommeil des âmes fortes et courageuses doit être plus difficilement troublé, toutes choses égales d'ailleurs, que celui des âmes faibles et timides Quelques faits historiques pourraient être cités à l'appui de cette dernière conclusion.

Peut-être le sommeil somnambulique ou magnétique n'est-il pas si différent qu'on le pense du sommeil ordinaire. Au moins quelques-uns des phénomènes qu'il présente (et il est bon de remarquer que ce sont précisément les mieux constatés) ne semblent que des exemples plus saillants des faits que nous venons d'exposer. Supposons un engourdissement très-profond des sens, et un esprit fortement préoccupé de l'idée qu'il doit faire attention pendant son sommeil à certaines sensations extérieures et intérieures. Quand la voix du magnétiseur se fera entendre à son oreille, l'esprit du dormeur, reconnaissant les sons qu'il a résolu de remarquer, concentrera son attention sur ces sons, les comprendra et y répondra; car le sommeil, on le sait assez, n'ôte pas la faculté de parler. Si cette voix lui ordonne avec autorité de faire attention à ce qu'il éprouve dans certaines parties de son corps, et qu'il se soit déjà pénétré, en s'endormant, de la volonté de le faire, il obéira, et il discernera les plus petites sensations qui affecteront l'organe indiqué, tandis qu'il demeurera insensible à des sensations plus fortes qu'il éprouvera ailleurs. Endormez-vous avec l'idée que vous avez des punaises dans votre lit : les plus petites démangeaisons troubleront votre sommeil. C'est qu'elles attireront l'attention de votre esprit; et elles l'attireront parce qu'il est prévenu; s'il ne l'était pas, il ne remarquerait pas des démangeaisons beaucoup plus fortes. On conçoit aussi comment, l'esprit ayant la faculté d'éveiller les sens ou de ne pas les éveiller, le dormeur reste endormi tant que le magnétiseur le veut, et s'éveille aussitôt qu'il le lui ordonne ou qu'il le touche d'une manière convenue. Le fait de la communication qui s'établit entre le somnambule et le magnétiseur, et celui de la perspicacité du dormeur à démêler certaines sensations intérieures, ne sont donc point des faits extraordinaires et absolument étrangers au sommeil ordinaire. Ils peuvent s'expliquer, ce me semble, par les mêmes principes que tous ceux que j'ai rapportés ci-dessus.

Quant à l'ascendant que le magnétiseur exerce sur le magnétisé, ascendant presque illimité, et d'où dérive, selon nous et comme l'a si bien montré M. Bertrand dans son excellent ouvrage, une partie des merveilles du magnétisme, cet ascendant ne paraîtra pas non plus extraordinaire quand on aura lu les observations qui me restent à faire sur le sommeil ordinaire. Je reviens à ces observations en demandant pardon de l'excursion que je me suis permise sur les terres sacrées et redoutables du magnétisme.

## II

Je crois que si l'on étudiait bien l'état de l'âme pendant le sommeil d'après les faits très-nombreux et très-variés qu'on peut recueillir, on arriverait à cette conclusion, qu'il y a fort peu de différence entre cet état et ceux de *rêveries* et de *châteaux en Espagne* pendant la veille. Quand on est jeune et qu'on a quelque vie dans l'âme, on se livre volontiers à ces rêves charmants où l'imagination arrange le monde comme on l'aimerait et comme on le voudrait. Qui ne se souvient d'avoir joui de ses rêves comme de la réalité même, et d'avoir oublié, en s'y abandonnant, la nature fantastique de la compagnie dont on s'était entouré? Qui ne se souvient d'avoir ressenti avec bonne foi, au milieu d'aventures idéales et de personnages imaginaires, toutes les émotions que la réalité même aurait données? Et, quand quelque circonstance interrompait ces rêves, ne demeurait-on pas un moment surpris, comme on l'est lorsqu'on s'éveille au milieu d'un songe, l'esprit ne pouvant revenir si vite de ses illusions et distinguer tout à coup l'ombre de la réalité? N'éprouvait-on pas alors tout le désappointement qu'on ressent quand on est éveillé dans le cours d'un rêve agréable? Entre ces circonstances, que produit aussi la lecture d'un roman intéressant, et celles de l'état de rêve, tout est identique, à deux différences près. Dans le château en Espagne, l'esprit est artiste, il gouverne ses imaginations et les enchaîne, parce qu'il a un but; ce qui n'arrive pas dans le rêve. De plus, dans le château en Espagne, l'illusion n'est que très-rarement, peut-être jamais, aussi complète.

Cette dernière différence s'explique aisément: quand nous rêvons éveillés, nos sens ne sont pas, les uns fermés, les autres engourdis, comme dans le sommeil. Ils apportent donc de l'extérieur des sensations plus nombreuses et plus vives. Bien que l'esprit préoccupé n'y fasse pas grande attention, cependant elles l'entretiennent sourdement dans la conscience de sa situation. Cette conscience nous revient aussi de temps en temps dans les rêves, surtout quand le sommeil n'est pas très-profond, comme il arrive le matin dans le voisinage du réveil, ou lorsque nous sommes indisposés. Mais dans le sommeil profond, au milieu du silence de la nuit, ou lorsque ce silence n'est interrompu que par des bruits qui nous sont familiers, les sensations de l'extérieur sont si sourdes, si rares ou si indifférentes, que rien ne distrait l'esprit de ses pensées. Il y est tout entier et sans partage. On ne doit donc pas s'étonner si l'illusion est plus forte, si même elle est complète, tant qu'aucune cause ne vient distraire l'intelligence et la rappeler à la conscience de la réalité.

Tantôt cette cause est une sensation vive ou extraordinaire, venant du dehors, qui attire l'attention de l'esprit, et rompt sa préoccupation. C'est ce qui arrive aussi dans la veille, lorsqu'au milieu d'une rêverie agréable ou pénible, quelqu'un nous adresse la parole ou nous frappe sur l'épaule. Tantôt cette cause sort du rêve lui-même, lorsqu'il nous présente des circonstances si invraisemblables qu'elles choquent notre jugement, si agréables ou si fâcheuses que nous ne pouvons nous empêcher de rechercher si notre bonheur ou notre malheur est bien certain. Il arrive dans ces deux cas que, sans éveiller les sens, notre esprit, par la seule réflexion, retrouve la conscience de sa situation : nous

nous disons que nous rêvons et que nous ne sommes ni si heureux ni si malheureux que nous pensions; quand le rêve est beau, nous avons même du regret d'avoir réfléchi, et nous cherchons à retomber dans l'illusion. Tantôt enfin l'illusion se dissipe par cela seul que nos sens sortent peu à peu de l'état de sommeil. C'est ce qui arrive dans les rêves du matin, et ce phénomène est trop remarquable pour que tout le monde ne l'ait pas observé. Les sens reposés se dégourdissent peu à peu, et, tous les bruits qui s'étaient tus pendant la nuit renaissant autour de nous, les sensations de l'extérieur nous arrivent plus vives et plus nombreuses; notre esprit, sollicité en même temps par ces sensations et par les idées qui l'occupent, n'est ni tout à fait dupe, ni tout à fait détrompé : il se berce, pour ainsi dire, entre l'illusion et la réalité; il sent qu'il ne tient qu'à lui de s'éveiller et que le moindre effort suffirait pour achever de dissiper un engourdissement qui s'en va; il sent aussi qu'en demeurant tranquille et en continuant de contempler ses idées il peut prolonger l'état où il se trouve; en un mot, il a parfaitement conscience qu'il tient en ses mains le sommeil et la veille, et qu'il peut ordonner l'un ou l'autre. Rarement sortons-nous du sommeil tout à fait naturellement; cette hésitation finit presque toujours par un acte de l'âme, qui dissipe volontairement le reste d'assoupissement qui fermait nos yeux.

L'autre différence entre le rêve et le château en Espagne, c'est, comme nous l'avons dit, que dans le rêve nous ne dirigeons pas les démarches de notre pensée. Mais cette circonstance, non plus que celle que nous venons d'examiner, ne constitue point une différence essentielle entre l'état de l'âme pendant le sommeil et son état pendant la veille. Souvent aussi nous abandonnons pendant la veille la direction de notre pensée, et cela arrive dans l'état de pure rêverie, qui diffère en ce point de celui où nous faisons des châteaux en Espagne. Dans l'état de pure rêverie, nous laissons aller notre esprit à son gré : il part de l'idée qui l'occupait au moment où nous lâchons les rênes, et, celle-là lui en rappelant une autre, celle-ci une troisième, cette troisième une quatrième, et ainsi de suite, il voyage ainsi à l'aventure, et parcourt une série de pensées qui n'ont entre elles d'autre lien que les capricieuses associations qui les ont amenées à la file dans la mémoire. Il y a bien un rapport entre chaque idée et celle qui la précède ; mais, comme ces rapports sont infiniment divers et bizarres, l'esprit se trouve porté en quelques minutes à cent lieues de son point de départ. C'est ainsi qu'il va dans le sommeil, et de là l'inconséquence des rêves, qui n'est pas plus grande que celle de nos rêveries. Si nous pouvions nous souvenir au réveil de toutes les pensées qui se sont succédé dans notre esprit depuis que nous nous sommes endormis, je suis parfaitement convaincu que cette série d'idées nous présenterait les mêmes caractères que toutes celles qui se développent en nous lorsque nous rêvons éveillés. On trouverait la raison de chacune de ces idées dans la précédente, et le point de départ de la chaine dans celle qui était présente à notre esprit lorsque nos yeux se sont fermés. Alors on ne trouverait pas tant d'inconséquences dans nos rêves, ou bien on en reconnaitrait un peu plus dans les associations d'idées de la veille.

Peut-être, néanmoins, rencontrerait-on dans l'histoire intellectuelle d'une de nos nuits quelques sauts brusques, que la simple association des idées n'expliquerait pas. En effet, les sensations sourdes que nous recevons par les sens viennent se mêler dans nos rêves et y prendre des rôles. Un air qu'on joue sous nos fenêtres pendant notre sommeil devient tout à coup une circonstance du songe que nous faisons, et Dieu sait combien d'autres elle en amène. Walter Scott, dans son admirable *Antiquaire*, a fort bien tiré parti de cet effet. Il en est de même de tous les bruits que nous entendons. De là des séries d'idées qui n'ont pas leur raison dans les précédentes et qui rompent la chaîne de l'association. Il n'est pas étonnant que ces sensations trouvent si aisément place dans nos rêves : notre esprit ne gouvernant pas ses idées, mais s'y laissant aller, tout ce qui se présente l'occupe avec une égale facilité. Il en est de même dans nos rêveries : les sensations extérieures s'y font admettre sans peine ; elles s'y jettent comme des incidents ; elles y créent des épisodes ; quelquefois même elles en changent entièrement le cours.

Si notre esprit s'abandonne ainsi pendant le sommeil, c'est qu'il se repose. C'est en effet là sa manière de se reposer ; il n'en a pas d'autre. Ce qui le fatigue, ce n'est pas l'activité : l'activité est son essence ; l'absence de l'activité ne serait pas pour lui le repos, mais la mort ; ce qui le fatigue, c'est la direction de son activité, c'est la concentration de ses facultés sur un sujet. Cette concentration n'est pas de son essence : sa nature est de connaitre à la première vue. S'il suivait son penchant naturel, il ne se fixerait pas ; il ne se fixe, il ne s'applique, il ne se concentre, que parce qu'il ne discerne pas du premier coup. Et, s'il ne discerne pas du premier coup, ce n'est pas la faute de sa nature, c'est la faute de ses organes, misérables instruments qui lui ont été imposés et qui sont comme les vitres sales de sa prison. Cette concentration, qu'on appelle *attention*, le fatigue, parce qu'elle est un effort étranger à son allure naturelle. C'est ainsi que nous nous fatiguons lorsque nous marchons sur la pointe des pieds. Aussi lui est-il doux de retourner à son allure naturelle ; et il y resterait éternellement, si la nécessité ne l'en arrachait. Mais, dans la condition humaine qu'il subit, il ne peut rien que par l'attention ; il est obligé de gagner la vérité, comme toute chose, à la sueur de son front. Il travaille donc toute la journée comme le corps; mais, quand vient la nuit, il se sent fatigué comme son compagnon, et, convié au repos par l'assoupissement des organes qui l'entourent, il se dépouille de sa volonté, comme l'esclave de ses chaînes, et s'abandonne à sa libre nature. Quelquefois aussi il se donne congé pendant le jour, et il a si bien conscience de l'identité de ces deux états, qu'il appelle l'un l'état de *rêve*, et l'autre l'état de *rêverie*.

Tout prouve donc que l'esprit dans le sommeil n'est pas, comme le corps, dans un état spécial ; tout prouve surtout qu'il ne dort pas. Je pourrais ajouter bien d'autres faits à ceux que j'ai analysés; mais mon projet n'est pas de traiter le sujet dans toute son étendue : il y faudrait un volume ; je voulais seulement présenter quelques vues et mettre en mouvement quelques idées sur cette matière intéressante.

# V

### DES FACULTÉS DE L'AME HUMAINE

(1828) [1]

Dans la science psychologique on désigne par ce mot les différentes capacités naturelles de l'âme humaine. Ainsi, la *mémoire* est une de nos facultés, parce que nous avons naturellement la capacité de nous souvenir ; la *sensibilité* en est une autre, parce que naturellement aussi nous avons la capacité de sentir.

De même qu'on ne connaît les choses que par leurs *propriétés*, de même on ne connaît l'âme que par ses *facultés*. Un traité complet des facultés de l'âme embrasserait donc la psychologie tout entière ; nous ne saurions songer à placer ici un pareil travail. Nous laisserons donc de côté, dans ce qui va suivre, les lois particulières de chaque faculté, et nous nous bornerons à présenter à nos lecteurs quelques considérations sur la nature commune de nos facultés, sur leur nombre, et sur la manière de les étudier. La question, renfermée dans ces limites est encore si vaste, que nous serons forcés

---

[1] *Encyclopédie moderne*, tome XII.

de rejeter les développements et de nous en tenir à des indications rapides.

Nous ne savons que l'âme humaine possède certaines facultés, que parce que nous voyons en elle certains phénomènes se produire. Ainsi, parce que nous observons qu'elle sent, qu'elle pense, qu'elle se souvient, nous en concluons qu'elle a la capacité de sentir, la capacité de penser, la capacité de se souvenir ; et ce sont ces capacités que nous appelons ses facultés. Les facultés de l'âme humaine ne sont donc que les capacités diverses que supposent en elle les diverses espèces de phénomènes que nous voyons s'y produire. Mais, à ce compte, toutes les choses du monde auraient aussi des facultés : en effet, il n'en est pas une qui ne manifeste certains phénomènes spéciaux qui supposent en elles certaines capacités spéciales. Ainsi, le feu produit de la chaleur : il a donc la capacité de la produire ; le métaux conduisent l'électricité : ils ont donc la capacité de la conduire ; le bois brûle : il a donc la capacité de brûler. Le feu, les métaux, le bois, toutes les choses que nous connaissons, auraient donc des facultés comme l'âme humaine.

Cependant nous voyons que le langage se refuse à accorder des facultés aux choses ; il reconnaît en elles les capacités dont nous venons de parler, mais il les appelle d'un autre nom. On dit que le bois a la *propriété* de brûler, et le feu de répandre de la chaleur ; on ne dit pas que le bois a la *faculté* de brûler, et le feu la *faculté* de répandre de la chaleur. On dit de même que l'arbre a la *propriété* de produire des fruits ; on ne dit pas qu'il en ait la *faculté*. Cependant, la combustion, la chaleur, la formation des fruits, sont des effets comme le souvenir et la sensation, et ces effets supposent dans le bois, dans le feu, dans l'arbre, certaines qualités spéciales sans lesquelles leur production serait impossible. D'où vient donc que la langue établit une différence entre ces capacités et les nôtres, et nomme les unes *propriétés*, tandis qu'elle appelle les autres *facultés* ? Cette différence est trop profondément consacrée par l'usage, et trop universellement admise dans toutes les langues, pour qu'elle ne provienne pas d'une différence réelle dans les choses. Il s'ensuit que les capacités naturelles de l'âme humaine ont un caractère spécial qui les distingue des capacités naturelles des choses. Il faut chercher à découvrir et à déterminer ce caractère.

Ce qui distingue une chose d'une autre, c'est qu'elle a des propriétés ou des capacités naturelles différentes. L'homme, ayant des capacités spéciales, est, à ce titre, comme toutes les choses possibles, un être d'une espèce particulière, et qui mérite un nom particulier. Mais, indépendamment de cette spécialité de nature, qui lui est commune avec toutes les choses du monde, car toutes les choses du monde ont leur nature spéciale, il jouit d'un privilége tout particulier, et qui le sort de la foule : c'est celui de pouvoir disposer de ses capacités naturelles. Il a non-seulement des capacités spéciales, comme chaque chose en a, et, par exemple, celle de penser, de se souvenir, de se mouvoir ; mais, de plus, il gouverne ces capacités, c'est-à-dire qu'il les tient dans sa main, et s'en sert comme il veut. Ainsi, il se meut comme il veut, il dirige sa mémoire, il applique sa pensée où il veut ; en un mot, il est maître de lui et des capacités qui sont en lui. Or, il n'en est pas ainsi dans les choses : elles ont aussi des capacités naturelles, mais il n'y a point en elles de pouvoir autonome qui s'approprie ces capacités et qui les gouverne. Ainsi, l'arbre a beaucoup de capacités naturelles ; mais elles se développent en lui sans sa participation : ce n'est pas lui qui les dirige, c'est la nature ; elles existent en lui, elles opèrent en lui, mais elles ne lui appartiennent pas, et ce qu'elles produisent ne saurait lui être attribué.

Le pouvoir que l'homme a de s'emparer de ses capacités naturelles et de les diriger fait de lui une *personne;* et c'est parce que les *choses* n'exercent pas ce pouvoir en elles-même, qu'elles ne sont que des choses. Telle est la véritable différence qui distingue les choses des personnes. Toutes les natures possibles sont douées de certaines capacités ; mais les unes ont reçu par-dessus les autres le privilége de se saisir d'elles-mêmes et de se gouverner : celles-là sont des personnes. Les autres en ont été privées, en sorte qu'elles n'ont point de part à ce qui se fait en elles : celles-là sont les choses. Leurs capacités ne s'en développent pas moins ; mais c'est exclusivement selon les lois auxquelles Dieu les a soumises ; c'est Dieu qui gouverne en elles ; il est la personne des choses, comme l'ouvrier est la personne de la montre. Ici la personne est hors de l'être ; dans le sein même des choses, comme dans le sein de la montre, la personne ne se rencontre pas ; on ne trouve qu'une série de capacités qui se meuvent aveuglément, sans que la nature qui en est douée sache même ce qu'elles font. Aussi ne peut-on demander compte aux choses de ce qui se fait en elles ; il faut s'adresser à Dieu, comme on s'adresse à l'ouvrier et non à la montre, quand la montre va mal.

De l'existence du pouvoir personnel dans l'homme, et de son absence dans les choses, résulte une différence entre les capacités naturelles de l'homme et celles des choses. En effet, nous régnons sur nos capacités naturelles et nous nous en servons, tandis que les choses ne diposent pas des leurs et ne s'en servent pas. Le langage a eu le sentiment de cette différence, et il l'a tout à la fois exprimée et consacrée en nommant *facultés* les capacités naturelles de l'homme, et *propriétés* les capacités naturelles des choses. En vertu du pouvoir que nous exerçons en nous-mêmes, nous nous saisissons de nos capacités naturelles, et dans notre main ces capacités deviennent des *facultés*, c'est-à-dire des instruments que nous retenons, que nous précipitons, que nous dirigeons, que nous appliquons à notre gré. C'est parce que ce pouvoir n'existe pas chez les choses, que leurs capacités naturelles restent de simples *propriétés*. La capacité de marcher ne serait en nous qu'une simple propriété comme celle de sécréter la bile, si nous n'avions le pouvoir de marcher ou de ne pas marcher, de marcher vite ou lentement, à gauche ou à droite, selon notre volonté. Mais, comme nous gouvernons cette capacité naturelle, elle est en nous une *faculté*. Telle est la véritable force de ce mot. Si donc, pour le dire en passant, nous n'étions, comme le prétendent quelques physiologistes et même quelques philosophes, qu'une espèce d'alambic, où les idées, les images, les souvenirs, les déterminations et les actes, se distillent sous l'influence d'une excitation extérieure, il faudrait commencer par réformer la langue qui consacrerait de vaines distinctions entre des choses identiques. Mais, comme ces distinctions reposent sur des faits, on peut espérer que la langue tiendra bon, et survivra aux savants systèmes qui établissent entre les hommes et les plantes une fraternité si honorable pour celles-ci.

Les différentes applications du mot *faculté* confirment unanimement l'interprétation que nous lui donnons, et avec elle la réalité du caractère par lequel les capacités de l'homme se distinguent de celles des choses. Ainsi, ce n'est point avec la même assurance que nous appliquons à toutes les capacités de notre être cette dénomination de *faculté*, et nous ne sentons pas, par exemple, dans cette expression *faculté de sentir*, la même propriété que dans cette autre, *faculté de penser* ou *d'agir*. C'est qu'en effet, la *sensibilité* est moins à nos ordres, moins à nous, que l'*intelligence* ou l'*activité locomotrice*. Pareillement, nous voyons l'usage étendre cette dénomination à diverses propriétés de notre corps, sur lesquelles notre volonté a quelque prise, et la refuser à toutes celles qui échappent entièrement à son autorité. L'usage veut aussi que les animaux aient des facultés, et il a raison : car les animaux ont aussi une certaine personnalité et exercent un empire évident sur quelques-unes de leurs capacités naturelles. Mais, quoique la plante manifeste une foule d'effets qui dérivent des capacités de son organisation, ces capacités ne sont dans toutes les langues que des *propriétés*, parce qu'il n'y a point en elle de pouvoir personnel qui s'approprie ces capacités et les gouverne. La nature règne dans la plante et non point la plante elle-même : elle est le théâtre et non le principe des phénomènes qu'elle manifeste ; elle est une *chose*, et non point une *personne;* et le langage, dont la logique est admirable, lui donne ce qu'elle a, et lui refuse ce qu'elle n'a pas.

On voit que c'est le même fait qui constitue la *personnalité* dans un être, et qui imprime à ses capacités naturelles le caractère de *facultés*. Ce fait est la *liberté*, ou, si l'on aime mieux, le *pouvoir personnel ;* car il importe peu de quel nom on appelle cette capacité suprême qui donne aux êtres qui en sont doués le privilége de disposer d'eux-mêmes. Aussi, toutes ces choses croissent et décroissent ensemble. Plus le pouvoir autonome est parfait dans un être, plus aussi cet être est une *personne*, plus, en même temps, ses capacités sont des *facultés*. Ainsi, parce que nous avons sur nous-mêmes, ou, ce qui revient au même, sur les pouvoirs naturels qui sont en nous, un empire plus grand que les animaux, nous sommes bien plus qu'eux des *personnes*, et, bien plus que les leurs, nos capacités sont des *facultés*. Plus un homme a d'empire sur soi, et régit puissamment ses diverses facultés, plus, par cela même, il est *homme*, moins il est *chose*; plus aussi ses capacités naturelles sont à lui et méritent le nom de *facultés*. L'homme se rapproche des choses quand il délaisse cet empire qu'il dépend de lui de prendre, quand, au lieu de s'approprier ses facultés, il les abandonne à leur propre mouvement, et reste paresseusement endormi au milieu d'un mécanisme dont il lui a été donné de gouverner tous les ressorts.

Il y a donc dans l'âme humaine des capacités naturelles comme dans tous les êtres, et, par-dessus, un pouvoir personnel qui les gouverne, et qui, en les gouvernant, en fait des facultés a lui. Tel est le résultat de ce qui précède. Nous devons maintenant examiner la nature, les limites et les conséquences de cet empire ; en d'autres termes, nous devons déterminer la condition des capacités naturelles de l'âme sous le régime du pouvoir personnel.

Un premier fait mérite d'être constaté dans cette recherche : c'est que l'empire du pouvoir personnel sur nos capacités naturelles ne s'exerce point sans interruption. Comme un ouvrier prend et quitte tour à tour ses instruments, nous sentons la volonté tantôt se saisir des capacités de notre nature et les employer à ses desseins, tantôt les délaisser et les abandonner à elles-mêmes; et, ce qu'il y a de remarquable, c'est que, dans ce dernier cas, nos capacités naturelles n'en marchent pas moins pour être délaissées par le pouvoir personnel. Elles se développent sans son secours, et vont fort bien sans lui ; seulement, quand elles vont sans lui, elles ne vont pas pour lui ; leur développement, en cessant d'être sous sa direction, cesse de s'opérer au profit de ses volontés. Ce dernier fait est très-facile à vérifier. Ainsi, la capacité sensible est souvent à notre service : nous l'employons comme une pierre de touche, pour découvrir les propriétés bonnes ou mauvaises, utiles ou nuisibles, belles ou laides des choses ; nous nous en servons aussi, comme d'un instrument de plaisir, pour goûter ce qu'il y a d'agréable, de beau et de bon dans les objets ; mais, plus souvent encore, elle est libre de toute direction personnelle. Pour peu, par exemple, que notre esprit soit occupé, nous ne nous inquiétons plus de notre sensibilité, qui est alors parfaitement abandonnée à elle-même et qui, toutefois, ne cesse pas d'aller. Sans nous, elle reçoit des sensations ; sans nous, elle développe, à la suite de ces sensations, une foule de mouvements passionnés qui en sont la conséquence, et que nous n'avons ni cherchés ni permis. Il en est de même de nos capacités intellectuelles : à chaque instant nous nous en servons ; mais, à chaque instant aussi, les rênes nous échappent ; et alors nous sentons notre mémoire, notre imagination, notre entendement, se mettre en campagne sans notre congé, courir à droite et à gauche comme des écoliers en récréation, et nous rapporter des idées, des images, des souvenirs trouvés sans notre secours, et que nous n'avions pas demandés. Enfin, la plus soumise de nos capacités naturelles, cette énergie intime par laquelle nous mettons notre corps en mouvement, et qu'on peut appeler *activité locomotrice*, cette énergie même ne périt pas quand nous cessons de nous en servir : au sein du repos le plus profond, nous la sentons vivre au-dedans de nous et presser de toutes parts les ressorts du mécanisme qu'elle anime ; elle se développe dans ces instants-là même, et produit dans tout le corps une foule de mouvements que nous n'avons pas voulus. Mais, soit qu'un reste de surveillance volontaire ne cesse jamais entièrement de la retenir, soit qu'ayant affaire à des organes matériels rudes à manier, elle ne puisse les ébranler sans que toutes ses forces soient concentrées sur un point par le pouvoir personnel, elle ne produit point à elle seule de grands mouvements ; et bien nous en prend : car, s'il n'en était pas ainsi, elle pourrait nous conduire dans la rivière pendant que notre volonté s'occuperait d'autre chose. Toutefois, elle continue de se développer comme nos autres capacités naturelles, quoiqu'elle n'en donne pas des marques si évidentes.

Ordinairement notre pouvoir personnel ne se retire pas en même temps de toutes nos facultés, et c'est presque toujours parce qu'il est très-occupé à en diriger une qu'il délaisse les autres. Ainsi, jamais l'activité locomotrice et la sensibilité ne sont plus abandonnées à elles-mêmes que dans les moments où nous sommes plongés dans une méditation profonde ; c'est qu'alors la volonté est tout entière à la direction de l'intelligence. Mais il arrive aussi quelquefois que la défaillance est générale, c'est-à-dire que le pouvoir personnel abdique entièrement, et lâche en même temps les rênes à toutes nos facultés. C'est ce qu'on peut observer dans ces moments où, le corps étant dans un repos parfait, et la sensibilité à peine effleurée par quelques sensations légères, nous laissons aussi aller notre mémoire, notre imagination et notre pensée comme elles le veulent, et tombons dans ce qu'on appelle l'état de rêverie. Notre personnalité n'est pas éteinte ; elle surveille encore le jeu naturel des capacités qui l'entourent; elle a la conscience qu'elle peut, quand elle le voudra, s'en ressaisir ; mais, pour le moment, elle ne gouverne pas ; elle laisse tout aller; elle se repose. Dans cet état toutes nos capacités se meuvent de leur mouvement propre et selon leurs lois, non selon les nôtres et par notre impulsion. L'homme s'est retiré, et notre nature vit comme une chose; tout ce qui se passe en nous est fatal ; nous sommes retombés sous la loi de la nécessité, qui se joue de nous comme elle se joue de l'arbre et des nuages. Et cependant nous sentons que nous pouvons renaitre, rentrer en rois dans ces domaines délaissés et les ressaisir sur la fatalité. Jamais nous n'apercevons mieux qu'alors la distinction de ce qui est nous et de qui n'est que nôtre en nous. Nos capacités sont nôtres et ne sont pas nous; notre nature est nôtre et n'est pas nous ; cela seul est nous qui s'empare de notre nature et de nos capacités, et qui les fait nôtres ; nous sommes tout entiers dans ce pouvoir que nous avons de nous posséder ; c'est l'acte de ce pouvoir qui nous crée, qui nous constitue; sans cet acte il n'y aurait rien de nôtre en nous, parce qu'il n'y aurait rien en nous qui fût nous. Tout ce qui est nôtre cesse de l'être dès que ce pouvoir cesse d'agir, dès que cet acte ne se fait plus ; ou, si dans le repos de ce pouvoir, dans l'absence de cet acte, nous sommes encore nous et regardons encore comme nôtres et cette nature et ces capacités qui vont sans nous, c'est uniquement parce que nous avons la conscience que ce pouvoir vit dans son repos, qu'il garde la vertu de faire cet acte et de reprendre par lui tout ce qu'il a momentanément délaissé.

C'est cette même défaillance de la personnalité qui

constitue l'état de l'âme pendant le sommeil. L'effort qu'exige la direction de nos capacités est la seule chose qui nous fatigue; car nos capacités elles-mêmes ne se lassent point d'aller; aller, pour elles, c'est vivre. Rien ne se lasse donc dans notre âme que la volonté ou l'énergie personnelle; elle seule a donc besoin de repos; elle seule aussi se repose dans le sommeil; les capacités continuent à se développer; mais nous ne continuons pas à les diriger. Elles agissent donc tandis que nous n'agissons pas; parce qu'elles agissent, nous continuons à sentir ce qu'elles font; parce que nous n'agissons pas, nous cessons presque de nous sentir nous-mêmes; et plus s'affaiblit le sentiment de nous-mêmes, plus devient vive la conscience des images, des idées, des souvenirs, des sensations, des mouvements qu'elles produisent : à tel point que nous finissons par nous oublier et par tomber sous l'illusion de cette fantasmagorie qu'elles jouent devant nos yeux, et qui, n'étant point réglée par notre volonté, est la plus bizarre et la plus capricieuse du monde. Tel est l'état de rêve ou de sommeil (car dormir c'est rêver), qui n'est autre chose que l'inertie du pouvoir personnel avec toutes ses conséquences. L'état de rêve n'est que l'état de rêverie plus prononcé. Dans celui-ci la personnalité ne gouverne pas plus, mais elle veille davantage, et par cela même se sent mieux, et par cela même se distingue mieux des capacités qui vont sans elle : ce qui fait qu'elle est moins la dupe de tout ce qu'elles produisent. Toutefois, dans le sommeil même, l'engourdissement de la personnalité n'est point complet; elle conserve une sorte de jugement sourd qui se révèle de mille manières dans les phénomènes propres à cet état. Mais ce n'est pas ici le lieu d'analyser ces phénomènes.

Non-seulement le pouvoir personnel ne gouverne pas toujours nos capacités naturelles; mais il est facile de prouver qu'elles se sont primitivement mises en mouvement et développées sans lui. En effet, nous ne nous saisissons d'une de nos capacités, pour nous en servir, que parce que nous savons qu'elle existe et qu'elle est un instrument convenable à notre dessein. Ainsi, nous ne voulons nous souvenir que parce que nous savons que nous le pouvons. Or, comment saurions-nous que nous pouvons nous souvenir, comment saurions-nous même ce que c'est que se souvenir, si jamais nous ne nous étions souvenus? Il faut donc, de toute nécessité, que nous nous soyons souvenus spontanément une première fois, pour que nous ayons pu ensuite vouloir nous souvenir. Le même raisonnement s'applique à toutes nos facultés. Avant d'avoir vu, d'avoir senti, d'avoir remué, d'avoir formé une idée, l'enfant ne savait pas qu'il pouvait voir, sentir, agir et penser. Ignorant que ces capacités étaient en lui, il ne pouvait songer à s'en servir, ni, par conséquent, à s'en emparer et à les diriger. Il a donc fallu que ces capacités s'éveillassent d'elles-mêmes, et se développassent d'abord de leur propre mouvement, et sans le secours de sa volonté. Ainsi, la personnalité est en nous un fait postérieur au développement de nos facultés naturelles; en d'autres termes, avant de s'emparer d'elle-même, notre nature était douée de certaines capacités qui, d'abord, se sont développées en elle comme les propriétés se développent dans les choses. C'est ce développement spontané qui lui a donné la conscience des différents pouvoirs dont elle est douée; et c'est alors seulement qu'elle a pu vouloir s'emparer de ces capacités, les diriger et s'en servir. Le jour où elle l'a fait, elle est sortie de la classe des choses, et la personne humaine a brisé l'œuf où elle avait sommeillé jusque-là. A présent, quand nous cessons de gouverner nos facultés, elles retournent à cette indépendance primitive et naturelle : c'est-à-dire qu'elles vont de leur mouvement propre et non du nôtre, obéissant à la fatalité, comme les propriétés dans les choses, et non plus à la volonté libre et intelligente de la personne.

Il n'est pas impossible d'observer la naissance de la personnalité dans le développement des facultés extérieures de l'enfant. D'abord, il ne sait se servir ni de ses bras, ni de ses yeux; il est évident qu'il voit avant de regarder, et qu'il remue avant de diriger ses mouvements. Bientôt on voit poindre un commencement de volonté, c'est-à-dire de direction, dans ces deux capacités; mais cette volonté ne devient pas maîtresse du premier coup; il lui faut du temps pour substituer sa direction au développement spontané. Une sorte de lutte s'établit entre les deux impulsions qu'on voit triompher tour à tour. Enfin, à la longue, la volonté dompte et discipline ces deux capacités, et les yeux et les bras de l'enfant deviennent ce qu'ils doivent être, des instruments soumis qui obéissent docilement à ses désirs.

Une chose bien remarquable, c'est que, chez les hommes dont la volonté paresseuse néglige la direction de certaines facultés, ces facultés semblent s'accoutumer à cette indépendance, et ne se laissent reprendre et gouverner de nouveau qu'avec une incroyable résistance. Ainsi, quand nous avons pris l'habitude de laisser flotter à son gré notre faculté de penser, ce n'est qu'à grand'peine et par des efforts soutenus que nous pouvons l'appliquer et la fixer sur un objet; à chaque instant elle nous échappe et nous sommes obligés de courir après, de la ramener, et de peser, pour ainsi dire, sur elle de tout le poids de notre autorité pour la retenir. C'est cette même négligence qui fait que certaines personnes ne peuvent contenir la fougue de leurs sentiments. En général, notre autorité en nous-mêmes ne s'entretient que par un exercice continuel; c'est aussi par là seulement qu'elle peut croître et qu'elle devient facile. La mesure de cette autorité est aussi celle de la dignité de l'homme, parce que cette autorité est l'homme même.

Il y a trois degrés principaux dans l'établissement de cette autorité, et ces trois degrés constituent trois états intérieurs différents, autour desquels viennent se grouper toutes les nuances de dignité morale dont la conscience humaine présente le spectacle. Naturellement, les capacités sont insoumises, parce que l'autorité de la volonté leur impose une direction qui contrarie leur pente naturelle. Or, la plupart des hommes laissent leurs capacités dans cet état d'insubordination, ou tout au plus en soumettent une ou deux dont le service docile est indispensable à la profession qu'ils exercent. Il suit de là que, chaque capacité se déployant à l'aventure, tout en eux est l'image de l'anarchie et du désordre; au lieu que l'homme règne sur elles, ainsi qu'il le devrait, elles règnent sur lui, et il est l'esclave de toutes les sensations, de toutes les passions, de toutes les erreurs, de toutes les imaginations, de toutes les folies qu'elles enfantent. Une circonstance se présente-t-elle qui exigerait l'action prompte et vigoureuse de l'une de ces facultés : en vain la volonté essaie de l'employer; comme elle n'a pas été accoutumée à servir, elle résiste à ses ordres et la laisse impuissante ou faible là où elle aurait dû triompher. L'expérience répétée de cette impuissance jette l'homme dans un profond découragement, et, s'il se rend justice, dans un mécontentement de lui-même qui le rend très-misérable. Le plus souvent il ne trouve pas la force de sortir de cet état : effrayé des difficultés, corrompu par l'habitude de la faiblesse, il s'abandonne, il renonce à soi-même, et, continuant à déchoir, de lâcheté en lâcheté il tombe presque au niveau des choses, finit par s'y oublier, et présente le triste spectacle d'une noble nature abrutie et dégradée par sa propre faute.

Il n'y a qu'un moyen d'échapper à cette déplorable destinée, c'est d'établir en soi, à la sueur de son front, l'empire de la volonté. La tâche est plus facile dans certaines natures que dans d'autres, et c'est un des bienfaits d'une bonne éducation d'y préparer l'homme dans l'enfance et de lui en rendre l'accomplissement moins pénible. Mais les plus heureuses dispositions et l'éducation la mieux dirigée ne peuvent qu'adoucir la lutte et ne sauraient en dispenser. Beaucoup d'âmes, obéissant à de nobles impulsions, embrassent cette lutte généreuse dans les beaux jours de la jeunesse; mais bien peu la soutiennent avec constance. La plupart ne tardent pas à céder à la fatigue, et, sans renoncer au combat, passent leur vie dans des alternatives de courage et de faiblesse qui les rendent tour à tour heureuses ou malheureuses, fières ou mécontentes d'elles-mêmes, et qui les tiennent à égale distance de la dégradation et de la sainteté morales. Celles-là ont peut-être des grâces à rendre à la brièveté de la vie : car, si leur dignité morale se sauve, c'est le plus souvent parce qu'elles n'ont pas eu le temps de la perdre. En pareille affaire, flotter entre la victoire et la défaite, c'est être plus près de la défaite que de la victoire, car la défaite est plus naturelle que la victoire. Toutefois la lutte, à quelque degré qu'elle existe, est noble; mais elle n'est sublime que quand elle est persévérante, et elle l'est d'autant plus qu'elle est plus pénible et plus longue. La lutte persévérante est aussi la seule qui, dans la courte durée de cette vie, puisse conduire l'homme à ce troisième degré de dignité personnelle qui est le plus haut point de perfection qu'il lui soit donné d'atteindre.

Dans ce troisième état, dont le caractère est la beauté, les capacités sont tellement rompues à l'obéissance par l'effet d'une longue et sévère discipline, qu'elles se plient sans résistance à tous les ordres de la volonté, et jouent sous sa main avec la même facilité que les touches d'un instrument sous les doigts d'un musicien habile. Toute lutte a cessé, et la volonté, heureuse d'un empire facile, gouverne presque sans y penser, et fait des prodiges avec un abandon plein de grâce. A voir comme elle règne, on croirait que son autorité est naturelle, et l'on dirait d'un ange qui n'a jamais connu les fatigues de la pensée, les orages des passions, et les révoltes d'une sensibilité capricieuse. Une ineffable harmonie éclate dans tout ce qu'elle fait, parce que toutes ses facultés, dociles à sa voix, concourent à ses moindres desseins dans la mesure qu'elle veut et avec une égale aisance. Aussi, tout ce qu'elle fait est plein et achevé : comme tout effort a disparu, l'énergie de la personnalité paraît moins dans cet état que dans la lutte; l'homme y est moins imposant, mais plus aimable; moins sublime, mais plus beau. C'est la différence du chêne qui, sur le sommet d'un rocher escarpé, résiste à la tempête éternelle qui l'assiége, et développe, malgré les vents, ses branches courtes mais vigoureuses, et du platane majestueux qui, dans le fond d'une heureuse vallée, élève paisiblement sa tête vers le ciel, et répand de tous côtés avec une harmonieuse profusion la richesse de son feuillage.

Il y a, comme on le voit, des degrés infinis dans l'empire que nous pouvons prendre sur nos capacités. Cet empire varie d'un individu à l'autre, au point qu'il n'y en a peut-être pas deux chez lesquels il ait la même étendue. Il est extrèmement limité chez le plus grand nombre, parce que, les capacités étant naturellement insoumises, il faut, pour les asservir à la volonté, un travail sur soi-même et des efforts dont peu d'hommes s'avisent ou se donnent la fatigue. Quelques-uns seulement entreprennent cette lutte, bien peu la soutiennent avec persévérance ; et ceux-là sont en très-petit nombre qui, dans la courte durée de cette vie, atteignent au but et obtiennent une autorité complète et facile. Outre ces différences, il en est d'autres. On voit des hommes qui ont le plus grand pouvoir sur une de leurs facultés, et qui n'en ont point ou presque point sur les autres : ainsi le philosophe, accoutumé à réfléchir, dispose avec la plus grande facilité de ses facultés intellectuelles, et souvent n'a aucun empire sur ses passions ; d'autres ont beaucoup d'autorité sur leurs passions, qui ne sauraient fixer leur intelligence et l'attacher à un sujet ; on trouve des hommes qui n'ont rien de soumis en eux que leurs doigts ; enfin d'un jour, et, presque d'une minute à l'autre, la puissance volontaire s'affaiblit ou s'accroît dans le même individu : tantôt molle et languissante, tantôt énergique et active, elle monte et descend incessamment, et, avec elle, la personnalité qu'elle constitue.

Quand l'homme parvient à une grande vieillesse, il finit ordinairement par où il a commencé, c'est-à-dire par cette vie impersonnelle qui précède dans l'enfant la naissance de la volonté ; et de là cette observation si vulgaire que le vieillard redevient enfant. On observe en effet chez les vieillards un affaiblissement considérable et progressif du pouvoir personnel : il semble que la volonté, fatiguée du long service qu'elle a fait, abandonne sa tâche au soir de la vie, et s'assoupisse peu à peu en attendant le sommeil de la mort. L'extrême vieillesse rappelle à la fois l'idée du sommeil et celle de l'enfance : c'est qu'en effet le sommeil, l'enfance, la vieillesse, ne sont que le même phénomène sous trois formes différentes, c'est-à-dire la faiblesse de la personnalité, qui s'éveille dans l'enfant, qui se repose dans l'homme endormi, et qui défaille dans le vieillard. L'affaiblissement des organes, qui rend l'exercice des fonctions plus pénible, pourrait bien contribuer au découragement de la volonté chez les vieillards; mais nul doute aussi qu'en cessant de s'en servir, la volonté à son tour ne contribue à l'affaiblissement des facultés : car c'est une remarque qui mérite encore d'être faite, que l'empire de la volonté sur nos capacités contribue à les développer, comme si, en leur imprimant une direction forcée, elle les rendait plus souples, plus subtiles et plus nerveuses. Nos capacités ne laissent jamais d'être en en mouvement, soit que nous nous en servions, soit que nous les délaissions; mais on observe qu'elles baissent quand on les néglige, et qu'elles se fortifient quand on les emploie. Les sens acquièrent une prodigieuse finesse chez les personnes que leur profession ou leur manière de vivre obligent à s'en servir souvent ; il en est de même de la sensibilité pour le beau chez celles qui cultivent les arts, de la faculté de penser chez les philosophes, ou d'imaginer chez les poëtes; tandis que, chez les personnes qui mènent une vie oisive et matérielle, l'intelligence, l'imagination, la sensibilité déclinent rapidement. L'activité locomotrice croit de même par l'exercice, et décroit dans la vie sédentaire, comme il arrive aux femmes et aux commis. Ainsi, non-seulement on s'avilit, mais encore on s'abrutit, lorsqu'on néglige de développer en soi la puissance qui distingue l'homme des choses, qui le fait semblable à Dieu, et qui est tout son titre à la monarchie de la création.

Tous ces faits devaient être exposés rapidement, parce qu'ils conduisent à des conséquences, peut-être neuves, et à coup sûr très-importantes, tant pour l'intelligence de l'homme en général que pour celle du système de ses facultés en particulier. En effet, pour ce qui regarde l'étude de nos facultés, il en résulte qu'il n'en est pas une qui ne se développe tour à tour en nous, tantôt comme simple propriété de notre nature, libre du joug et des directions du pouvoir personnel, tantôt comme faculté, c'est-à-dire comme instrument de ce même pouvoir : ce qui donne à chacune de nos facultés une double forme à laquelle la plupart des philosophes n'ont rien compris, et où quelques-uns ont commis la méprise de voir deux facultés. Et, quant à ce qui touche la connaissance générale de l'homme, il en résulte également : 1° qu'il y a deux éléments très-distincts en nous, quoique l'un ait sa racine dans l'autre, la chose d'une part et la personne de l'autre, la nature humaine avec ses capacités soumises à des lois fatales, et le pouvoir extraordinaire que cette nature développe dans cette vie et au moyen duquel elle s'empare de la fatalité en elle et s'en sert comme d'un instrument; 2° que ces deux éléments constituent en nous deux vies distinctes, la vie impersonnelle et la vie personnelle; 3° que nous sommes *choses* avant de devenir *personnes*, et vivons de la vie des choses avant de vivre de la vie personnelle; 4° que la personne défaille quelquefois en nous, et qu'il y a, par conséquent, des moments dans notre existence où nous redevenons choses et vivons d'une vie purement impersonnelle ; 5° que souvent la personne s'éteint en nous avant la vie, et qu'ainsi plus d'une créature humaine finit par où toutes commencent, c'est-à-dire par ce mode d'existence qui est celui des choses ; 6° qu'enfin tant que subsiste en nous la personnalité, elle est sujette à des variations continuelles, non-seulement d'homme à homme, mais de moment en moment dans le même homme : en sorte que, dans l'échelle qui part des choses et s'élève jusqu'à la personnalité parfaite, il n'y a pas un degré où l'homme ne puisse descendre ou monter, sans que pour cela la nature humaine ou la chose soit en lui le moins du monde altérée.

Ces faits mettent en lumière la base du système de nos facultés et déterminent la méthode à suivre pour en étudier les détails.

Toute faculté a deux modes de développement : ou elle se développe simplement en vertu des lois fatales de la nature humaine, ou elle se développe sous la direction du pouvoir personnel.

Il suit de ce fait capital que, dans l'étude des facultés, il ne faut pas prendre pour deux facultés distinctes les deux modes de développement d'une même faculté. Ainsi la faculté de *regarder* n'est que la capacité de *voir* dirigée par la volonté ; l'*attention* et la *réflexion* ne sont que la capacité de *connaître*, appliquée par la volonté ou aux choses extérieures ou aux choses intérieures ; la faculté de *goûter* n'est que la capacité de *sentir* les saveurs, appliquée par la volonté à la perception d'une saveur particulière. Il en est de même de toutes les autres facultés : toutes se présentent à nous alternativement sous deux formes ; mais elles restent sous ces deux formes la même capacité naturelle.

Il suit du même fait que toute faculté doit être étudiée dans les deux modes de son développement, c'est-à-dire que l'observateur doit d'abord reconnaître comme elle va lorsqu'elle est abandonnée à elle-même, puis ensuite ce qu'elle devient lorsque le pouvoir personnel la dirige.

Le mode de développement d'une faculté, lorsqu'elle est abandonnée à elle-même, est la loi naturelle de cette faculté. On ne saurait déterminer les modifications que le pouvoir personnel fait subir à l'action d'une faculté, avant d'avoir constaté la loi naturelle de cette faculté; il faut donc commencer par là; et, pour déterminer la loi naturelle d'une faculté, il faut l'observer dans un de ces moments où elle est délaissée par le pouvoir personnel, ce qui est toujours assez facile, car ces moments reviennent sans cesse dans la vie intérieure.

Lorsqu'on sait bien comment procède une faculté quand elle se développe librement, il reste à l'observer sous le joug du pouvoir personnel; et, lorqu'on a constaté comment elle se développe dans cette dernière circonstance, en comparant entre eux les deux modes de développement on détermine aisément la nature des modifications produites par l'intervention de la volonté.

Étant déterminées toutes les lois naturelles de toutes nos capacités, on connaît ce que serait, comment irait, ce que pourrait notre nature, si elle était restée *chose* ou si elle le redevenait, c'est-à-dire si le pouvoir personnel n'était pas né en elle, où s'il en disparaissait. Cette donnée sert à faire comprendre l'état de rêverie, l'état de sommeil, l'état d'enfance, l'état d'imbécillité du vieillard, qui tous approchent plus ou moins de l'état hypothétique dont nous parlons.

Étant déterminées, d'une part toutes les lois naturelles de toutes nos capacités, et de l'autre étant connus tous les modes de développement de ces mêmes capacités sous l'empire de la volonté, on peut en déduire une idée générale exacte de ce que produit en nous le pouvoir personnel et de la part qu'il a dans notre développement et dans notre perfectionnement. On peut aussi en déduire la formule générale des modifications qu'il apporte au développement d'une faculté quelconque. Enfin, il n'est pas impossible d'en tirer peut-être la révélation de la circonstance qui détermine le pouvoir personnel à naître en nous, puis, quand il y est né, à s'y développer avec une énergie si variable.

On sent que nous n'en finirions pas, si nous voulions donner ici tous ces résultats généraux qui se déduisent de l'étude bien faite de nos facultés. Il nous suffit d'avoir montré comment ils doivent ou peuvent en sortir. Toutefois, nous ne pouvons nous défendre d'indiquer ici rapidement le second de ces résultats, c'est-à-dire la modification générale qu'apporte le pouvoir personnel au développement de nos facultés.

De même qu'on se tromperait grossièrement si on croyait, ou que le pouvoir personnel crée nos différentes capacités, ou que sans lui elles ne se développeraient pas ; de même, on tomberait dans l'erreur, si on s'imaginait que son empire va jusqu'à changer les lois selon lesquelles elles agissent naturellement. Comme les propriétés des choses, bien qu'elles ne reçoivent le mouvement et n'obéissent à la direction d'aucun pouvoir personnel, ne s'en développent pas moins et n'en ont pas moins une direction et des lois ; de même, les capacités naturelles des êtres libres et de l'homme en particulier ont leur mouvement et leurs lois propres, en vertu desquels elles se développeraient sans le secours du pouvoir personnel, si celui-ci ne survenait pas. Quand le pouvoir personnel arrive, il tourne à son but ces forces qui existent et se meuvent sans lui ; mais il ne les crée point, et ne saurait changer leurs lois naturelles, pas plus que le meunier ne crée la puissance et ne change les lois du cours d'eau qu'il exploite. Nous nous servons de l'intelligence, de la mémoire, de la sensibilité, de la capacité locomotrice; mais nous trouvons en nous ces capacités toutes faites et soumises à leurs lois propres, et nous sommes obligés de nous en servir telles qu'elles sont, et de nous plier à leurs lois pour en tirer parti. En un mot, avant de s'emparer d'elle-même et de se gouverner, notre nature existait et était douée de certaines capacités qui se seraient développées en elle comme de simples propriétés, si, devenant tout à coup maîtresse d'elle-même, elle ne les avait assujetties à son empire, subordonnées à son mouvement et transformées en instruments de ses volontés. Nos facultés ne sont donc que des forces naturelles, apprivoisées à notre service.

Il s'ensuit qu'en soi les facultés et les propriétés sont choses parfaitement identiques, et que la seule différence qui les distingue, c'est que les facultés sont gouvernées par le pouvoir personnel d'un être libre, tandis que les propriétés ne le sont pas. Supprimez le pouvoir personnel dans les êtres libres, leurs facultés deviennent des propriétés; créez ce pouvoir dans les choses, leurs propriétés deviennent des facultés; et en devenant, celles-ci des facultés, celles-là des propriétés, les propriétés et les facultés ne changent point de nature; elles restent les mêmes capacités naturelles qu'elles étaient auparavant. Une seule circonstance est changée, et cette circonstance leur est extérieure, savoir, leur dépendance ou leur indépendance d'un pouvoir personnel qui peut s'en servir, mais qui, en s'en servant, ne saurait les altérer.

Sous le gouvernement du pouvoir personnel, nos capacités continuent donc d'agir selon leurs lois, c'est-à-dire que la mémoire ne se souvient pas, que l'intelligence ne connait pas, que la sensibilité ne sent pas autrement que lorsque ces facultés se développent de leur mouvement propre. Quelle est donc l'action du pouvoir personnel sur nos capacités? Cette action se réduit à deux circonstances : il dirige et il concentre.

Quand nos facultés sont abandonnées à elles-mêmes, elles sont la proie des choses qui viennent les solliciter. Ainsi, la mémoire, abandonnée à elle-même, est tour à tour saisie par tous les souvenirs qu'amène l'association des idées, et fatalement entrainée de l'un à l'autre; quelques-uns, plus vifs, l'arrêtent davantage; d'autres ne font que la prendre et la quitter; mais la cause qui prolonge ou qui abrége leur durée est toujours en eux, jamais en elle. Il en est de même de notre intelligence quand elle n'est pas gouvernée : les phénomènes intérieurs ou extérieurs qui s'écoulent sous ses yeux s'emparent successivement de son attention à mesure qu'ils passent, ou, s'ils se présentent simultanément, se la partagent; les plus saillants la frappent davantage, et les plus légers moins, sans qu'elle puisse s'en défendre. La sensibilité, à son tour, assiégée par les mille causes qui peuvent l'affecter, reçoit les mille sensations qu'elles lui infligent, souffre, jouit, se passionne, s'irrite, se trouble ou se calme au gré de ces causes, comme la mer au gré des vents. Ainsi, nos capacités naturelles, abandonnées à elles-mêmes, vont toujours, mais au gré des choses qui viennent les solliciter; elles sont le jouet de ce flux éternel de phénomènes au milieu duquel nous sommes plongés, et au sein duquel nous roulerions, comme les choses, sans résistance et sans conscience, si le pouvoir personnel, comme un pilote habile, ne venait s'asseoir au gouvernail et opposer sa volonté réfléchie à l'aveugle force du courant.

L'œuvre du pouvoir personnel consiste à soustraire autant que possible nos capacités au flot des phénomènes qui les emporte, pour les appliquer où il veut, et seulement où il veut. Il entreprend donc, contre la fatalité extérieure, une lutte de tous les instants, dont la direction des capacités est le prix. La vie personnelle n'est autre chose que cette lutte fatigante de l'homme ou de la liberté contre le monde ou la fatalité; et, comme le pouvoir personnel ne peut détruire le courant fatal des phénomènes extérieurs, ni l'empêcher de solliciter nos facultés, il y a deux choses à faire pour les gouverner: les retenir lorsqu'elles veulent obéir aux sollicitations qui les provoquent, et les fixer sur le sujet particulier où il lui plaît de les appliquer. Toutes les fois que nous nous servons de l'une de nos facultés, nous sentons en nous ce double effort de résistance et d'application. Pendant que nous tenons la faculté attachée à l'objet que nous voulons, mille sujets de distraction viennent la tenter; elle n'est insensible à aucun, et toujours elle fait un mouvement pour s'échapper, que nous sommes obligés de réprimer, sans quoi elle se déroberait à notre pouvoir, et retomberait sous l'empire de la fatalité. Telle est la première action du pouvoir personnel sur nos facultés: il leur imprime une direction qui n'est point la direction naturelle; cette direction vient de lui; elle est personnelle; leur direction naturelle leur est imprimée par la fatalité extérieure.

L'autre effet de l'action du pouvoir personnel sur nos capacités est de concentrer leur force. Le monde, qui est la variété même, en s'emparant de nos facultés, disperse, pour ainsi dire, leur énergie. En effet, il ne les laisse pas un moment occupées du même objet; il les saisit successivement des milliers de phénomènes qu'il leur présente, et leur fait partager son infinie mobilité. De là vient qu'elles ne font qu'effleurer toutes choses, et que leur énergie se dépense sans se développer. C'est ce que nous sentons parfaitement dans l'état de rêverie que nous avons décrit plus haut ; c'est ce que nous sentons aussi toutes les fois que le monde extérieur prend sur nous un empire plus grand que de coutume, comme, par exemple, dans les beaux jours du printemps. La nature est alors si séduisante, que nous n'avons pas la force de lui résister; nous nous laissons aller aux douces sensations, aux charmantes images qu'elle nous prodigue ; nous nous livrons à elle; nous lui laissons faire de nous ce qu'elle veut. Alors nous sentons notre énergie intérieure se décomposer, pour ainsi dire, et s'écouler par tous nos sens. Il nous semble que le monde extérieur s'en empare et la divise en mille parties, et que ces parties se dispersent et se perdent dans son vaste sein. Le sentiment de cet état est délicieux, parce qu'il n'est que la suspension de la lutte pénible que nous soutenons. La volonté quittant le champ de bataille, tout effort cesse en nous, mais aussi toute énergie ; toutes nos facultés jouent à leur aise, mais toutes sont faibles ; c'est l'action de la volonté qui les rend fortes, parce que la volonté, les fixant sur un seul point et les y retenant, concentre sur ce point toute leur puissance, et, par la durée de cette concentration, la multiplie. Ramasser toute l'énergie d'une capacité sur un seul point, et l'y retenir longtemps, voilà le second effet de l'action du pouvoir personnel sur nos facultés. De là, la puissance prodigieuse d'une volonté forte ; de là les miracles de l'attention ; de là ceux de la patience, qui ont fait dire que le génie n'était qu'une longue persévérance. Tous ces grands effets sont le résultat de la concentration de nos facultés par le pouvoir personnel : l'autorité du pouvoir personnel sur nos facultés fait donc notre puissance, comme elle fait notre dignité.

*Diriger* et *concentrer*, telle est donc la double action du pouvoir personnel sur le développement de nos facultés. Les moyens d'exercer cette double action varient selon les facultés, aussi bien que le degré où il est possible de la pousser; mais la formule reste exacte pour toutes. Tel est du moins le résultat que nous avons tiré de la comparaison du développement spontané et du développement volontaire de nos diverses facultés.

Il nous reste maintenant à dire quelques mots sur la méthode à suivre pour déterminer la loi de chaque faculté. Cette méthode est extrêmement simple. Nous ne connaissons les facultés de l'âme humaine que par les phénomènes qu'elles produisent; nous ne pouvons donc savoir comment une faculté agit qu'en observant comment se passe le phénomène qui en émane. La loi d'une faculté n'est autre chose que la manière dont se produit constamment le phénomène qui en émane : ainsi, la loi de la mémoire est la réunion des circonstances invariables qui constituent en nous le fait du souvenir. Pour découvrir ces circonstances constantes, il n'y a évidemment qu'un moyen, c'est d'observer, dans un grand nombre de cas, la production du phénomène, de comparer les circonstances de cette production dans les différents cas, et d'éliminer celles qui, ne se rencontrant pas dans tous, ne sont par cela même que des circonstances accidentelles; les autres constituent la loi de la faculté. On procède ainsi pour déterminer les lois des forces générales de la nature et celles des propriétés particulières des différents êtres : seulement ici ce sont les sens qui observent, tandis que, pour les facultés de l'âme, c'est la conscience. Cette méthode est si simple et si nécessaire, qu'il est superflu de la prescrire, et presque inutile de l'indiquer.

On reconnaît qu'une chose a plusieurs propriétés, quand elle manifeste des phénomènes de natures différentes : chaque espèce de phénomènes suppose une capacité spéciale, et l'on reconnaît dans une chose autant de propriétés différentes qu'on y a observé d'espèces distinctes de phénomènes. C'est de la même manière qu'on parvient à distinguer les différentes facultés de l'âme humaine et à en fixer le nombre. Toute la difficulté de cette recherche consiste d'abord à ne pas prendre des phénomènes composés qui résultent de l'action combinée de plusieurs facultés pour des phénomènes d'une nouvelle espèce, produits par une faculté spéciale, et, en second lieu, à ne pas se laisser tromper par les formes diverses qu'un même phénomène peut revêtir dans des circonstances différentes. C'est à cette double cause d'erreur qu'on doit attribuer ces longues listes de facultés dont on gratifie l'âme humaine dans plusieurs traités de psychologie. Ainsi, les phénomènes de l'imagination ne sont que des composés de plusieurs phénomènes simples, et ne dérivent point du tout d'une faculté spéciale comme on l'a cru; ainsi, le raisonnement n'est qu'une forme du jugement, qui n'est qu'un acte de la faculté de croire, à la suite d'un acte de la faculté de connaître; ainsi, l'attention et la réflexion ne sont que des formes de la perception et de la conscience, qui ne sont elles-mêmes que deux applications diverses de la faculté de connaître. Du reste ces deux causes d'erreur se rencontrent également dans l'étude des forces naturelles et des propriétés des choses. A mesure que les phénomènes sont mieux analysés, on voit diminuer le nombre des causes, et la raison en est toute simple : à la surface tout est divers, au fond tout se rapproche et se confond ; il y a bien de l'apparence que tout ce vaste univers est mu par une seule cause gouvernée par une seule loi.

Mais, quand bien même la vérité de cette présomption serait démontrée, ce ne serait pas une raison pour vouloir arriver immédiatement à l'unité, ni pour justifier ceux qui l'inventent quand ils ne la trouvent pas. Pour que l'unité soit précieuse, il faut qu'elle soit vraie ; car, si elle est fausse, au lieu d'avancer la science, elle ne fait que la retarder. Or, l'unité vraie est au centre, et nous sommes partis de la surface, qui est la diversité même, et nous ne sommes en route que d'hier. Nous ne pouvons donc aspirer qu'à réduire peu à peu la diversité, sans espérer atteindre l'unité, qui est encore bien loin de nous. Aussi peut-on tenir pour hypothétique tout système qui, à l'heure qu'il est, explique par un principe unique quoi que ce soit au monde ; et l'examen n'a pas encore démenti cette règle de jugement. La science de l'homme en offre plus d'un exemple ; mais aucun n'est plus célèbre que le système de Condillac, qui ramène tous les faits intérieurs à la sensation, et toutes les facultés de l'âme à la sensibilité. On ne peut pas dire que cette opinion soit fausse ; mais on peut dire en toute assurance qu'elle n'est jusqu'ici qu'une supposition avancée sans preuves, et par conséquent tout à fait inutile à la science : car jusqu'ici, de tous les faits ramenés à la sensation par Condillac, il n'en est pas un dont l'identité avec la sensation ait été démontrée. Ce système a donc laissé la question où il l'avait trouvée. C'est comme si un savant s'avisait d'imprimer que tous les principes physiques actuellement admis ne sont que des formes différentes de l'électricité. S'il ne produisait pas des faits qui le démontrassent, bien que cette opinion puisse être vraie, elle ne ferait pas faire un seul pas à la science.

Dans l'état actuel de nos connaissances, les capacités irréductibles de l'âme humaine nous semblent être les suivantes : 1° *la faculté personnelle*, ou ce pouvoir suprême que nous avons de nous emparer de nous-mêmes et des capacités qui sont en nous, et d'en disposer : cette faculté est connue sous les noms de *liberté* et de *volonté*, qui ne la désignent qu'imparfaitement ; 2° *les penchants primitifs* de notre nature, ou cet ensemble d'instincts ou de tendances qui nous poussent vers certaines fins et dans de certaines directions antérieurement à toute expérience, et qui tout à la fois indiquent à notre raison la destination de notre être, et animent notre activité à la poursuivre ; 3° *la faculté locomotrice*, ou cette énergie au moyen de laquelle nous ébranlons les nerfs locomoteurs et produisons tous les mouvements volontaires corporels ; 4° *la faculté expressive*, ou ce pouvoir que nous avons de traduire au dehors, par des signes, ce qui se passe en nous, et de nous mettre par là en communication avec nos semblables ; 5° *la sensibilité*, ou cette susceptibilité d'être affecté péniblement ou agréablement par toutes les causes intérieures ou extérieures et de réagir vers elles par des mouvements d'amour ou de haine, de désir ou de répugnance, qui sont le principe de toute passion ; enfin, 6° *les facultés intellectuelles*. Sous cette dénomination se trouvent comprises plusieurs facultés distinctes, dont on ne pourrait donner l'énumération et les caractères spéciaux que dans un traité sur l'*intelligence*.

# MORALE

## I

### DE L'ÉCLECTISME EN MORALE

### (1825) [1]

S'il fallait devenir philosophe pour distinguer le bien du mal, et décider entre Épicure et Zénon pour connaitre son devoir, la morale serait aussi étrangère aux affaires de ce monde que les hautes mathématiques, et l'honnête homme plus difficile à former que le grand géomètre. Deux ou trois individus par siècle agiraient avec connaissance de cause; les autres, échappant à la responsabilité par l'ignorance, n'auraient rien à démêler avec Dieu ni avec la justice. Le code pénal serait ridicule, le jury incompétent, et l'organisation de la société absurde.

Heureusement pour le bien public et l'honneur de nos institutions, quand, par un beau clair de lune, et lorsque tout dort dans le village, le paysan qui n'a de sa vie

---

1. *Globe*, tome I, page 457.

philosophé regarde avec un œil de convoitise les fruits superbes qui pendent aux arbres de son opulent voisin, il a beau se rassurer par l'absence de tout témoin, calculer le peu de tort que causerait son action, et, comparant la douce vie du riche aux fatigues du pauvre, et la détresse de l'un à l'aisance de l'autre, pressentir tout ce qu'a dit Rousseau sur l'inégalité des conditions et l'excellence de la loi agraire, toute cette conspiration de passions et de sophismes échoue en lui contre quelque chose d'incorruptible qui persiste à appeler l'action par son nom et à juger qu'il est mal de la faire. Qu'il résiste ou qu'il cède à la tentation, peu importe : s'il cède, il sait qu'il fait mal; s'il résiste, qu'il fait bien; dans le premier cas, sa conscience prendra parti pour le tribunal correctionnel, et dans le second, elle attendra du ciel la récompense que les hommes laissent à Dieu le soin de payer à la vertu.

A quelle école de philosophie ce pauvre homme a-t-il appris son devoir? et, s'il le sait, que cherchent les philosophes?

Apparemment, à défaut des philosophes qu'il n'a pas lus, les sermons du curé et les dispositions du code lui auront révélé que le vol est un crime. Mais si le curé lui prêchait qu'il commet un péché en ne portant pas au presbytère le dixième de sa récolte, il n'en croirait rien; s'il lisait le code pénal, et qu'il y vît que vingt personnes peuvent causer ensemble sans outrager la justice, mais non pas vingt et une, il ne pourrait le comprendre. D'où vient la différence? Les autorités sont les mêmes : et tantôt la conscience acquiesce, tantôt elle résiste.

Nous avons pour la philosophie, le code pénal et les sermons, tout le respet possible; mais nous tenons à laisser chaque chose à sa place : et, puisque le paysan, sans être philosophe distingue le bien du mal, juge les dispositions du code, approuve ou désapprouve les préceptes de son curé, nous pensons qu'il porte en lui une règle d'appréciation morale qu'il ne doit ni au catéchisme, ni au code, ni à la philosophie; que cette règle, vulgairement appelée *conscience*, puisqu'elle n'en dérive pas, les précède; puisqu'elle rectifie leurs décisions, leur est supérieure; et, puisqu'elle a sur eux le double avantage de la priorité et de l'autorité, pourrait bien rendre compte de leur origine, au lieu de leur devoir la sienne.

Et, s'il en est ainsi, la conscience de l'homme ne serait pas raisonnable ou dépravée, selon qu'elle se conformerait aux préceptes du catéchisme, aux articles du code, aux maximes de la philosophie; mais le catéchisme serait raisonnable ou absurde, le code juste ou injuste, la philosophie bonne ou mauvaise, selon que le catéchisme, le code et la philosophie interpréteraient fidèlement ou infidèlement la conscience.

Et de la sorte, les catéchismes, les codes, les systèmes de philosophie ne seraient que des interprétations, des expressions, des traductions diverses de la conscience du genre humain. Et comme, d'une part, toute traduction suppose le texte et le reproduit plus ou moins, et que, de l'autre, aucune traduction ne peut atteindre à la complète exactitude, tous les catéchismes, tous les codes, tous les systèmes, représenteraient nécessairement la conscience, mais toujours plus ou moins altérée, plus ou moins incomplètement et infidèlement reproduite.

Tous les catéchismes, tous les codes, tous les systèmes, participeraient donc plus ou moins à la vérité, et tous plus ou moins à l'erreur: à la vérité, par la nécessité de leur origine; à l'erreur, à cause de la faiblesse humaine.

Par leurs côtés vrais, tous s'accorderaient: car en eux

la vérité serait toujours l'expression fidèle d'une seule et même réalité, la conscience humaine. Ils ne se diviseraient donc et ne pourraient se diviser que par leurs côtés faux. La guerre des catéchismes, des codes et des systèmes, serait donc absurde, puisque l'erreur serait la cause et le prix du combat. Le bon sens, l'amour de la vérité, s'uniraient donc à la charité pour condamner l'intolérance.

L'homme raisonnable ne se déclarerait ni pour ni contre aucun catéchisme, aucun code, aucun système : car il saurait que tous contiennent inévitablement quelque chose de vrai qu'il ne voudrait point rejeter, et quelque chose de faux qu'il ne voudrait point admettre. Il se déclarerait pour la vérité partout où elle est, et contre l'erreur partout où elle se produit : en d'autres termes, il chercherait dans toute opinion le côté de la conscience humaine qu'elle exprime, et les rallierait toutes au sens commun, leur point de départ nécessaire,

Placé au centre commun d'où se sont élancés nécessairement les auteurs de tous les catéchismes, de tous les codes, de tous les systèmes, c'est-à-dire dans la réalité de la conscience humaine, il y sentirait vivre, il y reconnaîtrait les germes éternels de toutes les doctrines morales sous quelques formes qu'elles aient paru, germes qui ne sont que les diverses faces de cette réalité, une au fond, mais féconde en manifestations variées. Il verrait comment l'esprit de l'homme a reproduit successivement et sous mille formes différentes cette invariable réalité : la faisant toujours sentir dans la multiplicité de ses esquisses, mais la défigurant toujours d'une nouvelle façon ; montrant toujours d'elle quelque chose, jamais tout ; ne pouvant exprimer qu'elle, et cependant ne parvenant jamais à égaler l'expression à la réalité.

L'homme raisonnable n'appartiendrait donc à aucune école, à aucune secte, à aucun parti ; et cependant il ne serait ni sceptique, ni indifférent. Cette manière d'envisager les opinions humaines s'appelle *éclectisme*.

L'éclectisme n'est point le scepticisme. Le scepticisme nie qu'il y ait de la vérité, ou nie qu'on puisse la distinguer de l'erreur ; l'éclectisme n'accorde pas seulement l'existence de la vérité, il établit en quoi elle consiste, et, par là, comment on peut la reconnaître. Deux choses existent : la réalité, et l'idée qui est son image. La réalité n'est ni vraie ni fausse ; l'idée seule est susceptible de vérité ou de fausseté : elle est vraie quand elle est conforme à la réalité, fausse quand elle en diffère. Or, l'idée, par sa nature même, ne peut être inspirée que par la réalité : elle la reproduit donc nécessairement par quelque point ; elle est donc nécessairement vraie. Mais, par la nature infirme et bornée de l'intelligence qui aperçoit la réalité, l'idée ne peut jamais être ni complète ni fidèle : jamais complète, car jamais l'intelligence ne peut embrasser toute la réalité ; jamais fidèle, car jamais l'intelligence ne peut saisir avec une entière exactitude la partie de la réalité qu'elle embrasse ; et, quand elle le ferait, jamais elle ne pourrait traduire fidèlement dans la langue des idées ce qu'elle a vu, ni dans la langue des mots ce qu'elle a mis dans l'idée. Toute opinion est donc aussi nécessairement fausse qu'elle est nécessairement vraie. L'éclectisme, s'appuyant sur la nature de l'idée, ne doit donc admettre ni rejeter complétement aucune opinion ; mais, partant de la réalité qui est le type inévitable de toute opinion, chercher et admettre dans chacune ce qu'il y trouve de conforme à ce type, chercher et rejeter dans chacune ce qu'elle contient et d'exclusif et d'inexact.

Encore moins l'éclectisme est-il l'indifférence. Pour n'admettre exclusivement aucune opinion, il ne prétend point qu'il n'y en ait pas de préférable, mais seulement point de parfaite. Il préfère tel code, tel catéchisme, tel système; mais, par amour même de la vérité, il ne consent point à affirmer que tel code, tel catéchisme, tel système, contienne toute la vérité, et rien que la vérité, Il ne partage point la manière de voir d'Omar, et ne brûlerait pas la bibliothèque d'Alexandrie; et il ne la partage point, parce qu'un tel fanatisme, loin de servir la vérité, la sacrifie; loin de l'honorer, lui préfère son imparfaite image.

Ce qui distingue l'éclectisme, ce qui l'enfante, c'est le sentiment profond que le monde des opinions n'est que l'image du monde des réalités, et qu'ainsi les opinions ne peuvent être jugées ni en elles-mêmes, ni par leurs conséquences, ni par l'autorité de leur auteur, ni par leur antiquité, ni par la qualité ou le nombre des hommes qui les ont reconnues, ni par aucun autre signe que leur conformité à la réalité : en sorte qu'examiner une opinion sans avoir auparavant pris connaissance de la réalité qu'elle a la prétention d'exprimer, c'est vouloir la fin et renoncer au moyen. La substitution de ce *criterium* véritable à la foule des *criterium* faux adoptés jusqu'ici, voilà ce qui a produit l'éclectisme moderne, et tout son esprit, et tous les résultats qui en émanent. De là cette conviction, que toute opinion est nécessairement vraie et nécessairement fausse ; de là, ce triage de ce qu'il y a de vrai dans chacune; de là cette tolérance universelle; de là, cet esprit historique, conciliant, étendu, qui sort de chez lui, visite les croyances de tous les pays et de tous les âges, s'arrange en tous lieux, comprend toutes les langues, admet comme observations tous les systèmes, glane partout sans se fixer nulle part, parce que la vérité est partout un peu, mais toute, en aucun pays, en aucun temps, chez aucun homme.

Cet esprit nouveau, introduit dans les sciences naturelles, a remplacé le règne des opinions par celui des observations, et leur a fait parcourir en cinquante ans plus de chemin qu'elles n'en avaient fait depuis l'origine du monde.

Cet esprit nouveau, introduit dans la critique, est destiné à concilier le romantique et le classique, comme deux points différents du beau réel.

Grâce à cet esprit, les amis de Mozart comprennent que Rossini peut être admirable, et les partisans de David qu'on peut essayer de nouvelles routes en peinture sans tomber dans la barbarie.

Grâce à cet esprit, les partisans des républiques comprennent qu'on peut être libre sous une monarchie, et peut-être bientôt les partisans de la monarchie comprendront qu'on peut être moral et heureux sous une république.

Grâce à cet espsit, les nouveaux philosophes s'aperçoivent qu'il y a de la philosophie dans le christianisme, et les nouveaux chrétiens conçoivent qu'il y a de la religion dans la philosophie.

Grâce à cet esprit, la philosophie française moderne a cessé de jurer par Condillac, et ne sent plus le besoin de jurer par personne. Elle publie *Platon*, *Proclus* et *Descartes*; elle expose *Locke*, *Reid* et *Kant*; rapproche les siècles et les pays; cherche partout le vrai, partout le faux, et, en approfondissant la nature humaine, qui est la réalité philosophique, prépare en silence un traité de paix entre tous les systèmes, qu'il est peut-être dans les destinées de la France de voir signer un jour à Paris.

# II

## DU BIEN ET DU MAL

(1824)[1]

S'il n'y avait pour l'homme ni bien ni mal, toutes choses lui seraient égales, toute conduite indifférente ; il n'aurait pas de raisons pour agir d'une manière plutôt que d'une autre, il n'en aurait pas même pour agir ; son activité et sa liberté seraient en lui des facultés inutiles.

S'il y a pour l'homme du bien et du mal, son activité a un objet, c'est le bien ; sa liberté une loi, c'est la recherche du bien ; ses actions revêtent un caractère, elles vont au but ou n'y vont pas, et par là deviennent bonnes ou mauvaises.

Si donc il y a pour l'homme du bien et du mal, il y a pour l'homme une règle de conduite, c'est-à-dire une morale. La question de savoir s'il y a du bien ou du mal est donc la question de savoir s'il y a une morale.

De la nature du bien et du mal dépend la conduite à tenir, la direction à prendre et la règle à observer. La question de la nature du bien et du mal est donc la ques-

1. *Encyclopédie moderne*, tome IV.

tion de savoir quelle est notre règle, ou en quoi consiste la morale.

Déterminer s'il y a du bien, et reconnaître quelle est sa nature, c'est donc déterminer s'il y a une morale et en quoi elle consiste.

Aussi, tous les philosophes qui se sont fait une juste idée de la question morale l'ont-ils ainsi posée : Y a-t-il du bien, et quelle est sa nature? Ainsi ont procédé tous les grands moralistes de l'antiquité.

Et, selon que la réalité du bien leur a paru certaine ou douteuse, ils ont reconnu ou nié l'existence de la morale; selon que le bien leur a semblé de telle ou telle nature, ils ont proposé telle ou telle morale. Si les sceptiques ont nié la morale, c'est qu'ils avaient nié le bien; si Épicure et Zénon ont élevé des morales opposées, c'est qu'ils avaient conçu le bien différemment.

Ces considérations nous conduisent à deux résultats : le premier, c'est que, de toutes les questions qu'on peut agiter, la question du bien et du mal est la plus importante, puisqu'il s'agit de décider si nous avons ici-bas une destinée à accomplir et quelle est cette destinée; le second, c'est que la question du bien et du mal en comprend deux, celle de savoir s'il y a du bien et du mal et celle de savoir quelle est la nature du bien et du mal.

Cette grande discussion embrasse toute la morale, et nous verrons bientôt qu'elle porte plus loin encore et soulève bien d'autres problèmes.

Les jugements et la conduite de l'homme témoignent clairement qu'il y a pour lui du bien et du mal : toutes choses ne lui sont point égales; il en est qu'il aime, qu'il estime, qui lui agréent; il en est qui lui répugnent, qu'il méprise, qui lui déplaisent. Il distingue pareillement entre les actions : avant d'agir, il délibère, choisit et se décide ; après avoir agi, il juge qu'il a bien ou mal fait. Toute sa vie n'est, pour ainsi d're, qu'une longue démonstration de cette vérité.

Aussi, le scepticisme n'a-t-il pas nié un fait si évident; mais il a prétendu que les jugements que nous portons sur le bien et le mal, variant selon les individus, les circonstances, les temps et les lieux, il lui est impossible de déterminer ce qui est bien ou mal pour l'homme; il a prétendu, en outre, qu'en supposant même qu'il pût fixer l'idée du bien ou du mal, on ne pourrait rien en conclure sur la réalité du bien et du mal, puisque nos idées sont le résultat de notre constitution, et que nous en aurions d'autres, si notre intelligence était autrement organisée.

Cette dernière objection, qui met en doute la véracité même de l'intelligence humaine, ne tombe pas plus sur l'idée du bien et du mal que sur toute autre ; on peut voir dans un article précédent de ce volume[1] ce que nous pensons de sa valeur. Quant à la première, comme nous sommes de ceux qui croient que la meilleure manière de démontrer le mouvement est de marcher, c'est en cherchant à déterminer l'idée que nous nous formons du bien et du mal que nous y répondrons. Nous allons donc nous renfermer entièrement dans la question de la nature du bien et du mal.

A quel titre une action peut-elle être pour l'homme préférable à une autre, une chose préférable à une autre chose? Les actions ni les choses ne portent pas écrit sur leur face : Ceci est bon, ceci est mauvais. Que l'homme les juge telles ou les sente telles, peu importe : il y a une raison qui les fait paraître telles à son intelligence, qui les fait sentir telles à sa sensibilité. Cette

---

[1]. Article intitulé : *Du scepticisme.*

raison est toute la question. Simple ou multiple, relative ou absolue, si on la connaissait, on posséderait le *criterium* du bien et du mal, on rendrait compte de tous nos jugements, de toutes nos préférences, de toutes nos distinctions en matière de choses et d'actions bonnes ou mauvaises ; cette raison serait la définition du bien et du mal, le principe et le but de notre conduite, la règle de nos jugements moraux, la morale tout entière.

Or, pour découvrir cette raison, livrons-nous à quelques suppositions. Supposons un être capable d'avoir soif et d'avoir faim : pourrait-il lui être indifférent de boire ou de ne pas boire, de manger ou de ne pas manger? et les choses qui sont propres à satisfaire ces deux appétits pourraient-elles porter à ses yeux les mêmes caractères que celles qui ne le sont pas? Que cet être soit capable de connaitre comme il l'est de sentir, par quelle raison jugera-t-il, et pourquoi sentira-t-il la bonté de l'eau et du pain? Il la sentira, parce qu'étant fait pour boire et pour manger, il est bon pour lui qu'il boive et qu'il mange, et qu'étant bon pour lui qu'il boive et qu'il mange, le pain et l'eau sont bons pour lui ; et la raison qui motivera son jugement sera la vue même de ce fait.

Supposons maintenant un être dépourvu de ces deux appétits : s'il a des oreilles, le murmure de l'eau pourra lui plaire; s'il a des yeux, la couleur du pain pourra lui agréer; mais, comme choses propres à désaltérer et à rassasier, le pain et l'eau lui seront indifférents. Et pourquoi? C'est que, n'étant pas fait pour boire et manger, il n'est ni bon ni mauvais pour lui de boire ou de ne pas boire, de manger ou de ne pas manger, et qu'ainsi ces choses ne peuvent être pour lui, sous ce rapport, ni bonnes ni mauvaises.

Mais que cet être, malgré son indifférence pour l'action de boire et de manger, et, par suite, pour le pain et l'eau, comprenne que d'autres êtres sont doués de ces deux appétits, et conçoive que le pain et l'eau sont propres à les satisfaire, il jugera bonnes pour ces êtres les actions qui tendront à satisfaire ces deux appétits, et bons tous les objets propres à les apaiser. Et pourquoi? C'est qu'il comprendra que ces deux actions sont conformes à la nature inévitable de ces êtres.

Dans les trois suppositions que nous venons de faire, à quel titre telles actions et telles choses sont-elles jugées bonnes ou mauvaises? Le voici: Tel être est fait d'une certaine manière: en vertu de sa constitution, il est condamné à une certaine destinée; les actions et les choses indifférentes à cette destinée ne sont pour lui ni bonnes ni mauvaises; celles qui la contrarient sont mauvaises pour lui; celles qui en secondent l'accomplissement sont bonnes pour lui : ce qui n'empêche pas que les choses, et les actions bonnes, mauvaises, indifférentes pour lui, ne puissent être tout le contraire pour un être autrement fait.

Ainsi, d'après cette manière de voir, ni les actions, ni les choses, ne sont, par elles-mêmes, bonnes, mauvaises, indifférentes. Et comment comprendre en effet une pareille supposition? Une chose est en soi blanche, ronde ou carrée; une action prompte, énergique, lente ou faible; mais, bonne ou mauvaise, c'est ce qu'on n'y voit pas, c'est ce qu'elle est si peu en soi, que la même action, que la même chose, se trouve tour à tour bonne, mauvaise, indifférente, selon l'être auquel on la rapporte. Qu'importe à l'abeille le juste ou l'injuste, la paix ou la guerre? Que sa reine vive, que les fleurs soient abondantes et le ciel serein, il lui suffit. Les actions et les choses tirent donc d'ailleurs leur bonté et leur méchanceté : elles la tirent de quoi? De leur influence sur la destinée de tel ou tel être.

En sorte que l'idée du bien, telle qu'elle ressort de ces exemples, est celle-ci : le bien, pour un être, est l'accomplissement de sa destinée; le mal, le non accomplissement de sa destinée. Fait d'une manière plutôt que d'une autre, il est destiné à jouer tel rôle plutôt que tel autre; ce qui est vraiment bon pour lui, parce que sa nature l'exige, parce que sa manière d'être l'y contraint, c'est que ce rôle soit rempli. S'il est sensible, il le sent; s'il est intelligent, il le comprend ; s'il n'est ni l'un ni l'autre, cela reste vrai de lui sans qu'il le sente et sans qu'il le sache.

L'accomplissement de sa destinée, voilà tout ce qu'il y a d'absolument bon pour un être; les actions qu'il fait et celles que les autres font, les choses, de quelque nature qu'elles soient, ne sont bonnes ou mauvaises pour lui que par leur concours ou leur opposition avec ce qui, seul, est absolument et vraiment bon pour lui.

Il est donc impossible de déterminer *a priori* les choses bonnes ou mauvaises, les actions bonnes ou mauvaises ; avant tout, il faut déterminer par rapport à quel être on cherche leur bonté et leur méchanceté. Cela fait, il est encore impossible de déterminer pour tous les cas leur bonté et leur méchanceté par rapport à cet être : car le même acte et la même chose peuvent être tour à tour bons et mauvais par rapport à lui, selon les circonstances. C'est ainsi qu'il devient quelquefois mauvais pour nous de boire et de manger. Tout ce qu'on peut dire du bien pour un être, c'est qu'il est l'accomplissement de sa destinée ; tout ce qu'on peut dire du bien en soi, c'est qu'il est l'accomplissement des destinées de tous les êtres.

Or, qu'est-ce que l'accomplissement de toutes les destinées particulières? C'est l'ordre universel.

Dans ce vaste univers, au sein duquel nous sommes perdus, tout existe comme nous, mais tout existe à des conditions différentes : c'est-à-dire que, si l'existence est le fond de toute chose, l'unité de cette immense diversité d'êtres, cette existence dans chaque être est variée par la forme. Ce qui distingue les êtres, ce n'est pas l'être, c'est la manière d'être. Or, ce spectacle inspire à notre raison cette grande pensée, que, chaque être existant à sa manière, chaque être a sa destinée spéciale. Quand nous cherchons à révoquer en doute cette croyance, nous ne le pouvons: elle résiste à tous nos efforts, elle revient toujours, elle est nécessaire. L'expérience la confirme : chaque être a son chemin et son rôle; il le poursuit et l'accomplit sous nos yeux; et, quand nous voulons examiner la raison de ces destinées diverses, nous la trouvons dans la diversité des organisations ou manières d'être. Et ces deux faits ne sont pas pour nous des événements qui s'associent comme l'éclair et le bruit de la foudre : nous voyons dans l'un la cause inévitable de l'autre, c'est-à-dire que nous trouvons dans la constitution de chaque être la raison et l'explication de ce qu'il devient, de ce qu'il fait, de la destinée qu'il accomplit en ce monde: en sorte qu'*a priori* et *a posteriori*, nous croyons et nous voyons que chaque chose a sa destinée, et que cette destinée spéciale est la conséquence, dans chaque chose, de sa manière d'être spéciale.

De là vient que, quand nous voyons une chose suivre sa nature sans obstacle, notre intelligence reconnait dans ce fait une application du grand principe qu'elle a conçu: elle dit que ce fait est dans l'ordre, parce que l'ordre, pour elle, c'est son principe; quand, au contraire, elle voit une destinée contrariée, interrompue, elle dit que cela est contre l'ordre par la même raison. De là les idées d'*ordre* et de *désordre;* de là aussi, avec une nuance qu'il n'est pas dans notre sujet de démêler, les idées de *beau* et de *laid*..

En sorte que l'ordre et le bien ne sont qu'une seule et même chose : dans chaque être l'accomplissement de sa destinée, dans l'univers l'accomplissement de toutes les destinées.

Or, si nous considérons que tous ces êtres, dont l'ensemble forme le monde, sont finis, nous concevons qu'ils ont été créés, c'est-à-dire qu'ils supposent quelque chose d'antérieur et de supérieur, quelque chose que tout ce qui est multiple implique, l'unité; que tout ce qui est borné exige, l'infini; et cette idée de l'être antérieur et supérieur, infini et un, est l'idée de Dieu. Dès lors, l'univers tout entier, c'est-à-dire tous les êtres qui le composent, sont l'œuvre de Dieu; ils tiennent de lui leur constitution et par conséquent leur destinée; l'accomplissement de toutes les destinées, c'est-à-dire l'ordre ou le bien, c'est l'accomplissement de ce que Dieu a voulu et conçu; l'ordre et le bien sont la Providence, la loi, la volonté de Dieu.

Le bien a son côté moral, son côté intellectuel, son côté religieux : au point de vue moral, on l'appelle le bien; au point de vue intellectuel, l'ordre; au point de vue religieux, la Providence ou la volonté de Dieu. Nous laissons toujours de côté le point de vue du beau, autre face de la même chose.

Tel est le spectacle qu'offre le monde : un ensemble d'êtres diversement organisés, qui tous ont une destination conséquente à leur manière d'être, qui tous tendent par leur nature à remplir cette destination. Le bien pour chacun, c'est de rester ce qu'il est, s'il est inerte; c'est de devenir tout ce qu'il est capable de devenir, s'il est actif. Les forces, par leur nature, tendent à se développer, la matière à rester ce qu'elle est; le développement est la destinée et le bien de celle-là, l'inertie est la destination et le bien de celle-ci : de l'accomplissement de toutes ces destinées résulte le bien universel ou l'ordre.

Mais dans ce monde rien n'accomplit entièrement sa destinée, parce que toutes les natures sont mises en contradiction par l'arrangement des choses. La matière est troublée dans son inertie par l'activité de la force; la force est gênée dans son développement par l'inertie de la matière; ces deux natures sont partout aux prises. Ce monde n'est autre chose que la lutte de ces deux principes, et chaque être reproduit le monde en soi, et représente le même fait sous des formes infiniment variées. Tout être est composé de matière et de force, et sa vie n'est que la lutte des deux natures.

Il y a plus : les forces sont partout en contradiction les unes avec les autres. Au lieu de se développer parallèlement, elles se rencontrent et se heurtent; elles sont l'une pour l'autre un obstacle, un empêchement, et se limitent réciproquement; et cette opposition est tellement dans l'essence de cet ordre de choses qu'on appelle le monde, que, si elles s'allient et concourent au même but, leur alliance exige de chacune un sacrifice : car ce que l'une fait dans l'œuvre commune est un vol fait à l'autre.

De là vient qu'aucune nature ici-bas ne remplit d'une manière complète sa véritable destinée : toutes y tendent perpétuellement, et ne peuvent pas ne pas y tendre; mais partout cette tendance est contrariée, partout elle lutte, jamais elle n'est complétement victorieuse.

Telle est la source du mal. Le mal, c'est l'imperfection du bien ou de l'ordre; c'est pour chaque être l'imperfection de l'œuvre à laquelle sa nature le destine. Le mal, pour la matière, c'est l'imperfection de l'inertie qui est la conséquence de sa nature; le mal, pour la force, c'est l'imperfection du développement qui est la conséquence de sa nature.

Il y a mal pour la force qui anime la plante, l'animal, l'homme, parce qu'elle lutte, parce que son développement est borné et fini; il y a mal pour les éléments moléculaires qu'elle agrège, parce que leur inertie est troublée: c'est-à-dire qu'il y a discorde ou accomplissement imparfait de la destinée dans les deux composants : le mal de la matière provient de la force; le mal de la force provient de la matière et des autres forces; le mal, en tout, provient de la mise en opposition des natures et des destinées.

Le mal n'est point quelque chose de positif, c'est l'imperfection du bien ou de l'ordre. Ce monde n'est point la lutte du bien et du mal, de l'ordre et du désordre; ce qu'on doit dire de lui, c'est qu'il est imparfaitement bon, c'est que son ordre n'est point complet : son ordre est une tendance à l'ordre, c'est une ébauche. Tous les êtres qui le composent l'attestent : les natures sensibles par la souffrance, les natures intelligentes par leurs jugements, les natures morales par la résignation et la vertu; les autres le témoignent à qui sait lire sur la face des choses ce qu'elles ne savent pas elles-mêmes.

Pourquoi tant d'êtres créés avec des tendances qui ne peuvent aboutir; et, parmi ces êtres, quelques-uns qui le savent et peuvent ainsi blâmer la création qui les contient et le créateur qui les a faits? Pourquoi cette lutte de tout ce qui est avec tout ce qui est? Pourquoi ces natures condamnées par leur constitution, les unes à rester inertes, les autres à se développer, et condamnées, par l'arrangement des choses, les premières à l'agitation, et les secondes à l'impuissance? La cause prochaine en est dans la mise en opposition des natures; mais pourquoi cet arrangement? C'est là l'énigme de cette vie et de ce monde : nous en donnerons le mot quelque jour et ailleurs. Mais songeons, en attendant, que cette vie est mortelle, et que ce monde périssable pourrait bien n'être qu'un monde provisoire.

Nous avons déterminé la nature du bien et du mal en soi, indépendamment de la diversité des êtres pour lesquels il y a du bien et du mal. Il suit de nos recherches que l'idée du bien peut être fixée, bien que les choses et les actions bonnes ne puissent l'être. C'est pour avoir confondu le fait avec le droit qu'on a soutenu la variabilité insaisissable du bien : le droit est fixe, mais on ne peut d'avance déterminer l'immense diversité du fait; notre raison est le tribunal qui apprécie le fait dans chaque cas, et lui applique le nom qui lui convient. C'est ainsi que nous jugeons des actions et des choses. Il y a donc un bien et un mal absolu pour notre intelligence; ses jugements ne sont point flottants et abandonnés au caprice du hasard, et ce qui est bien pour elle est bien en soi, si toutefois elle n'est pas une trompeuse, qui imagine la vérité au lieu de la recevoir.

Une autre conséquence de ce qui précède, c'est que, chaque être ayant sa constitution particulière, chaque être a sa destinée particulière, et par conséquent son bien et son mal particuliers; d'où il suit que, pour revenir à notre point de départ et déterminer quel est le bien pour l'homme et par là quel est sa règle, il faut examiner sa nature, en déduire sa destination, et arriver ainsi à fixer l'idée du bien humain, comme nous avons fixé celle du bien en soi. C'est la seconde partie de cette recherche, ou la recherche morale proprement dite. Qu'il nous suffise de l'avoir indiquée; un rapide article comme celui-ci ne saurait la contenir.

Mais, avant d'abandonner le point de vue général, nous devons encore tracer avec fidélité les grandes divisions où les êtres viennent se ranger dans leur rapport avec l'ordre ou le bien en soi.

Dans tous les êtres possibles, la nature tend à sa fin, autrement elle ne serait pas elle : être elle et tendre à sa fin, c'est la même chose. Mais tantôt cette nature se sent, tantôt elle est insensible; tantôt elle comprend, tantôt elle ne comprend pas; tantôt enfin, elle peut se contenir ou s'abandonner, se diriger ou se laisser aller au hasard, tantôt elle est privée de cette prérogative. La sensibilité, l'intelligence et la liberté, tels sont les trois caractères dont la présence ou l'absence diversifient dans les êtres les effets du bien et du mal. L'incertitude où nous sommes de leur existence dans les êtres qui ne sont pas l'homme nous réduit à en examiner les conséquences en nous, qui les réunissons tous les trois.

L'effet du bien et du mal, dans l'être sensible, est le plaisir et la douleur. Un être intelligent et insensible comprendrait son bien et son mal, mais ne le sentirait pas; il n'aurait aucune idée de ce qu'on appelle *sensation agréable* et *sensation désagréable*. Un être pour lequel il n'y aurait ni bien ni mal, fût-il sensible, ne jouirait ni ne souffrirait : car sa nature, ne tendant à rien, ne serait jamais troublée ni secondée dans les inclinations qu'elle n'aurait pas : et c'est là justement ce qui constitue le phénomène de la sensation. Nous l'éprouvons nettement en nous-mêmes. Notre nature se sent et a des tendances :

se développent-elles sans obstacles, elle jouit; rencontrent-elles des limites qui la gênent et l'arrêtent, elle souffre. Le plaisir est donc en elle le contre-coup sensible ou le sentiment du bien, la douleur le sentiment du mal; l'un est l'effet de l'autre, mais l'un n'est pas l'autre, comme on l'a pensé dans l'école d'Épicure. On conçoit la cause sans l'effet dans les natures insensibles ; notre intelligence les distingue dans la nôtre. Le bien est déterminé et apprécié par l'intelligence, qui comprend notre destinée et juge que nous l'accomplissons; elle le trouverait encore, si nous étions insensibles ; le plaisir est senti, et disparaîtrait avec la sensibilité.

L'ordre et le bonheur, le bien et le plaisir, sont donc inséparables, puisque l'un est l'effet de l'autre : c'est une illusion qui les a faits ennemis, et nous l'expliquerons ailleurs.

Il suit encore de là, que, de même que le mal est l'imperfection du bien, de même la douleur n'est que la suspension ou l'imperfection du bonheur. Si notre nature était dans une condition meilleure, où jamais elle n'aurait rencontré d'obstacle, il est certain qu'elle serait heureuse, il est probable qu'elle le serait sans le savoir. Le bonheur est l'état sensible naturel et selon l'ordre; le malheur est l'accident sensible : il ne fait que limiter le bonheur, comme le mal ne fait que limiter le bien. Le plaisir fondamental d'être et d'agir, né du sentiment de l'existence et de l'activité, cette portion indestructible de l'ordre, subsiste toujours au sein des plus grandes douleurs.

Le propre des natures raisonnables est de comprendre le bien, tout comme celui des natures sensibles est de le sentir. Le sentiment du bien, c'est le plaisir; la conception du bien en est l'idée. Par cela qu'une nature est, elle tend à sa fin ou à son bien : c'est là ce que toutes ont de commun ; mais c'est un privilége de le sentir, et c'en est un plus grand encore de le comprendre. Dès lors le bien n'est plus la satisfaction d'un besoin aveugle, ni la cause désirable d'une puissance sensuelle : le bien est l'accomplissement de l'ordre universel en nous; et, de même qu'il est nécessaire à notre nature, parce qu'elle a été faite pour lui, agréable à notre sensibilité, parce qu'il la rend heureuse, il devient respectable et sacré pour notre raison, parce qu'elle y voit l'ordre, et qu'entre l'ordre et elle il y a la même sympathie qu'entre la sensibilité et le bonheur, et qu'entre une nature active et son développement.

Mais, au lieu que notre sensibilité ne peut sentir que son bonheur, au lieu que notre nature instinctive ne peut aspirer qu'à son but, notre intelligence nous fait sortir de nous-mêmes, et, par l'idée du bien qu'elle a conçu, nous fait comprendre le bien de chaque être aussi nettement que la nôtre propre, et nous élève jusqu'à la conception du bien ou de l'ordre absolu.

Et, comme l'ordre est tout aussi bien l'ordre hors de nous qu'en nous, et que partout il garde sur la raison la même autorité, il nous est aussi respectable dans les autres natures que dans la nôtre, et le bien des autres est aussi sacré à nos yeux que notre bien. En effet, le bien n'est pas bien pour notre raison, parce qu'il est notre bien, mais parce qu'il est l'accomplissement de l'ordre ; ce n'est pas nous qui sommes respectables pour la raison, mais l'ordre ; donc le bien, partout où il se trouve, lui est égal. Notre sensibilité et notre instinct sont égoïstes et individuels, notre raison est impartiale et impersonnelle : elle préfère le bien à l'individu, parce que l'individu n'a de prix à ses yeux que comme instrument de l'ordre, qui seul est sacré pour elle. C'est d'elle que descend en nous toute justice, tout dévouement, toute moralité.

Mais vainement l'élément intellectuel nous élèverait-il jusque-là si nous n'étions libres. L'homme, soumis à la fatalité, comprendrait le bien, verrait sa nature aller nécessairement à son but et contribuer aveuglément à l'ordre, sans pouvoir prendre part à l'œuvre, et servir volontairement la divinité qu'adore sa raison. La contradiction qu'implique une pareille manière d'être, où l'on comprend le bien sans pouvoir le faire, nous la fait regarder comme impossible, et jusqu'ici l'expérience n'a pas démenti cette présomption : tous les êtres raisonnables connus ont été trouvé libres en même temps.

La contradiction qu'il y aurait à ce qu'un être libre ne comprît pas le bien est encore plus choquante. A quoi bon la liberté de faire, s'il n'y a rien qu'il soit préférable de faire et préférable d'éviter? On peut concevoir la contemplation oisive du bien, on ne peut en aucune façon comprendre la puissance inutile d'une liberté aveugle.

Le propre de la liberté est de faire participer l'individu à l'accomplissement de l'ordre. Sans sa liberté, un être tend à sa fin, et sa fin est dans l'ordre; mais il y tend par sa constitution qui vient de Dieu, et c'est Dieu qui agit en lui, comme c'est l'ouvrier qui agit dans la montre qu'il a faite : il n'est donc personnellement pour rien dans ce qu'il fait. Mais, dans les natures intelligentes et libres, la raison ayant conçu l'ordre et défini l'individu un instrument de l'ordre, l'individu qui se sent maître de son activité comprend qu'il est chargé de l'accomplissement de l'ordre en lui; il prend donc en main la direction de lui-même, et marche au but de son propre mouvement; dès lors ses actes lui appartiennent, il en a le mérite, il en a subi la responsabilité, il est moral, c'est-à-dire que, comme Dieu lui-même, il comprend le bien et le fait de sa propre volonté.

La liberté ne consiste pas à faire autre chose que ce qu'aurait fait sans elle la nature abandonnée à ses tendances; mais elle consiste à le faire au nom de l'ordre, et non pas au nom de l'individu; elle consiste à le faire volontairement, et non pas fatalement; avec intelligence, et non pas à l'aveugle : ce qui donne à l'individu la propriété et le mérite de ce qui se passe en lui.

De la liberté et de l'intelligence naissent le droit et le devoir, idées qu'on a tant de fois définies et tant de fois défigurées. L'être qui comprend le bien et qui est libre est soumis au devoir de l'accomplir en lui et de le respecter partout où il le rencontre. Il a le devoir de l'accomplir en lui, parce qu'il en est chargé spécialement; il a le devoir de le respecter ailleurs, parce que c'est le bien qui est respectable et non pas l'individu dans lequel il s'accomplit. Il y a plus, il se sent le devoir d'aider à l'accomplir partout où il peut, parce qu'il doit tout le bien qu'il peut faire.

L'être créé pour accomplir une destinée n'est pas le maître de la changer : à ce premier titre, il paraît mal à la raison de mettre obstacle au développement, même fatal et aveugle, de sa nature; mais, si cet être comprend sa destinée et s'il s'en trouve chargé, il est injuste de s'opposer à ce qu'il l'accomplisse : car non-seulement c'est empêcher le bien, ce qui est mal, mais c'est l'empêcher dans un être responsable de son accomplissement, ce qui constitue l'injustice. C'est pourquoi tout être libre et intelligent conçoit qu'il a le droit d'accomplir sa destinée, et impose à tout être qui comprend sa situation le devoir de respecter ce droit sous peine d'injustice.

Nous ne pousserons pas plus loin la déduction de ces conséquences ; nous en avons assez dit pour montrer que, si le bien pour tout être est l'accomplissement de sa destinée, tous les êtres cependant ne l'accomplissent pas aux mêmes conditions. L'échelle est facile à tracer. D'abord, les êtres qui ne sont que des instruments insensibles et aveugles, qui accomplissent leur rôle dans la création, sans le vouloir, sans le savoir, sans le sentir ; puis les êtres animés ou sensibles, qui ressentent le plaisir de leurs besoins satisfaits et la douleur de leurs appétits trompés, en qui, par conséquent, la sensibilité fortifie, dirige et aiguillonne la puissance de l'instinct ; enfin, les natures libres et intelligentes, qui jugent leurs instincts et leurs sensations, comprennent le bien, l'accomplissent volontairement et pour lui-même, l'opèrent en elles, le respectent partout, et chez lesquelles se produit l'admirable phénomène du bien et du mal moral.

# III

## DU PROBLÈME DE LA DESTINÉE HUMAINE

(1830) [1]

Jusqu'ici, Messieurs, tout mon enseignement dans cette faculté a été consacré à des recherches particulières sur la nature de l'homme : j'essayais avec vous de pénétrer jusqu'aux principes qui la constituent, d'en constater le nombre, les fonctions et les lois, et d'arriver, par cette analyse des éléments de la vie psychologique, à l'intelligence des phénomènes spéciaux par lesquels elle se manifeste en nous. En renonçant aujourd'hui à ces recherches sévères, et en donnant pour objet à ce cours le problème de la destinée humaine, vous pourriez croire que j'ai voulu m'armer contre vos souvenirs, et vous dédommager, par l'intérêt du sujet, de cette éloquence dans la parole, et de cette profondeur dans la pensée, dont mon savant prédécesseur vous avait en quelque sorte fait une habitude. Non, Messieurs; quelque redoutable que puisse être pour moi la comparaison, la crainte d'y succomber n'a point influé sur le choix que j'ai fait. Cette chaire n'est point un théâtre où des

---

[1]. Ce morceau et le suivant sont les deux premières leçons du cours de morale professé à la Faculté des lettres de 1830 à 1831. Elles ont été recueillies par la sténographie et revues par l'auteur.

orateurs viennent disputer devant vous le prix de l'éloquence. Je ne vois autour de moi que des amis de la science, et je continue de croire qu'elle suffirait à ceux qui l'aiment. Des motifs plus graves m'ont déterminé : j'ai considéré les intérêts de la science et les vôtres, je n'ai point songé aux miens ; pour tout dire en un mot, si j'ai choisi pour sujet de ces leçons le problème moral, c'est qu'il m'a paru que, dans un moment où s'agitent au sein de cette grande ville et de cette grande nation les destinées de l'humanité, il était convenable, il était important de traiter dans cette faculté le problème de la destinée de l'homme.

En effet, Messieurs, il ne faut pas s'y tromper, c'est le privilége des peuples qui marchent à la tête de la civilisation, que rien de grand ne puisse se passer dans leur sein, qui n'influe sur les destinées de l'espèce elle-même. Ce privilége, que la Grèce reçut de l'Orient et qu'elle légua à l'Italie, nul ne le conteste depuis deux siècles à notre glorieux pays. Aussi, nous en avons la conscience, et les étrangers la partagent, les révolutions qui s'accomplissent chez nous ne s'y accomplissent pas pour nous seuls, elles s'y accomplissent pour l'Europe entière, et les révolutions qui s'accomplissent pour l'Europe entière, s'accomplissent pour l'espèce entière. Telle est la portée immense, telle est l'influence extraordinaire, que la Providence a momentanément attribuée aux actions d'un seul peuple. Or, il m'eût parut peu convenable, le lendemain d'un des plus grands événements de l'histoire de ce peuple privilégié, au moment où les conséquences de cet événement fermentent partout et vont peut-être changer la face de l'Europe, et quand vos esprits préoccupés d'une noble curiosité ne peuvent se détacher de ce grand spectacle, il m'eût paru peu convenable, dis-je, dans un pareil moment de vous enfermer dans des recherches purement métaphysiques. A quoi servirait la science de l'homme, si elle ne servait pas à faire comprendre les grands mouvements de l'histoire de l'humanité? Et quel moment plus propre à lui demander le sens de cette histoire, que celui où l'une de ses plus mémorables pages s'écrit pour ainsi dire sous nos yeux? Rien, Messieurs, ne donne le sentiment de la destinée humaine comme ces temps de crise où elle fait un grand pas. Il semble alors que les intentions de la Providence se révèlent à la conscience des individus chargés de les accomplir, et qu'il ne faille qu'une faible attention pour les pénétrer. Le philosophe ne doit pas laisser échapper ces intervalles de lucidité. D'une part, il doit en profiter pour la science, et, d'autre part, répondant à l'appel de l'époque, éclairer du flambeau de la science les intelligences fortement éveillées, et d'autant plus avides de comprendre qu'elles se sentent plus près de la lumière. Voilà, Messieurs, pourquoi j'ai posé le problème de la destinée humaine ; voilà pourquoi j'ai résolu de l'agiter avec vous. Abordons cette grande question, et d'abord tâchons de la comprendre.

Le spectacle de l'univers qui nous environne et des différents êtres qui le peuplent inspire à tous les hommes certaines croyances qu'il ne dépend pas plus d'eux de ne pas avoir qu'il ne dépend d'eux de les rejeter quand une fois elles se sont produites. Comme tous les êtres qui remplissent le monde ont une nature déterminée, il nous semble certain que cette nature impose à chacun une destination spéciale ; et, comme le monde lui-même est un tout harmonieux, nous croyons que la destination spéciale de chacun de ces êtres concourt à la destination de l'ensemble, et forme un élément de l'ordre universel.

Tout être, quel qu'il soit, nous semble donc dévoué, par son organisation, à une certaine fin. L'accomplissement de cette fin est son rôle ici-bas, et de la combinaison de tous ces rôles résulte le drame de la création. Quelle est la fin d'un être donné? Nous pouvons l'ignorer. Mais, soit que nous la connaissions ou que nous ne la connaissions pas, nous ne laissons pas de croire qu'il en a une, et qu'elle importe à l'harmonie générale du tout. De même que dans une grande machine composée de mille rouages nous savons que chaque rouage accomplit un certain mouvement, et nous croyons que ce mouvement contribue pour sa part au mouvement de la machine entière : de même, dans ce vaste univers, peuplé de tant d'êtres différents, non-seulement nous croyons que chacun de ces êtres agit selon sa nature, mais encore que son action importe à celle de l'ensemble. Il n'est rien dans la création que nous ne soumettions à cette loi. Nous ne l'imposons pas seulement à l'homme, aux animaux, aux plantes, nous l'appliquons même à ces objets que nous appelons inanimés, et qui certes ne méritent pas ce nom. Pas plus que moi, ce caillou qui roule sous mes pieds n'a été créé en vain : sa nature lui assigne, comme à moi, un rôle dans la création ; et, si ce rôle est obscur, s'il est moins beau, moins considérable que le mien, il n'en est pas moins rempli, et n'en concourt pas moins au but que le créateur s'est proposé en laissant échapper le monde de ses mains.

D'où nous viennent ces croyances? ce n'est pas ici le lieu de le chercher ; mais, de quelque source qu'elles émanent, et à quelque titre qu'elles se fassent accepter, toujours est-il qu'elles sont invincibles. Quand nous cherchons à révoquer en doute le double principe que nous venons de signaler, nous ne pouvons y parvenir,

Il persiste, malgré tous nos efforts pour l'extirper. Le scepticisme peut bien contester la vérité absolue de ce principe ; il peut bien soutenir que, si l'intelligence humaine était faite d'une autre manière, ce principe qui nous semble nécessaire pourrait nous paraître absurde ; mais ce qu'il ne peut pas, c'est d'en détruire, c'est d'en affaiblir la puissance. Les sceptiques eux-mêmes, dans la pratique de la vie, retombent sous son ascendant : là, ils croient ; là, ils concluent comme le reste des hommes, et, comme le reste des hommes, attribuent une destination à chaque chose et la cherchent. C'est que le scepticisme s'abuse ; c'est que la question en philosophie n'est pas de savoir ce que serait la vérité si l'intelligence était faite autrement qu'elle ne l'est : la question est de savoir quelle est la vérité pour l'intelligence humaine. Prétendre à une vérité supérieure, c'est prétendre à l'impossible : car l'intelligence ne peut pas cesser d'être ce qu'elle est, pour juger ce que serait la vérité après cette transformation. Il n'y a pas d'autre vérité pour l'homme que la vérité humaine : c'est la seule qu'il lui soit donné d'atteindre.

Tous les êtres ont donc leur destination spéciale qui leur est imposée par leur nature, et, parce qu'elle leur est imposée par leur nature, tous y tendent avec énergie. Voilà ce que tous les êtres ont de commun. Mais, cette destination, la plupart l'ignorent en l'accomplissant, et il n'a été donné qu'à un bien petit nombre de savoir qu'ils en ont une. Ce privilége éminent a été réservé aux natures raisonnables, et le seul être doué de raison que nous connaissions, c'est l'homme.

Si vous considérez le minéral, vous voyez qu'il y a en lui deux éléments : les molécules agrégées, et la force qui les tient agrégées. La force est l'élément constitutif, car c'est elle qui fait l'agrégation, et le minéral est cette agrégation même. Voilà donc un principe qui, en vertu de sa nature, accomplit une certaine mission, qui est sa fin. Mais, ce principe étant dépourvu de sensibilité et d'intelligence, cette fin s'accomplit en lui sans qu'il le sente, sans qu'il le sache. Quand son action s'exerce sans obstacle, il ne jouit pas ; quand elle est contrariée ou vaincue par une force extérieure, il ne souffre pas ; et non-seulement il ne jouit ni ne souffre dans ces deux cas parce qu'il est insensible, mais, parce qu'il est inintelligent, il n'est point informé que dans l'un il accomplit sa destination, et que dans l'autre il en est empêché ; il ne sait pas même qu'il en a une, encore moins quelle elle est. C'est un acteur aveugle, qui joue son rôle sans le connaître, sans le vouloir, sans savoir qu'il en a un et qu'il le remplit.

Dans la plante, la force a un développement plus varié plus riche, plus puissant. Son rôle ne se borne point à maintenir dans une agrégation immobile un certain nombre de molécules matérielles. Elle s'empare du germe, et, appelant à elle tous les éléments propices que la nature a mis à sa portée, comme une ouvrière habile, elle compose, elle organise un être, qui se couvre de fleurs et de fruits, qui vit de sa vie, et qui abandonne aux vents et à la terre, aux ondes et à la nature, des semences qui contiennent le germe de nouveaux êtres semblables à lui. Telle est la destination plus noble de la plante, ou du principe qui la constitue. Mais elle aussi fait tout cela sans le savoir ; elle aussi ne s'inquiète pas de sa destinée, parce qu'elle est inintelligente. Sent-elle du moins la hache qui la frappe, le vent qui froisse ses rameaux, le brûlant soleil qui dessèche ses racines ? Nous l'ignorons. Quelques faits sembleraient annoncer dans les plantes je ne sais quelle sourde sensibilité qui tressaillirait obscurément quand elle est blessée dans ses organes les plus délicats; mais ces indications ne sont point des preuves, et nous devons d'autant plus nous en défier, que nous sommes plus portés à prêter notre vie à toutes choses, et à soumettre à l'unité des lois de notre nature l'immense variété des êtres créés.

Dans l'animal, le doute n'est plus permis: le principe qui le constitue n'est plus une force étrangère à elle-même et à ses actes, qui, par le jeu combiné de certaines opérations qu'elle exécute sans le sentir, sans le savoir et sans le vouloir, accomplit mécaniquement la fin qui lui a été assignée dans la création. Par cela seul qu'il existe, et qu'il existe d'une certaine manière, le principe animal, comme tout principe possible, se développe et aspire à sa fin; mais parce qu'il est sensible, il a la conscience de ces tendances instinctives, il les sent, elles sont pour lui des besoins; et, parce qu'il les sent, quand elles sont satisfaites, il jouit; quand elles sont contrariées, il souffre. Ce n'est pas tout: il a reçu de Dieu une intelligence suffisante pour reconnaître l'objet de ces besoins, et assez d'empire sur lui-même pour mettre volontairement ce qu'il a de puissance au service de ces besoins. L'animal ne reste donc point, comme la plante, étranger à ce qui se fait en lui : en vertu de cette triple faculté qu'il a, et dont elle est privée, il lui est donné de participer à l'accomplissement de sa propre destination. Mais il ne lui est point donné de comprendre qu'il en a une, ni quelle elle est : il lui manque pour cela ce degré supérieur d'intelligence qu'on appelle *raison*, et sans lequel l'entendement est réduit à connaître sans comprendre, et à servir en esclave au lieu de gouverner en maître. En cédant à ses besoins, en démêlant ce qui leur est propre, en agissant pour les apaiser, l'animal ne sait pas ce qu'il fait; il ne sait pas qu'il accomplit sa destination, encore moins comprend-il qu'en accomplissant cette destination il joue un rôle dans l'univers. Jamais l'idée d'une destination ne se présente à lui, jamais il ne se pose le problème de savoir quelle est la sienne, quelle est celle du monde. Le noble mais triste privilége de ces hautes pensées lui a été refusé : sa nature en est incapable.

Il en est tout autrement de l'homme. L'homme est aussi, par sa constitution, prédestiné à une certaine fin. Cette destination s'explique primitivement en lui, comme dans les animaux, par des besoins, des désirs, des mouvements instinctifs. Comme eux, il a une sorte d'intelligence, qui sert à reconnaitre et l'existence de ces désirs et de ces besoins et les objets qui peuvent les satisfaire. Il a aussi, comme eux, cette sensibilité qui fait souffrir tout être créé quand les inclinations de sa nature sont contrariées, qui le font jouir quand elles ne le sont pas. Comme eux, enfin, il possède cette faculté de disposer de lui-même, qui permet à une cause d'employer volontairement sa puissance à la poursuite des objets que ses besoins, ses inclinations, son intelligence, lui ont indiqués. Mais là ne s'arrêtent point les facultés que le ciel a départies à l'homme. Il a reçu de plus cette intelligence supérieure qu'on appelle *raison*, par laquelle il se comprend lui-même, et avec lui les choses qui l'entourent et les rapports qui existent entre leur nature et la sienne. Non-seulement l'homme a le pouvoir et de sentir et de connaitre les choses qui lui sont bonnes ou mauvaises, mais il a celui de comprendre à quel titre et comment les choses portent pour lui ces caractères opposés, à quel titre et comment toutes ne lui sont pas également indifférentes, à quel titre et comment il y a, il peut y avoir, et pour lui et pour tous les êtres, du bien et du mal. L'homme, en un mot, en accomplissant la destinée que lui impose sa nature, a la faculté de comprendre qu'il en a une, que toute chose, et la création elle-même, a la sienne, et que celle de chaque être créé n'est qu'un fragment de celle de la création tout entière.

Si nous résumons ce que nous venons de dire, vous voyez, Messieurs, qu'il suffit qu'une chose soit, et soit d'une certaine manière, pour être par là même déterminée à un certain développement. Ce développement, c'est la destination même de l'être, destination qui dérive de sa nature. Chez les êtres insensibles et inintelligents la nature se développe et va à sa fin sans qu'ils le sentent et sans qu'ils le sachent. Chez les êtres purement sensibles, s'il en existe, la destination s'accomplit comme chez les autres; mais, quand elle s'accomplit facilement, ils jouissent; quand elle s'accomplit difficilement, ils souffrent. Elle s'accomplit également chez les êtres doués d'intelligence et privés de raison, mais avec cette circonstance, que l'intelligence et la volonté interviennent comme instruments. Enfin, chez les êtres raisonnables, un nouveau phénomène se produit : non-seulement ils jouissent ou ils souffrent, selon que leur destination s'accomplit facilement ou difficilement; non-seulement ils interviennent par leur intelligence et leur volonté dans l'accomplissement de cette destination, mais encore ils comprennent qu'ils en ont une, et qu'elle est le mot de cette énigme qu'on appelle la vie. Telle est la gradation que présentent, à ce point de vue, les différentes espèces d'êtres qui composent la création.

Maintenant, Messieurs, il ne faut pas croire que l'homme s'élève de bonne heure, ni à la conception de cette grande pensée, ni à celle des nombreux problèmes qu'elle engendre nécessairement, et qui en sont comme les émanations inévitables. Non, Messieurs; l'homme n'est pendant longtemps qu'un animal, à la vérité plus parfait que tous les autres, mais dont l'intelligence ne s'élève pourtant à aucun des problèmes qui sont véritablement humains, et qu'il a été à jamais interdit à tout animal de concevoir et de poser. Pendant toute la première partie de sa courte durée, la vie de l'homme est un sommeil dont il n'a pas conscience, une nuit où la lumière n'a point pénétré. Des besoins se développent en lui, des facultés s'y montrent et s'y développent aussi. Il est porté, par ces besoins et par ces facultés, vers certains objets; son intelligence lui apprend, à l'aide de l'expérience, à reconnaître ces objets, à satisfaire ces besoins, à exercer et à développer ces facultés. Il parvient même, ce qui n'arrive qu'à un bien moindre degré chez l'animal, à combiner tous les moyens possibles qui sont à sa disposition pour parvenir à la plus complète satisfaction de ses besoins et au plus grand développement de ses facultés. Mais pendant très-longtemps il fait cela sans savoir, sans se demander pourquoi il le fait. Le phénomène de la raison concevant l'idée de destination, concevant que toute chose en a une, concevant que l'homme a la sienne, et que cette destination a un rapport nécessaire avec celle de l'univers, ce phénomène-là tarde très longtemps à se produire dans l'homme. Le jour où il s'y produit enfin est un grand jour, un jour que l'on n'oublie jamais; mais ce jour tarde longtemps à luire, et, tant qu'il n'est pas venu, on peut dire que la vie de l'homme n'est que la vie animale à son plus haut degré.

Il semble d'abord que cette première vie, qui est bien évidemment celle de l'enfant se prolonge extraordinairement chez le commun des hommes, et que même, chez un grand nombre, elle remplisse à elle seule toute la durée de l'existence. En effet, en jetant les yeux sur la société qui nous entoure, qu'y voyons-nous? où sont les hommes préoccupés du grand problème de la destinée humaine, les hommes que ce problème tourmente, les hommes que ce problème agite et élève, les hommes à qui ce problème prenne une de leurs pensées et dérobe une des minutes de leur temps? Assurément, si chacun de nous connaît quelques-uns de ces hommes, chacun de nous sait aussi qu'ils sont en petit nombre, et que ce n'est point de pareils éléments qu'est composée cette foule qui nous environne. A voir le spectacle qu'elle nous présente, et ces milliers d'êtres qui vivent au jour le jour, poursuivant les objets divers de leurs passions, très-contents quand ils les ont atteints, très-désappointés quand ils leur ont échappé, mais, heureux ou trompés, se prenant le lendemain d'ambitions toujours nouvelles, de désirs toujours renaissants, et poursuivant intrépidement leur rôle sans songer jamais à se demander le sens de cette pièce qui leur donne tant de mal, et dans laquelle ils figurent sans savoir pourquoi, à voir, dis-je, cette réalité de la vie humaine, on croirait que le privilége de comprendre que nous avons une destinée appartient bien moins à l'humanité qu'à la philosophie, et que, si c'est là le fait qui distingue l'homme de l'animal, ce n'est guère que par exception qu'il prend le rang supérieur qui lui a été assigné.

Sans doute, Messieurs, il est vrai de le dire, l'homme n'arrive que tard à ces grandes questions, et, alors même qu'il se les est posées, les intérêts et les passions de tous les jours reprennent bientôt le dessus, et tendent incessamment à les lui faire oublier. Ce n'est que dans quelques cas extraordinaires, dans quelques circonstances rares, que son esprit s'élève à ces hautes pensées. Cela est vrai pour le commun des hommes, cela est vrai aussi pour les esprits distingués, qui sont emportés comme les autres par le flux et le reflux des circonstances, et qui passent ainsi une grande partie de leur vie à obéir à leur nature, sans considérer où elle les pousse. Oui, le fait est exact, et je ne le conteste point; et cependant, j'ose le dire, il n'est pas un homme, si pauvre que sa naissance l'ait fait, si peu éclairé que la société l'ait laissé, si maltraité, en un mot, qu'il puisse être par la nature, la fortune et ses semblables, à qui, un jour au moins dans le courant de sa vie, sous l'influence d'une circonstance grave, il ne soit arrivé de se poser cette terrible question qui pèse sur nos têtes à tous comme un sombre nuage, cette question décisive: Pourquoi l'homme est-il ici-bas, et quel est le sens du rôle qu'il y joue? Vous êtes là, Messieurs, pour témoigner de la vérité de cette assertion : car pour aucun de vous la question que je pose n'est une question inconnue; elle ne l'est à aucun homme qui ait un peu vécu, qui ait un peu souffert. Il reste donc à savoir quelles sont ces circonstances qui viennent nous tirer du rang de l'animal pour nous élever à une pensée, qui est la pensée morale, la pensée humaine par excellence.

Il est bien évident d'abord que, si l'homme ne portait pas en lui-même les deux principes que j'ai signalés en commençant, jamais l'homme ne concevrait la question morale et ne se la poserait. C'est uniquement parce que l'homme est capable de comprendre que toute chose a été créée pour une fin, et que, dans l'ensemble de cet univers, la fin de chaque chose doit importer à la fin du tout, que l'homme s'inquiète de sa propre destinée et de ses rapports avec celle du monde. Supprimez dans l'homme la raison, ne lui laissez que l'intelligence, et placez-le sous l'influence d'une circonstance quelconque, jamais un pareil souci ne l'occupera. Or, la raison de l'homme est née avec lui; mais elle sommeille pendant longtemps, et il faut des excitations puissantes pour la réveiller, et lui faire mettre dehors, si je puis m'exprimer ainsi, les principes qu'elle contient. Jusque-là, ils sont en elle comme s'ils n'étaient pas. Tout homme porte en soi, dès son enfance, les principes générateurs de la question morale, et pourtant la question morale ne se pose que tard, et semble même ne se poser qu'à peine dans un grand nombre d'esprits. Nous devons donc chercher quelles circonstances parviennent à éveiller la raison humaine sur ce point, et nous forcent à ouvrir les yeux sur l'énigme de la vie.

Jamais peut-être, Messieurs, l'homme ne se demanderait pourquoi il a été mis dans ce monde, si les tendances de sa nature y étaient continuellement et complétement satifaites. Une parfaite, une invariable harmonie entre la pente de ses désirs et le cours des choses laisserait peut-être sa raison éternellement endormie. Ce qui éveille la raison, Messieurs, ce qui l'oblige à s'inquiéter de la destinée de l'homme, c'est le mal : le mal, qui est partout dans la condition humaine, jusque dans ces jouissances passagères qu'on appelle le bonheur.

Au début de la vie, notre nature, s'éveillant avec tous les besoins et toutes les facultés dont elle est pourvue, rencontre un monde qui semble offrir un champ illimité à la satisfaction des uns et au développement des autres. A la vue de ce monde qui paraît renfermer pour elle le bonheur, notre nature s'élance, pleine d'espérances et d'illusions. Mais il est dans la condition humaine qu'aucune de ces espérances ne soit remplie, qu'aucune de ces illusions ne soit justifiée. De tant de passions que Dieu a mises en nous, de tant de facultés dont il nous a doués, examinez, et voyez laquelle ici-bas a son but, et parvient à sa fin. Il semble que le monde qui nous entoure ait été constitué de manière à rendre impossible un pareil résultat. Et cependant, ces désirs et ces facultés résultent de notre nature; ce qu'ils veulent, c'est ce qu'elle veut; ce qu'elle veut, c'est la fin pour laquelle elle a été faite, c'est son bonheur, c'est son bien. Elle souffre donc, Messieurs, et non-seulement elle souffre, mais elle s'étonne et s'indigne : car, comme elle ne s'est point faite, il n'a point dépendu d'elle d'avoir ou de n'avoir pas ces tendances; la satisfaction de ces tendances lui semble donc non-seulement naturelle, mais encore légitime; elle trouve donc que les lois de la nature et celles de la justice sont blessées dans ce qui lui arrive; et de là, cette longue incrédulité d'abord, puis ensuite cette sourde protestation que nous opposons aux misères de la vie. Tant que dure notre jeunesse, le malheur nous étonne plus qu'il ne nous effraie; il nous semble que ce qui nous arrive est une anomalie, et notre confiance n'en est point ébranlée. Cette anomalie a beau se répéter, nous ne sommes point désabusés; nous aimons mieux nous accuser que de mettre en doute la justice de la Providence; nous croyons que, si nous éprouvons des mécomptes, la faute en est à nous, et nous nous encourageons à être plus habiles; et, alors même que notre habileté a échoué mille fois, nous nous obstinons encore à croire. Mais, à la fin, soit que quelque grand coup, venant à nous frapper, nous ouvre subitement les yeux, soit que, la vie s'écoulant, une expérience si longtemps prolongée l'emporte, la triste vérité nous apparaît : alors s'évanouissent les espérances qui nous avaient adouci le malheur ; alors leur succède cette amère indignation qui le rend plus pénible ; alors du fond de notre cœur oppressé de douleur, du fond de notre raison blessée dans ses croyances les plus intimes, s'élève inévitablement cette mélancolique question : Pourquoi donc l'homme a-t-il été mis en ce monde ?

Et ne croyez pas, Messieurs, que les misères de la vie aient seules le privilége de tourner notre esprit vers ce problème : il sort de nos félicités comme de nos infortunes, parce que notre nature n'est pas moins trompée dans les unes que dans les autres. Dans le premier moment de la satisfaction de nos désirs, nous avons la présomption, ou, pour mieux dire, l'innocence de nous croire heureux ; mais, si ce bonheur dure, bientôt ce qu'il avait d'abord de charmant se flétrit ; et là où vous aviez cru sentir une satisfaction complète, vous n'éprouvez plus qu'une satisfaction moindre, à laquelle succède une satisfaction moindre encore, qui s'épuise peu à peu, et vient s'éteindre dans l'ennui et le dégoût. Tel est le dénoûment inévitable de tout bonheur humain ; telle est la loi fatale à laquelle aucun d'eux ne saurait se dérober. Que si, dans le moment du triomphe d'une passion, vous avez la bonne fortune d'être saisi par une autre, alors, emporté par cette passion nouvelle, vous échappez, il est vrai, au désenchantement de la première et c'est ainsi que, dans une existence très-remplie et très-agitée, vous pouvez vivre assez longtemps avec le bonheur de ce monde avant d'en connaître la vanité. Mais cet étourdissement ne peut durer toujours : le moment vient où cette impétueuse inconstance dans la poursuite du bonheur, qui naît de la variété et de l'indécision de nos désirs, se fixe enfin, et où notre nature, ramassant, pour ainsi dire, et concentrant dans une seule passion tout le besoin de bonheur qui est en elle, voit ce bonheur, l'aime, le désire dans une seule chose qui est là, et à laquelle elle aspire de toutes les forces qui sont en elle. Alors, quelle que soit cette passion, alors arrive inévitablement l'amère expérience que le hasard avait différée : car, à peine obtenu, ce bonheur si ardemment, si uniquement désiré, effraie l'âme de son insuffisance ; en vain elle s'épuise à y chercher ce qu'elle y avait rêvé ; cette recherche même le flétrit et le décolore : ce qu'il paraissait, il ne l'est point ; ce qu'il promettait, il ne le tient pas ; tout le bonheur que la vie pouvait donner est venu, et le désir du bonheur n'est point éteint. Le bonheur est donc une ombre, la vie une déception, nos désirs un piége trompeur. Il n'y a rien à répondre à une pareille démonstration ; elle est plus décisive que celle du malheur même ; car, dans le malheur, vous pouvez encore vous faire illusion, et, en accusant votre mauvaise fortune, absoudre la nature des choses ; tandis qu'ici c'est la nature même des choses qui est convaincue de méchanceté : le cœur de l'homme et toutes les félicités de la vie mis en présence, le cœur de l'homme n'est point satisfait. Aussi, ce retour mélancolique sur lui-même, qui élève l'homme mûr à la pensée de sa destinée, qui le conduit à s'en inquiéter et à se demander ce qu'elle est, naît-il plus ordinairement encore de l'expérience des bonheurs de la vie que de celle de ses misères. Ce sont là deux des cas où la question se pose ; ce ne sont pas les seuls.

Dans le sein des villes, l'homme semble être la grande affaire de la création ; c'est là qu'éclate toute son apparente supériorité, c'est là qu'il semble dominer la scène du monde, ou, pour mieux dire, l'occuper à lui seul. Mais, lorsque cet être si fort, si fier, si plein de lui-même, si exclusivement préoccupé de ses intérêts dans l'enceinte des cités et parmi la foule de ses semblables, se trouve par hasard jeté au milieu d'une immense nature, qu'il se trouve seul en face de ce ciel sans fin, en face de cet horizon qui s'étend au loin et au delà duquel il y a d'autres horizons encore, au milieu de ces grandes productions de la nature qui l'écrasent, sinon par leur intelligence, du moins par leur masse ; mais, lorsque voyant à ses pieds, du haut d'une montagne et sous la lumière des astres, de petits villages se perdre dans de petites forêts, qui se perdent elle-mêmes dans l'étendue de la perspective, il songe que ces villages sont peuplés d'êtres infirmes comme lui, qu'il compare ces êtres et leurs misérables habitations avec la nature qui les environne, cette nature elle-même avec notre monde sur la surface duquel elle n'est qu'un point, et ce monde, à son tour, avec les mille autres mondes qui flottent dans les airs, et auprès desquels il n'est rien : à la vue de ce spectacle, l'homme prend aussi en pitié ses misérables passions toujours contrariées, ses misérables bonheurs qui aboutissent invariablement au dégoût ; et alors aussi la question de savoir ce qu'il est et ce qu'il fait ici-bas lui vient ; et alors aussi il se pose le problème de sa destination.

Ce n'est pas tout. Non-seulement le bonheur, le malheur, la comparaison de notre infirmité avec la grandeur de la nature, mais encore les regards jetés, soit sur l'histoire de notre espèce, soit sur celle de cette terre que nous habitons, évoquent dans l'âme la plus préoccupée, la plus exclusivement renfermée dans la satisfaction de ses besoins et de ses passions, le problème de la destination.

Vous qui savez l'histoire, voyez un peu comment l'humanité a marché.

Dans les grandes plaines de l'Asie, vous voyez arriver des races qui descendent des montagnes centrales de ce vaste continent, des races qui ont peut-être des ancêtres, mais qui n'ont pas d'histoire. Elles s'en viennent sauvages, presque nues, à peine armées; elles s'en viennent sans dire d'où elles sortent, ni à qui elles appartiennent; elles arrivent là un jour, elles s'emparent de ces plaines. D'un autre côté, et des déserts de l'Arabie, arrivent d'autres races, qui n'ont pas le même crâne, les mêmes idées, mais qui sont dans la même ignorance de leur origine et de leurs ancêtres. En se rencontrant, elles se trouvent hostiles les unes aux autres : de longues luttes s'engagent, qui fondent de grands empires aussitôt renversés qu'établis; une race surnage enfin, qui demeure en possession de ces terres et y domine seule, tenant les autres sous ses pieds. Cet empire, à peine créé, entre en contact avec l'Europe. Là aussi des hommes sans histoire, qui ont encore d'autres crânes, d'autres idées, une autre manière de vivre. Et ces deux races, l'une asiatique et l'autre grecque, se disputent la prépondérance : les Grecs l'emportent, et l'Asie est soumise. Mais bientôt un nouveau peuple, habitant l'occident, s'élève, grandit rapidement, et dans les cadres immenses de son empire engloutit la race grecque et ses conquêtes. Cet autre peuple est lui-même entouré de races inconnues à elles-mêmes et aux autres, qui vivent, depuis des époques ignorées, dans l'occident et le nord de l'Europe. Ces hommes, qui ne ressemblent ni aux Romains, ni aux Grecs, ni aux Orientaux, qui ont d'autres croyances, d'autres idées, d'autres langues, ont aussi leur vocation qui les agite au sein de leurs forêts, et qui les appelle à leur tour sur la scène du monde. Ils y paraissent quand l'heure est venue, et Rome s'écroule sous leur souffle. Et puis, plus tard, on pénètre dans des pays ignorés, on découvre le nord de l'Asie, le midi de l'Afrique, l'Amérique, les innombrables îles semées comme de la poussière sur la surface de l'Océan, et partout de nouveaux peuples, des peuples de toutes les couleurs, blancs, noirs, rouges, cuivrés, à crânes de toutes les formes, à civilisations de tous les degrés, à idées de toutes les espèces; et de ces peuples, aucun ne sait d'où il vient, ce qu'il fait sur la terre, où il va; aucun ne sait par quel lien il se rattache à la commune humanité!

Quand on réfléchit à cette histoire de l'espèce humaine, à cette nuit profonde qui couvre en tous lieux son berceau, à ces races qui se trouvent partout en même temps et partout dans la même ignorance de leur origine, aux diversités de toute espèce qui les séparent encore plus que les distances, les montagnes et les mers, à l'étonnement dont elles sont saisies quand elles se rencontrent, à la constante hostilité qui se déclare entre elles dès qu'elles se connaissent; quand on songe à cette obscure prédestination qui les appelle tour à tour sur la scène du monde, qui les y fait briller un moment, et qui les replonge bientôt dans l'obscurité, un sentiment d'effroi s'empare de l'âme, et l'individu se sent accablé de la mystérieuse fatalité qui semble peser sur l'espèce. Qu'est-ce donc que cette humanité dont nous faisons partie? d'où vient-elle? où va-t-elle? En est-il d'elle comme des herbes des champs et des arbres des forêts? comme eux, est-elle sortie de terre, en tous les lieux, au jour marqué par les lois générales de l'univers, pour y rentrer un autre jour avec eux? ou bien, comme l'a rêvé son orgueil, la création n'est-elle qu'un théâtre sur lequel elle vient jouer un acte de ses destinées immortelles? Encore, si la lumière qui ne luit pas sur son berceau éclairait son développement? Mais qui sait où elle va, comment elle va? La civilisation orientale est tombée sous la civilisation grecque; la civilisation grecque est tombée sous la civilisation romaine; une nouvelle civilisation, sortie des forêts de la Germanie, a détruit la civilisation romaine : que deviendra cette nouvelle civilisation? Conquerra-t-elle le monde, ou bien est-il dans la destinée de toute civilisation de s'accroître et de tomber? En un mot, l'humanité ne fait-elle que tourner éternellement dans le même cercle, ou bien avance-t-elle? ou bien encore, comme quelques-uns le prétendent, recule-t-elle? Car on a supposé aussi que toute lumière était au commencement, que, de traditions en traditions, de transmissions en transmissions, cette lumière allait s'éteignant, et que, sans nous en douter, nous marchions à la barbarie par le chemin de la civilisation. L'homme, Messieurs, demeure éperdu en face de ces problèmes : anéanti qu'il est dans l'espèce, l'anéantissement de l'espèce elle-même au milieu d'une mer de ténèbres glace son cœur et confond son imagination. Il se demande quelle est cette loi sous laquelle marche le troupeau des hommes sans la connaître, et qui l'emporte avec eux d'une origine ignorée à une fin ignorée : et de cette manière encore se pose pour lui la question de sa destinée.

Enfin, un motif de se la poser, plus formidable encore, si je puis me servir de cette expression, c'est celui dont la science nous a récemment mis en possession. Vous savez qu'en sondant les entrailles de la terre, on y a trouvé des témoignages, des monuments authentiques, de l'histoire de ce petit globe que nous habitons. On s'est convaincu qu'il fut un temps où la nature n'avait su produire à sa surface que des végétaux, végétaux immenses auprès desquels les nôtres ne sont que des pygmées, et qui ne couvraient de leur ombre aucun être animé. Vous savez qu'on a constaté qu'une grande révolution vint détruire cette création, comme si elle n'eût pas été digne de la main qui l'avait formée. Vous savez qu'à la seconde création, parmi ces grandes herbes et sous le dôme de ces forêts gigantesques qui avaient distingué la première, on vit se dérouler de monstrueux reptiles, premiers essais d'organisation animale, premiers propriétaires de cette terre, dont ils étaient les seuls habitants. La nature brisa cette création, et, dans la suivante, elle jeta sur la terre des quadrupèdes dont les espèces n'existent plus, animaux informes, grossièrement organisés, qui ne pouvaient vivre et se reproduire qu'avec peine, et qui ne semblaient que la première ébauche d'un ouvrier malhabile. La nature brisa encore cette création, comme elle avait fait des autres, et, d'essai en essai, allant du plus imparfait au plus parfait, elle arriva à cette dernière création qui mit pour la première fois l'homme sur la terre. Ainsi, l'homme ne semble être qu'un essai de la part du Créateur, un essai, après beaucoup d'autres qu'il s'est donné le plaisir de faire et de briser. Ces immenses reptiles, ces animaux informes, qui ont disparu de la face de la terre, y ont vécu autrefois comme nous y vivons maintenant. Pourquoi le jour ne viendrait-il pas où notre race sera effacée, et où nos ossements déterrés ne sembleront aux espèces vivantes que des ébauches grossières d'une nature qui s'essaye? et, si nous ne sommes ainsi qu'un anneau dans cette chaîne de créations de moins en moins imparfaites, qu'une méchante épreuve d'un type inconnu, tirée à son tour pour être déchirée à son tour, que sommes-nous donc, et où sont nos titres pour nous livrer à l'espérance et à l'orgueil ?

Telles sont, Messieurs, quelques-unes des circonstances qui, au milieu même de la vie la plus insouciante, viennent subitement provoquer dans l'esprit de l'homme l'apparition du problème de la destinée. Vous voyez qu'on peut résumer toutes ces circonstances sous une même formule ; car ce qui leur est commun à toutes et ce qui fait qu'elles conduisent également l'âme à ce mélancolique retour sur elle-même, c'est qu'elles mettent en évidence la contradiction qui existe entre sa grandeur naturelle et la misère de sa condition présente ; c'est qu'elles la désabusent de la profonde confiance qu'elle avait en elle-même ; c'est qu'en lui montrant partout ses instincts trompés, ses espérances déçues, ses croyances contredites, partout des bornes, partout des ténèbres, partout de l'impuissance, elles la mettent en alarmes sur elle-même et la forcent de remarquer que sa destinée est une énigme dont elle n'a pas le mot. Telle est la vertu commune cachée au fond de toutes ces circonstances, et qui leur donne, ainsi qu'à toutes celles qui la partagent, le même effet. Or, ces circonstances sont si nombreuses, l'enseignement qui en sort si immédiat et si simple, qu'il est impossible qu'aucun homme, si irréfléchi qu'on le suppose et dans quelque condition qu'on l'imagine, échappe, pendant le cours d'une longue vie, à la conception du problème de la destinée. Car ne croyez pas, Messieurs, qu'il faille être savant pour s'élever jusque-là : le pâtre, sur le sommet de la montagne, est aussi en face de la nature ; il songe aussi, dans ses longs loisirs, et à ce qu'il est, à ce que sont ces êtres qui habitent à ses pieds ; il a aussi des ancêtres descendus au tombeau les uns après les autres, et il se demande aussi pourquoi ils sont nés, et pourquoi, après avoir traîné leur vie sur cette terre pendant quelques années, ils sont morts pour céder la place à d'autres, qui ont disparu à leur tour, et toujours ainsi sans fin ni raison. Le pâtre rêve comme nous à cette infinie création dont il n'est qu'un fragment; il se sent comme nous perdu dans cette chaîne d'êtres dont les extrémités lui échappent; entre lui et les animaux qu'il garde, il lui arrive aussi de chercher le rapport; il lui arrive de se demander si, de même qu'il est supérieur à eux, il n'y aurait pas d'autres êtres supérieurs à lui; et, quand il sent sa misère, il conçoit facilement des créatures plus parfaites, plus capables de bonheur, entourées d'une nature plus propre à le donner; et, de son propre droit, de l'autorité de son intelligence qu'on qualifie d'infirme et de bornée, il a l'audace de poser au créateur cette haute et mélancolique question : « Pourquoi m'as-tu fait, et que signifie le rôle que je joue ici-bas ? »

Or, lorsque, sous l'influence de l'une ou l'autre de ces circonstances, l'homme est enfin arrivé, à une époque quelconque de sa vie, à se poser cette grande question, oh! alors, les doutes qu'elle provoque, s'il n'en trouve pas immédiatement la solution dans des croyances établies, les doutes qu'elle provoque sont terribles. Je sais que bien des hommes, après avoir conçu le problème, semblent le perdre de vue et ne plus guère s'en inquiéter; mais ne vous y trompez pas, Messieurs, une fois cette idée venue, elle ne peut plus périr; on peut s'en distraire, il est vrai; mais s'en défaire, jamais; et voici pourquoi : c'est que les mêmes causes vous la rapellent sans cesse et avec beaucoup plus de facilité qu'elles ne vous l'ont suggérée; c'est que la vie et la mort, les penchants et les misères de notre nature, la grandeur de la création et les ténèbres de l'histoire, sont toujours là qui parlent à l'esprit, au cœur, à l'âme de l'homme de ce qui le touche le plus, sont toujours là qui l'assiégent, qui le tourmentent, qui ne permettent pas qu'une fois éveillé il se rendorme. Alors, Messieurs, l'homme n'est plus ce qu'il était; alors l'homme est changé; il est sorti de l'état d'innocence, il est arrivé à l'état raisonnable et réfléchi, à l'état humain proprement dit. Cette question est comme le flambeau dans la fable de Psyché : avant cette formidable révélation, l'homme obéissait à ses instincts, et, sans prévision, sans inquiétude, arrivait ou n'arrivait pas au but où ils le poussaient : quand il l'atteignait, il était heureux; quand il ne l'atteignait pas, il souffrait; mais ces malheurs passagers, bientôt effacés par l'apparition de passions nouvelles, ne ressemblaient en rien à cette tristesse profonde, à cette incurable mélancolie, qui s'empare de celui qui a conçu la question de la destinée humaine et entrevu les ténèbres qui l'enveloppent ; alors une nouvelle corde est ébranlée au fond de l'âme, et toutes les distractions du monde n'empêchent pas que cette corde ne soit là et que le moindre événement ne la fasse vibrer.

Alors aussi s'éveillent, alors aussi se développent pour la première fois dans les profondeurs de l'âme humaine, trois sentiments endormis jusque-là, et qui ne peuvent éclore qu'à la chaleur de cette triste lumière. Ces sentiments sublimes, la gloire et le tourment de notre nature, sont le sentiment poétique, le sentiment religieux, et le sentiment philosophique.

L'âge d'innocence a sa poésie, l'âge mûr a la sienne ; et, telle est la supériorité de celle-ci, qu'en se révélant à nous elle flétrit, elle décolore, elle anéantit le charme de la première. Il est singulier d'appeler poésie cette superficielle inspiration qui s'amuse à célébrer les joies frivoles, à déplorer les douleurs éphémères des passions. Il faut bien distinguer la vraie poésie de ces chants vulgaires qui ne s'adressent qu'aux parties les plus extérieures et les plus animales de l'âme. La vraie poésie n'exprime qu'une chose, les tourments de l'âme humaine devant la question de sa destinée. C'est là, Messieurs, de quoi parle la véritable lyre, la lyre des grands poètes, celle qui vibre avec une monotonie si mélancolique dans les poésies de Byron, dans les vers de Lamartine. Ceux qui n'ont pas assez vécu ne comprennent qu'à moitié ces sourds accents, traduction sublime d'une plainte éternelle; mais ils retentissent profondément dans les âmes mûres, en qui les mystères de la vie et de la mort, les destinées de l'homme et de l'humanité, ont développé le véritable sentiment poétique. A elles seules il est donné de comprendre la haute poésie lyrique; à elles seules, pour mieux dire, il est donné de sentir la poésie : car la poésie lyrique est toute la poésie; le reste n'en a que la forme.

Ce qui est vrai du sentiment poétique l'est, au même titre, du sentiment religieux. L'homme peut apprendre une religion dans son enfance : cela s'enseigne comme autre chose; mais ce que c'est que la religion, un homme ne le sait pas, un homme ne peut pas le savoir, tant qu'il ne s'est pas inquiété de la destinée humaine, tant que l'expérience de la vie ne l'a pas conduit, ne l'a pas forcé à s'en inquiéter. Qu'est-ce en effet qu'une religion, Messieurs? Examinez, et vous trouverez qu'une religion n'est autre chose qu'une réponse au problème de la destinée humaine et à toutes les questions qu'il entraine à sa suite. Or, qu'importe la solution de ces problèmes à qui ne se les est jamais posés, à qui n'a jamais senti le besoin de les résoudre? Comprend-on la solution quand on ne comprend pas encore le problème? Peut-on sentir le prix de la lumière quand on n'a pas connu l'anxiété des ténèbres? Non, Messieurs. Aussi a-t-on une religion avant d'être religieux, c'est-à-dire avant d'avoir besoin de ce que la religion donne, avant de le concevoir, avant d'y aspirer, avant d'en connaître le prix. Tout cela vient et ne peut venir que le jour où se fait le retour de l'homme sur lui-même, où les mystères de sa destinée lui apparaissent, où le tourment de les connaître le saisit, et où toutes les puissances de son âme alarmée demandent, invoquent la lumière, comme les lèvres du voyageur altéré appellent la source du désert. De ce jour-là l'homme est religieux; avant ce jour-là, il ne l'était pas.

Ce jour-là aussi, et seulement ce jour-là, naît en nous le sentiment philosophique : car un système philosophique, n'est, comme une religion, qu'une réponse aux questions qui intéressent l'humanité. Depuis deux ans, Messieurs, nous cherchons ensemble qu'elle est la nature de l'homme. Pourquoi cette étude? pourquoi cette recherche? Pensez-vous que ce fût de ma part ou de la vôtre pure curiosité de connaître ce que nous sommes? Ah! sans doute la connaissance de l'homme est en elle-même une noble conquête et qui mérite bien d'être poursuivie; mais l'ambition de la faire n'est point la philosophie. La philosophie, c'est la recherche d'une solution à ces problèmes formidables qui tourmentent l'âme humaine; le sentiment philosophique, c'est le besoin de poursuivre ces solutions avec le flambeau de la raison et de la science; et si la philosophie s'occupe de la nature de l'homme, c'est parce que la connaissance de l'homme est le seul chemin qui puisse mener à ces solutions. Ce n'était pas en étudiant l'homme, mais en l'étudiant dans cette vue, que nous étions philosophes;

c'est parce que le botaniste, le naturaliste, le géologue, l'historien, peuvent procéder à leurs recherches dans la préoccupation de ce but, qu'ils peuvent être philosophes; autrement et le psychologue et eux ne sont que des savants. Il en est donc de la philosophie comme de la poésie, comme de la religion : sa nature, son but, son prix, ne se révèlent au cœur de l'homme, et j'ai raison de dire au cœur, que quand il a senti peser sur lui le problème de sa destinée, et que le tourment du doute est venu le saisir au sein de sa primitive insouciance. La philosophie est une affaire d'âme comme la poésie et la religion ; si on n'y met que son esprit, il est possible qu'on devienne philosophe un jour, il est démontré qu'on ne l'est pas encore. La poésie, la religion, la philosophie, sont les trois manifestations d'un même sentiment, qui se satisfait, ici par de laborieuses recherches, là par une foi vive, plus loin par des plaintes harmonieuses ; et c'est ce qui fait que les âmes poétiques, religieuses, philosophiques, sont sœurs ; et c'est ce qui fait qu'elles s'entendent si bien, alors même qu'elles parlent des langues si différentes ; et c'est ce qui fait qu'elles échappent également aux âmes innocentes, qui ne connaissent point, qui ne comprennent point encore la tempête qui les agite.

Telle est, Messieurs, la grande révolution que produit dans l'homme l'apparition du problème de la destinée. Mais ce problème lui-même ne reste point en nous tel qu'il y est entré : il y fermente, si je puis m'exprimer ainsi, et y met au monde une foule d'autres questions qu'il contenait, et qui se posent inévitablement dans toute intelligence où il s'est posé lui-même.

En effet, Messieurs, ce grand problème ne l'est pas seulement par l'intérêt qu'il nous inspire, il l'est encore par son étendue, c'est-à-dire par les vastes questions qu'il attire et qui font invasion à sa suite dans l'esprit humain. Il les attire, Messieurs, parce qu'il les implique et qu'il en est impliqué ; parce qu'on ne peut ni les résoudre sans lui, ni le résoudre sans elles ; parce qu'au fond elle ne forment avec lui, et lui avec elles, qu'un seul et grand problème. La philosophie a divisé ce problème pour le résoudre : vous savez qu'elle appelle *morale* la recherche de la destinée de l'homme ici-bas, *religion* la recherche de sa destinée avant et après cette vie, *philosophie de l'histoire* la recherche de la destinée de l'espèce humaine, *cosmologie* la recherche de l'origine et des lois de l'univers, *théologie* celle de la nature de Dieu et de ses rapports avec l'homme et la création ; vous savez qu'elle distingue bien d'autres problèmes encore, le *droit naturel*, le *droit politique*, le *droit des gens*, etc. Or, toutes ces divisions sont bonnes à ce titre qu'il faut bien analyser un sujet pour l'étudier ; mais ne croyez pas que ces lignes, menées à travers le sujet de la philosophie, en détruisent la radicale unité. Les questions sont distinctes, mais inséparables ; elles se tiennnent par le pied, elles ne sont que des rameaux d'une même souche ; qui en conçoit une, est obligé d'aller à toutes ; qui veut en résoudre une, est forcé de les résoudre toutes ; elles s'appellent, elles s'impliquent, elles se présupposent, elles ne font qu'un dans l'esprit humain.

Essayez en effet, et cherchez, par exemple, quel est le meilleur gouvernement possible : comment le trouverez-vous ? Le meilleur gouvernement possible n'est-il pas celui qui conduit le mieux la société à sa fin, ou qui lui permet le mieux d'y aller ? Il faut donc connaitre la fin de la société pour savoir quel est le meilleur gouvernement possible. Mais comment saurez-vous quelle est la fin d'une société d'hommes, si vous ne savez pas quelle est la fin de l'homme lui-même ? la société n'est qu'une collection, et la fin d'une collection ne peut avoir sa raison que dans celle des éléments qui la composent. Ainsi, le problème politique est un corollaire du problème social, qui est lui-même un corollaire du problème moral ; et il est aussi impossible de considérer la conséquence indépendamment du principe que de s'arrêter au principe sans descendre à la conséquence. Mais ce problème moral, comment l'isoler à son tour du problème religieux ? Qui vous a démontré que toute la destinée de l'homme fût renfermée entre le berceau et la tombe ? Où avez-vous appris que la naissance fût un vrai commencement, que la mort fût une vraie fin ? Celui-là aurait gardé son secret, qui depuis quatre mille ans que l'humanité pense, aurait trouvé cette démonstration ; car l'humanité qui a toujours cru le contraire, car l'humanité qui a toujours rêvé sur le berceau de l'enfant et sur la tombe du vieillard, persiste encore dans ses croyances, et la science n'a pas déterré une preuve, un fait, qui sérieusement les ébranle. Nul donc, dans la recherche de la destinée de l'homme, ne peut légitimement s'enfermer entre la naissance et la mort. Il doit avec le genre humain, et au nom de ses besoins comme de sa raison, franchir ces fausses limites et pénétrer dans le passé et l'avenir de l'homme, c'est-à-dire dans la science religieuse proprement dite. Alors seulement il embrassera le problème de la destinée de l'homme dans toute son étendue ; alors seulement il pourra comprendre cette destinée telle qu'elle est ; car si on la mutile, on la fausse ; car une partie quelconque de cette destinée reste obscure tant que l'ensemble ne l'a pas expliquée. Voilà pourquoi la religion pénètre jusque dans le droit naturel, jusque dans la politique, jusque dans le droit des gens : ces sciences, en effet, dérivent de la morale, et la morale n'est claire, n'est complète, que dans son alliance avec la religion. L'esprit ne peut donc pas plus résister à la pente qui l'entraîne du problème moral au problème religieux, qu'à la logique qui le force de remonter au problème moral pour résoudre le problème religieux.

Les liens qui unissent tous ces problèmes à celui de l'origine et de la destinée de l'espèce ne sont pas moins étroits. Demandez à la pensée de séparer dans ses inquiétudes le sort de l'homme du sort de l'humanité, ou le sort de l'humanité de celui de l'homme, elle ne le peut pas. Elle va de l'un à l'autre par une sourde logique dont la réflexion n'a pas de peine à rendre compte. En effet, ce sont encore ses destinées que l'homme cherche dans celles de l'espèce ; tant qu'il n'a pas déterminé celles-ci, il ne sait pas toutes les siennes. L'homme ne peut donc s'arrêter à ses destinées individuelles ; il est donc obligé de s'occuper de celles de l'humanité, et non-seulement de celles de l'humanité, mais de celles des différents êtres qui peuplent la création, mais de celles de la création entière. En partant de lui, il va donc irrésistiblement à tout, et à Dieu, source de tout ; et, comme il ne va à tout qu'en vertu du souci qu'il a de lui-même, il ne peut songer à rien, agiter aucun problème sur rien, sans revenir à lui, ou, pour mieux dire, sans se placer, sans se maintenir continuellement au centre de tout. Et c'est ainsi que le problème de la destinée humaine est si fécond ; et c'est ainsi que ce fantôme, une fois apparu dans l'intelligence, y en évoque mille autres ; et c'est ainsi que toutes les questions que la philosophie sépare pour les résoudre restent néanmoins unies par une chaîne indissoluble, et ne forment, au vrai, qu'un seul problème, qui, aux yeux du sens commun comme à ceux de la raison, n'est résolu dans une de ses parties que quand il l'est dans toutes sans exceptions.

Cette dépendance est si puissante, si naturelle, qu'elle se fait sentir aux esprits les plus grossiers comme aux plus subtils. Une fois que le paysan s'est demandé : Pourquoi suis-je ici-bas? son intelligence ne s'arrête pas plus là que celle d'Aristote ou de Pascal ; elle sent, comme la leur, la pente logique qui mène de ce problème à tous les autres ; elle y obéit comme la leur, et elle va aussi loin. Interrogez un homme du peuple, et vous vous convaincrez qu'ici comme en tout, il y a bien moins de distance qu'on n'a la ridicule habitude de le croire entre un homme et un homme, entre une intelligence et une autre. Toute intelligence humaine, éveillée par le problème de la destinée, va à toutes les conséquences de ce problème. De là vient qu'il a la vertu d'élever, de féconder, de conduire à tant d'idées et à tant de rêves les esprits les plus grossiers, et que le pâtre, chez qui s'est opérée la révélation de ce problème, est une créature plus développée que le bel esprit le plus civilisé chez qui elle ne s'est pas faite.

Tout ce que je viens de dire, Messieurs, et sur l'étendue du problème de la destinée humaine, et sur l'invincible liaison des questions qu'il soulève, et sur la participation de toutes les créatures humaines à l'intelligence de ces questions et aux inquiétudes qu'elles provoquent, est écrit en gros caractères dans l'histoire de l'humanité. En effet, pendant que la poésie de tous les peuples, des plus anciens comme des plus modernes, des plus sauvages comme des plus civilisés, chante ou les doutes mélancoliques qu'inspirent ces questions, ou les rêves tantôt sombres, tantôt brillants, par lesquels on s'est efforcé de les résoudre, nous voyons s'élever sur la scène de l'histoire deux ordres de monuments qui témoignent d'une manière plus authentique encore de l'exactitude de nos assertions : je veux parler des religions et des systèmes philosophiques.

Qu'est-ce qu'une religion? Qu'est-ce qu'un système philosophique? Je l'ai dit, Messieurs, et je le répète, ce sont deux différentes réponses aux questions qui intéressent l'humanité. Pourquoi ces deux réponses à une même énigme? nous le dirons tout à l'heure; mais auparavant il est bon que vous remarquiez que, dans aucun coin du monde, à aucune époque, l'une, au moins, de ces réponses n'a manqué. Les systèmes philosophiques ne viennent qu'avec la civilisation; mais, avec ou sans la civilisation, partout où il y a eu des hommes, partout où il y en a, il y a eu et il y a des croyance religieuses. On en a trouvé chez les hideux habitants du pôle, qui vivent dans des maisons de neige, et chez les stupides sauvages de la Nouvelle-Hollande, qui, en toute autre chose, ne sont guère plus avancés que les singes. Preuve irrécusable, Messieurs, qu'il suffit que l'homme soit homme pour que ces questions lui apparaissent! Témoignage éclatant du souci qu'elles lui donnent, puisqu'il en a trouvé une solution, quand il sait à peine satisfaire à ses besoins physiques les plus simples et les plus pressants! Examinez maintenant toutes les religions qui ont régné longtemps et gouverné une grande portion de l'humanité, tous les systèmes philosophiques qui ont fondé de grandes écoles et successivement rallié autour d'eux la partie éclairée de l'humanité, vous trouverez que ces religions et ces systèmes ont cela de commun, d'avoir abordé et résolu tous les problèmes que nous avons posés, tous sans exception. C'est à ce signe que toute grande religion, toute grande doctrine philosophique, se reconnaissent; et l'on peut dire qu'une religion qui néglige l'un de ces problèmes n'est qu'une demi-religion, comme une doctrine philosophique qui ne répond pas à toutes n'est qu'une demi-philosophie.

Voulez-vous un exemple de la portée et de l'étendue d'une grande religion? considérez la religon chrétienne. Il y a un petit livre qu'on fait apprendre aux enfants, et sur lequel on les interroge à l'église. Lisez ce petit livre, qui est le Catéchisme : vous y trouverez une solution de tous les questions que j'ai posées, de toutes, sans exception. Demandez au chrétien d'où vient l'espèce humaine, il le sait; où elle va, il le sait; comment elle va, il le sait. Demandez à ce pauvre enfant, qui de sa vie n'y a songé, pourquoi il est ici-bas, et ce qu'il deviendra après sa mort : il vous fera une réponse sublime, qu'il ne comprendra pas, mais qui n'en est pas moins admirable. Demandez-lui comment le monde a été créé et à quelle fin; pourquoi Dieu y a mis des animaux, des plantes; comment la terre a été peuplée; si c'est par une seule famille ou par plusieurs; pourquoi les hommes parlent plusieurs langues; pourquoi ils souffrent, pourquoi ils se battent, et comment tout cela finira : il le sait. Origine du monde, origine de l'espèce, question des races, destinée de l'homme en cette vie et en l'autre, rapports de l'homme avec Dieu, devoirs de l'homme envers ses semblables, droits de l'homme sur la création, il n'ignore rien ; et, quand il sera grand, il n'hésitera pas davantage sur le droit naturel, sur le droit politique, sur le droit des gens : car tout cela sort, tout cela découle avec clarté et comme de soi-même du christianisme. Voilà ce que j'appelle une grande religion : je la reconnais à ce signe qu'elle ne laisse sans réponse aucune des questions qui intéressent l'humanité. Abordez maintenant les grands philosophes, vous trouverez dans leurs systèmes la même étendue. Voyez Épicure : il n'y a pas une question, qui intéresse l'humanité, qui n'ait sa solution, bonne ou mauvaise, dans sa doctrine : il a fait à toutes une réponse. Il en est de même du platonisme, du stoïcisme, du kantisme, de toutes les grandes philosophies. Comme toute grande religion, toute grande doctrine philosophique résout tous les problèmes qui intéressent et qui tourmentent l'humanité.

Marquons maintenant la différence qui existe entre une religion et un système philosophique. Nées du même besoin, ces deux sortes de solutions ne sont cependant pas nées de la même manière, et de là vient qu'en répondant aux mêmes questions et en s'adressant à la même humanité, elles affectent pourtant des formes différentes et ne fondent pas leur autorité sur la même base.

Transportez-vous par la pensée, Messieurs, à ces époques reculées, que rappellent confusément les traditions de tous les peuples où l'espèce humaine, encore peu nombreuse, encore désarmée et sauvage, se trouvait dispersée sur la surface de la terre, en présence d'une nature qu'elle n'avait pas encore tenté de soumettre et dont elle ignorait les lois. Si aujourd'hui, que tous les mouvements de cette gigantesque puissance ont été calculés par le génie de l'homme et asservis à ses besoins, il nous arrive encore de frémir en sa présence, et de nous sentir anéantis quand elle fait gronder sa voix, jugez ce que devaient éprouver les rares familles perdues dans son sein, alors que, dans sa sauvage et primitive vigueur, elle se déployait inconnue et indomptée autour d'elles. Si jamais l'homme a dû sentir sa misère et s'en effrayer, c'est à coup sûr dans ces temps primitifs où la nature était plus grande et lui plus faible, et où la grandeur qui est en elle et la faiblesse qui est en lui étaient encore exagérées par son ignorance et son dénûment. De là, Messieurs, ce profond effroi de l'humanité au berceau, dont la trace est empreinte dans les antiques traditions de tous les peuples, et qu'on retrouve chez toutes les tribus sauvages des quatre parties du monde. De là l'immédiate apparition des questions philosophiques et religieuses au sein de toutes les sociétés naissantes, et l'ardente préoccupation qu'elles y excitent : manifestation si ancienne, préoccupation si exclusive, que les faits qui se rapportent à ces questions et à leurs solutions sont partout les seuls souvenirs que les hommes aient gardés de ces époques merveilleuses, voisines de la création.

Quels problèmes, Messieurs, que ceux que nous avons posés, pour l'imagination effrayée et pour la raison ignorante des premiers hommes ! C'était au moment même où l'humanité éprouvait le plus vivement l'impérieux besoin de les résoudre, qu'elle en était et qu'elle s'en sentait le plus profondément incapable. En effet, elle ne possédait ni sur la nature ni sur l'homme aucune de ces notions que l'expérience a lentement recueillies et qui ont porté la lumière dans une partie de ces mystères. En présence de ces formidables problèmes, avec le sentiment de son ignorance, l'humanité ne dut donc sentir qu'un profond désespoir et n'attendre que du ciel la vérité dont elle était avide. Et cependant, Messieurs, nous ne voyons pas que nulle part ce désespoir ait été justifié ; partout nous trouvons à ces questions si anciennement posées des solutions non moins anciennement trouvées et admises. C'est qu'il y a des faits dans le fond de l'âme humaine ; c'est qu'il y a, dans la position de l'homme vis-à-vis de la nature, des rapports qui ne peuvent échapper à aucune conscience, et que, dans ces simples données, il y avait pour la raison fortement excitée, pour l'imagination puissamment exaltée de l'humanité, le germe d'une solution grossière au problème de la destinée humaine. Aussi voyons-nous qu'à peine l'homme se fut posé le problème, qu'à peine eut-il éprouvé le tourment de le résoudre, aussitôt et partout il y parvint; en tout lieu la conscience de l'humanité suscita une solution des questions qui l'intéressent ; solution imparfaite, monstrueuse peut-être, à des yeux qui ne savent pas voir, mais dans laquelle il y avait déjà une portion considérable de vérité et qui convenait à un commencement.

Or, dans la position où étaient ceux en qui s'opérait ce phénomène, l'apparition d'un dénoûment quelconque à des questions si intéressantes et si gigantesques dut paraître, non pas le fruit d'un effort humain, mais le résultat d'une intervention surnaturelle. On n'a conscience de produire la vérité que quand on a fait effort pour la chercher ; et on ne fait effort pour la chercher que quand on l'a déjà entrevue. L'effort intellectuel n'a pour but, malgré l'apparence, que l'éclaircissement; et, pour éclaircir quoi que ce soit, il faut avoir déjà la conscience de le posséder. Or, dans la première manifestation de la vérité sur des problèmes de cette importance, non-seulement il fut possible aux hommes chez qui elle s'opéra, mais il leur fut naturel, de se faire illusion, et d'imaginer que quelque inspiration d'en haut était descendue en eux et la leur avait révélée. Que s'ils ne le crurent pas, l'enthousiasme du peuple le crut et dut le croire ; et quand quelques générations furent passées, les circonstances qui avaient pu paraître humaines dans l'événement devinrent divines comme le reste. De là, la nature de la croyance accordée aux premières solutions du problème de la destinée humaine. Bien qu'elles répondissent aux lumières de l'époque, ce ne fut point à ce titre qu'on les admit; leur céleste origine eut plus d'évidence pour les esprits que leur incertaine vérité; et de ces deux évidences, la plus prosaïque, la plus difficile à saisir, vint s'appuyer sur la plus poétique, sur la plus aisée à comprendre. Que si vous tenez compte maintenant de l'exaltation des hommes qui découvrirent ces solutions, de l'imagination naturellement poétique et du langage nécessairement figuré des notions primitives, enfin, du penchant au merveilleux qui est le propre de toutes les peuplades perdues au sein de la nature et qui vivent en présence des causes mystérieuses qui l'animent, vous concevrez que, si la foi dut être le caractère des croyances primitives, le mythe et la figure durent être la forme des premiers dogmes. Tels sont en effet les deux caractères de ces antiques solutions du problème de la destinée, et de toutes celles qui dans la suite des temps sont sorties spontanément comme elles du sens commun des masses. Tels sont, en d'autres termes, et avec la différence du plus au moins, les caractères de toute religion.

Ce ne fut que plus tard, Messieurs, et avec les progrès de la civilisation, qu'à côté des religions s'élevèrent les systèmes philosophiques. Les systèmes philosophiques naquirent le jour où, tourmentés, comme les masses, des problèmes qui intéressent l'humanité, mais accoutumés à ne reconnaître à la vérité d'autre titre que sa propre évidence, quelques hommes essayèrent de résoudre ces problèmes avec leur raison seule, et en ne tenant compte que des faits qu'il lui a été donné d'atteindre et de comprendre. Or, vous voyez du premier coup que des solutions ainsi obtenues ne pouvaient porter les mêmes caractères que les précédentes. L'auteur d'un système philosophique, ayant cherché ce système, ne saurait se faire illusion sur son origine : la recherche qu'il a faite, il a voulu la faire ; les moyens qu'il a employés, il a voulu les employer ; ce qu'il a trouvé est donc le produit incontestable de ses laborieuses méditations ; il ne peut donc y croire que parce qu'il y voit la vérité ; il ne peut donc vouloir qu'on y croie qu'à ce même titre. Et, comme les résultats qu'il a trouvés, il les a trouvés avec sa raison seule, leur forme doit être la forme rationnelle, c'est-à-dire l'expression simple et exacte de la vérité. D'où vous voyez, Messieurs, que, si les systèmes philosophiques sont inspirés par le même besoin et répondent aux mêmes problèmes que les religions, ils ne s'appuient pas sur la même autorité et ne se produisent point sous la même forme. Le titre d'une religion est son origine : sa forme est poétique ; le titre d'un système est son évidence : sa forme est rationnelle. Tels sont les caractères opposés qui les distinguent.

Si maintenant vous voulez y réfléchir, Messieurs, vous comprendrez que pendant bien des siècles le commun des hommes est incapable d'accepter la vérité sous la forme philosophique, et que, si les religions ont leur berceau et leur empire dans le sein des masses, c'est qu'elles sont infiniment mieux appropriées à leurs besoins. Les raisons en sont si nombreuses, que je suis obligé de choisir, et de me borner aux principales. En premier lieu, telle est la nature effrayante et l'étendue prodigieuse des problèmes à résoudre, qu'il semble impossible aux masses que la raison humaine y réussisse, et qu'elles trouvent infiniment plus naturel que Dieu, qui est bon, nous en ait révélé la solution. En second lieu, quelque hardi que puisse être un système, il ne l'est jamais autant qu'une religion, à cause du procédé même par lequel il est produit : en sorte que la philosophie la plus audacieuse, laissant encore inexpliqués une foule de mystères que la religion tranche, satisfait bien moins complétement la curiosité et les besoins de l'humanité. En troisième lieu, un système n'ayant d'autre titre à la croyance que sa vérité, et les masses n'étant point capables de la vérifier, elle n'a sur elles ni autorité ni prise. En quatrième lieu enfin, le langage philosophique est inintelligible aux masses, parce qu'il représente le vrai des choses, et que les masses n'en saisissent que l'apparence. Les figures, qui obscurcissent la vérité aux yeux du philosophe, sont précisément ce qui la rend perceptible au commun des hommes. Aussi, ne croyez pas que les symboles et les mythes qui enveloppaient les religions primitives fussent pour le peuple un obstacle à comprendre : loin de là, c'était sa langue et celle de l'époque. A mesure que l'intelligence des masses fait des progrès et acquiert de la finesse, cette langue se dépouille, pour ainsi dire, et devient plus spirituelle ; et de là vient qu'en se succédant, les religions parlent aux masses un langage de moins en moins figuré, qui se rapproche de plus en plus du langage philosophique, et qu'aux innombrables mythes des temps primitifs elles substituent des symboles de plus en plus simples. Le progrès se remarque dans l'art, pour la même raison.

Je ne fais plus qu'indiquer, Messieurs, parce que le temps me presse, et que j'ai encore beaucoup de choses à vous dire.

J'ai cherché à vous faire comprendre et la nature et

l'étendue du problème de la destinée humaine : vous voyez qu'historiquement deux espèces de solutions ont été données à ce problème, les solutions religieuses et les solutions philosophiques; vous voyez la raison des formes différentes qu'elles ont affectées, et comment, quoique contenant également la vérité, les unes sont cependant plus particulièrement faites pour les esprits réfléchis, et les autres pour les masses, aussi longtemps du moins que celles-ci ne sont point parvenues à un haut degré de civilisation et de lumières.

Maintenant, Messieurs, de même que, dans les sciences, des idées plus complètes succèdent à des idées moins complètes, des systèmes plus clairs et plus achevés à des systèmes moins parfaits et plus confus; de même, dans le travail de l'humanité tout entière sur le problème de la destinée humaine, l'humanité est allée de solutions plus obscures en solutions moins obscures, de solutions plus incomplètes en solutions plus complètes, par un progrès dont la rapidité n'a cessé de croître et dont le terme est indéfini. De là, une succession de solutions, ou de dogmes, qui ont, les uns après les autres, gouverné, ou l'humanité tout entière, ou une grande portion de l'humanité.

La raison qui fait qu'un certain dogme finit, ou, ce qui revient au même, qu'une certaine solution de la grande question de la destinée est abandonnée, c'est que, les lumières de la partie de l'humanité qui avait accepté cette solution s'étant accrues avec le temps et se trouvant supérieures à cette solution, par là même cette solution ne peut plus suffire. Alors, du sein de ces lumières supérieures, sortent, d'abord le doute, et plus tard la création d'une nouvelle solution. C'est ainsi que les solutions se sont succédé sous la double forme de religions et de systèmes philosophiques, les unes pour les masses, les autres pour les esprits pensants.

Or, il n'y a point de repos pour l'humanité, du jour où elle ne possède plus une solution, qu'elle puisse regarder comme vraie, du problème de la destinée. Et en effet, comment voulez-vous que l'homme vive en paix, quand sa raison, chargée de la conduite de la vie, tombe dans l'incertitude sur la vie elle-même, et ne sait rien de ce qu'il faut qu'elle sache pour remplir sa mission? comment vivre en paix quand on ne sait ni d'où l'on vient, ni où l'on va, ni ce qu'on a à faire ici-bas; quand on ignore ce que signifient et l'homme, et l'espèce, et la création; quand tout est énigme, mystère, sujet de doutes et d'alarmes? Vivre en paix dans cette ignorance est une chose contradictoire et impossible. Si quelques hommes, à force de distraction et d'insouciance, peuvent s'endormir dans une telle situation, c'est une exception qui n'atteint pas les masses. Dès que le doute les envahit, elles s'agitent; elles ne retrouvent la paix que quand il a disparu.

Il y a donc nécessairement, dans la vie de l'humanité, des époques de crise; et ces époques sont celles où ses lumières la forcent à se détacher d'un dogme reçu, pour en créer et en embrasser un autre. C'est dans l'intervalle qui sépare inévitablement ces deux solutions que l'humanité souffre et s'agite; elle souffre et s'agite alors parce que ses idées ne sont pas assises, et que, quand ses idées ne sont point assises sur les choses qu'il lui importe le plus de connaître avec certitude, il est impossible que l'humanité soit tranquille, il est impossible qu'elle ne souffre pas.

On appelle ces époques *révolutionnaires*, et ce sont les seules qui méritent véritablement ce nom : car il n'y a de vraies révolutions que les révolutions d'idées; tous les autres mouvements qui agitent les affaires humaines s'ensuivent, pour qui sait voir et comprendre. Une révolution est donc un pas que fait l'esprit humain dans la recherche de la vérité. Condamner les révolutions, c'est donc condamner la nature humaine, et, avec elle, Dieu, qui l'a créée perfectible; combattre les révolutions, c'est donc combattre la nature des choses et les lois de la Providence dont elle est l'expression. Une pareille tentative serait immorale et impie, si elle était comprise par ceux qui la font; mais elle est toujours impuissante : on n'empêche pas ce qui est fatal, et la marche du monde moral ne l'est pas moins que celle du monde physique.

Or, sans rien attaquer et sans rien défendre, avec respect pour le passé et sympathie pour l'avenir, je dirai qu'en fait l'humanité se trouve aujourd'hui dans une partie de l'Europe, et spécialement en France, dans un de ces formidables intervalles que nous venons de signaler. Il y a déjà quelques siècles qu'une grande guerre a éclaté en Europe entre la raison humaine, d'une part, et les imperfections d'une solution qui gouverne depuis dix-huit cents ans cette partie du monde, de l'autre. Cette guerre a commencé, comme il arrive toujours, par les esprits pensants, et peu à peu elle a été adoptée et continuée par une partie des masses. De là, d'abord dans les hautes classes, parce que les hautes classes avaient commencé les premières à douter, et plus tard dans les masses, une agitation intellectuelle qui n'est point encore de l'anarchie, mais qui y touche. C'est précisément là l'état où nous nous trouvons, où nous nous sentons aujourd'hui.

Il y a un moment, dans ce grand intervalle dont nous parlons, où les esprits sont si contents de renverser des croyances qui leur paraissent fausses, que la joie de détruire leur tient lieu de foi et semble leur suffire. En effet, c'est croire quelque chose que de croire qu'une chose est fausse ; on peut être uni dans cette idée-là comme dans toute autre ; on peut l'embrasser avec ferveur et la soutenir avec enthousiasme. C'est cette foi négative qui rallie l'humanité dans la première moitié d'une révolution, qui lui dissimule l'abime que cette révolution a creusé, et qui la sauve de l'anarchie. Mais cette foi négative ne peut durer ; elle tombe le jour où finit la guerre avec le passé. Ce jour-là, l'humanité, assise sur les débris qu'elle a accumulés, ressemble au maitre d'une maison le lendemain de l'incendie : la veille, il avait un foyer domestique, un abri, un avenir, un plan de vie ; aujourd'hui il a tout perdu, et il faut qu'il relève ce que la fatalité de la fortune a détruit. C'est alors, Messieurs, que le besoin de remplacer les solutions que le temps a renversées naît au fond des âmes : on sent que là est la paix, là le repos ; le sentiment religieux et le sentiment philosophique se réveillent avec énergie ; le scepticisme est pris en aversion et en mépris, et à l'époque critique succède l'époque fondatrice.

Chez nous, Messieurs, le mouvement de destruction a déjà cessé dans les classes éclairées, mais pas encore dans les masses. Le mouvement du XVIII° siècle continue dans les masses et n'est pas près d'y être achevé. Il tient encore lieu de foi à ces populations incrédules qu'un irrésistible entraînement a détachées des croyances de leurs pères. Elles sont encore ferventes dans le scepticisme ; elles sont encore unies dans la haine du passé ; et cette croyance et cette passion communes forment encore un lien intellectuel qui les unit. Mais le jour où, le mouvement de destruction venant à cesser, ce dernier lien aura été brisé, le jour où l'on se trouvera à vide entre deux croyances, l'une détruite et l'autre à faire, sans foi morale, sans foi religieuse, sans foi politique, sans idées arrêtés d'aucune espèce sur les questions qui font palpiter l'humanité, alors, les esprits s'élançant à la recherche de la vérité dans des directions différentes, et se dispersant avec le même fanatisme sur les milliers de routes qui s'offriront à eux, il faudra que le bon sens de l'époque soit bien puissant, s'il ne se manifeste pas dans les masses une agitation, une effervescence, une anarchie dangereuses.

Il est donc pressant, Messieurs, de pourvoir à ce besoin de croyances nouvelles qui se fait déjà sentir dans les classes éclairées, et qui ne tardera pas à pénétrer dans les masses et à y porter tous les éléments de trouble qui l'accompagnent. Comment y parvenir ? Il est évident qu'il n'y a qu'un moyen : c'est de poser de nouveau l'éternel problème et de chercher la nouvelle solution qu'il attend. Quelle sera cette solution future ? je l'ignore ; la seule chose que je puisse affirmer, c'est que, loin de détruire la précédente, elle la contiendra. Quant à la question de savoir si cette solution sera religieuse ou philosophique, peut-être n'est-il pas impossible de le prévoir.

On a tellement persuadé à la raison humaine qu'elle était capable de tout et qu'elle pouvait tout entreprendre; on lui a tellement répété qu'elle était la seule autorité légitime, et que cela seul était vrai qui venait d'elle ; on a si complétement battu en ruine ce principe de croyance qu'on appelle *révélation, foi, autorité;* enfin toutes ces idées sont descendues si avant dans la société, et se sont si bien infiltrées partout et jusque dans les derniers rangs de la multitude, qu'il parait difficile qu'en France, et dans l'époque actuelle, une nouvelle solution puisse se produire et s'accréditer sous la forme religieuse. Rappelez-vous, Messieurs, qu'en vertu des définitions que nous avons données, ce qui distingue la solution religieuse c'est de tirer son autorité du ciel et de s'envelopper de formes plus ou moins symboliques. Eh bien! je vous le demande, croyez-vous que dans l'époque actuelle une solution puisse être proposée à l'acceptation des masses à ce titre qu'elle a été révélée? croyez-vous qu'elles sentissent du goût pour une doctrine qu'on leur envelopperait de figures? Quant à moi, Messieurs, j'incline fortement pour la négative; et c'est ce qui me fait penser qu'il est difficile qu'une religion nouvelle puisse désormais prendre pied au milieu de nous.

Je trouve donc dans la prétention de faire aujourd'hui une religion plus de réminiscence du passé que d'intelligence du présent et de l'avenir; je suis même convaincu, que, pour qui a bien compris le passé, il reste évident qu'une religion ne se fait pas de propos délibéré, ne se trame pas comme une conspiration, mais qu'elle est toujours une production spontanée des idées des masses, se faisant jour et s'incarnant, quand elles sont mûres, dans une imagination exaltée, dupe elle-même le plus souvent de la révélation qu'elle annonce. Je sais qu'on peut changer le sens des termes et imposer le nom de *religion* à une doctrine rationnellement démontrée et rationnellement exposée. Mais alors la chose échappe, et l'on n'a conquis que le mot. C'est, selon moi, tout ce qu'on peut faire aujourd'hui; je le dis parce que je le crois, et en reconnaissant d'ailleurs tout ce que suppose de lumières et de prévoyance l'illusion même de ceux qui espèrent et entreprennent davantage.

Il ne reste donc, selon moi, pour venir au secours de la société menacée, qu'une seule voie, qu'un seul moyen:

c'est d'agiter philosophiquement ces redoutables problèmes dont il faut nécessairement une solution : c'est d'en chercher franchement, par les procédés rigoureux de la science, une solution rigoureuse aussi, qui puisse soutenir les regards sévères de cette raison aux mains de laquelle la civilisation a fait passer le sceptre de l'autorité. Au fond, c'est là tout ce qu'ont fait et tout ce qu'ont pu faire ceux-là mêmes qui, dans une intention bienveillante pour les masses, enveloppent d'un voile religieux les essais de solutions qu'ils proposent; car si des esprits éclairés peuvent croire à l'utilité d'une pareille enveloppe, il ne dépend pas d'eux d'y voir autre chose qu'une figure.

Maintenant, Messieurs, vous connaissez les motifs qui, dans un moment et dans un pays comme celui-ci, m'ont engagé à poser dans toute son étendue le problème de la destinée humaine, et à l'aborder avec l'arme mâle et sainte de la science. Je ne vous promets de ce problème, ni des solutions complètes, ni des solutions incontestables. Je ne suis qu'un ouvrier à la tâche immense que j'ai tracée. Après quinze années d'inquiètes méditations sur l'énigme de la destinée humaine, je suis arrivé à des convictions sur beaucoup de points, à des doutes raisonnés sur les autres : ces convictions et ces doutes, je vous les dirai; leurs motifs, je vous les exposerai : heureux si ces solutions ébauchées peuvent servir un jour à construire l'édice, et, en attendant, porter dans vos âmes un peu de calme qu'elles ont répandu dans la mienne !

Encore un mot avant de finir. Ceux-là se tromperaient beaucoup qui croiraient voir dans l'idée de ce cours des symptômes de mépris ou de haine pour le passé. Non, Messieurs, rien de semblable n'est dans mon cœur. Du point de vue, oserai-je dire élevé, où les lumières de mon siècle bien plus que mes faibles forces m'ont conduit, il n'est plus en moi (et je ne sais si je dois m'en féliciter) de sentir ni enthousiasme ni haine pour les opinions et les partis qui se disputent la scène du monde. Les événements sont si absolument déterminés par les idées, et les idées se succèdent et s'enchaînent d'une manière si fatale, que la seule chose dont le philosophe puisse être tenté, c'est de se croiser les bras et de regarder s'accomplir des révolutions auxquelles les hommes peuvent si peu. C'est par une loi nécessaire qu'une doctrine se produit; c'est par une loi nécessaire qu'elle règne; c'est par une loi nécessaire qu'elle passe, quand sa mission est terminée. Celle du christianisme me semble avoir été d'achever l'éducation de l'humanité et de la rendre capable de connaître la vérité sans figures et de l'accepter sans aucun titre que sa propre évidence. Dès que cette œuvre est terminée dans un esprit, il est nécessaire que le christianisme s'en retire; mais, en se retirant, il emporte avec lui le germe de toute foi, et ce n'est jamais une religion nouvelle, c'est toujours la philosophie, qui lui succède. Cette mission sublime du christianisme, elle est loin, bien loin d'être accomplie sur la terre. Elle ne l'est pas même entièrement dans ce pays, que sa civilisation place à la tête de l'humanité; elle est plus loin encore de l'être dans les autres parties de l'Europe; et elle est à peine commencée dans le reste du monde. Ceux-là sont bien aveugles qui s'imaginent que le christianisme est fini, quand il lui reste tant de chseso à faire. Le christianisme verra mourir bien des doctrines qui ont la prétention de lui succéder. Tout ce qui a été prédit de lui s'accomplira. La conquête du monde lui est réservée. et il sera la dernière des religions.

## IV

### MÉTHODE POUR RÉSOUDRE LE PROBLÈME PRÉCÉDENT

Nous avons posé le problème autour duquel vont se concentrer tous nos efforts; nous l'avons non-seulement posé, mais décomposé, en signalant les questions particulières qu'il implique ou qu'il soulève; nous avons fait sentir la gravité de ces questions et les rapports de dépendance qui les unissent; enfin nous avons montré que, dans la situation actuelle de la France et de l'Europe, il était plus important que jamais d'agiter dans toute son étendue le problème de la destinée humaine et d'essayer d'en découvrir une solution qui pût supporter le double examen, la double critique, de la raison éclairée et du simple bon sens.

L'une de ces critiques, Messieurs, n'est pas moins redoutable que l'autre : car, si les esprits éclairés sont capables de pénétrer plus avant dans la recherche de la vérité, ils sont beaucoup moins capables que le simple bon sens d'apprécier la justesse et la vérité totale d'une doctrine. Si vous présentez au bon sens la solution d'une de ces questions qui intéressent tout le monde et auxquelles tout le monde a rêvé, et que cette solution soit incomplète, exclusive, systématique, qu'elle n'ait pas, en un mot, l'étendue nécessaire pour répondre à tous les cas, tenez-vous pour assurés que cette imperfection n'échappera pas au bon sens et qu'il répugnera à la solution proposée. S'il était obligé de dire pourquoi elle lui déplait et par où elle pèche, il serait sans doute fort embarrassé : c'est moins son intelligence que sa nature qui réclame. Mais, pour être obscur, ce tact intérieur n'en est pas moins sûr et pas moins impérieux. Il est plus facile de persuader une erreur à un philosophe qu'à un homme ordinaire, parce qu'il est plus facile de séduire par la logique un homme qui a l'habitude de s'en servir, que celui dont aucune subtilité n'a jamais troublé le jugement. Aussi, y avait-il du vrai dans cette théorie de Leibnitz, qui comparait l'intelligence humaine à un miroir où vient se peindre obscurément l'image de toutes choses, et qui prétendait que tous les efforts de la réflexion n'aboutissent qu'à éclaircir quelques parties de cette image primitivement confuse. Si ce n'est là qu'une figure, elle n'en donne pas moins une idée vraie de ce qui se passe dans l'intelligence humaine. Sans qu'elle le veuille, notre intelligence reçoit de toutes les choses une impression confuse, et d'autant plus vraie qu'elle est plus naïve et que nous l'avons moins cherchée. Le vulgaire en reste à cette impression primitive ; elle constitue en lui le sens commun. Quand nous voulons, nous autres philosophes, nettement comprendre ce que tout le monde aperçoit confusément, c'est à ces données communes que nous appliquons notre attention ; mais, tout occupés du point particulier que nous considérons, nous donnons bientôt à ce point une importance qu'il n'a pas ; nous finissons par oublier ou du moins par négliger un certain nombre d'autres points restés dans l'ombre, et tombons ainsi dans des opinions exclusives et systématiques ; tandis que le sens commun, qui continue de voir tout obscurément mais tout également, évite cet écueil, conserve le sentiment de l'ensemble, et ne souffre pas qu'on le sacrifie à des vues étroites et partielles. C'est pourquoi, dans les recherches qui portent sur des choses dont tout le monde s'inquiète, dont tout le monde a conscience, on doit avoir les plus grands égards pour l'opinion commune. Il est bon, il est sage, à mesure qu'on croit avoir fait une découverte, de la soumettre à l'épreuve du bon sens universel, pour voir si elle ne contient rien qui lui répugne, si elle n'omet rien qu'il exige. Cette méthode est spécialement applicable à la philosophie, qui s'occupe précisément des questions qui intéressent le plus l'humanité. Nous tàcherons, Messieurs, de ne pas l'oublier; nous n'accepterons pas nos solutions par cela seul qu'elles nous paraitront à l'abri de notre propre critique; nous les ferons passer à l'épreuve du sentiment universel, dont la critique négative est la véritable pierre de touche de la bonté d'un système.

De même que j'ai consacré ma première leçon à poser le problème, et à en faire sentir l'importance et l'étendue, de même je vais consacrer celle-ci à chercher quels moyens nous avons et quelle méthode nous devons suivre pour le résoudre. Cette leçon sera donc aride, Messieurs, je vous en demande pardon à l'avance; mais vous venez ici pour vous instruire, et vous savez que les fleurs sont rares sur les sentiers qui mènent à la science.

En contemplant l'étendue de la question, la grandeur et la diversité des problèmes qu'elle embrasse, et surtout leur obscurité, on est tenté d'abord de désespérer d'en trouver la solution, et l'on conçoit que la raison humaine, dans la conscience de sa faiblesse, ait pensé que

Dieu seul pouvait répandre le jour au sein de cette nuit profonde. J'en conviens, Messieurs, il serait doux, et surtout commode pour la raison humaine, que celui qui a tout créé, et le monde et nous, et qui sait le secret de son œuvre, eût daigné nous dire le mot de cette grande énigme. Devant l'autorité d'une pareille révélation tous nos doutes s'évanouiraient, et, si elle existait, nous n'aurions plus rien à chercher. Mais l'existence même de ces doutes prouvent assez que Dieu n'a point eu pour nous cette condescendance : car une solution révélée serait une solution parfaite, et une solution parfaite aurait mis fin à toute inquiétude et à toute recherche. Il y a donc apparence, Messieurs, que Dieu a laissé à la raison humaine le soin laborieux de découvrir elle-même cette solution. Et pourquoi en serait-il autrement? Voyez la puissance, voyez le bonheur, et tous les autres buts proposés à l'ambition de l'homme : une loi fatale en a mis la conquête au prix de son travail; il ne gagne rien qu'à la sueur de son front. La science n'échappe point à cette règle générale : sur les questions les plus indifférentes, comme sur les problèmes qui nous intéressent le plus, la vérité est une conquête, et ce n'est qu'à force de recherches que nous arrivons à la découvrir; encore n'est-ce point la vérité complète que nous découvrons, mais une vérité imparfaite, qui s'accroît de siècle en siècle sans s'achever jamais, qui irrite éternellement, sans pouvoir l'apaiser, l'activité de l'intelligence. Résignons-nous, Messieurs, et acceptons sans murmure le sort de l'humanité; faisons ce qu'ont fait avant nous tous les hommes qui ont cherché la vérité. Nous avons une intelligence pour la connaître et une raison pour combiner les meilleurs moyens de la trouver : servons-nous de ces moyens avec patience et bon sens, et, si la vérité tout entière doit nous échapper, essayons du moins d'arriver à la vérité la plus complète possible,

La raison humaine dans ses investigations peut arriver à deux résultats différents. Tantôt elle réussit à découvrir la vérité qu'elle poursuivait ; tantôt ses efforts échouent, elle demeure impuissante. Le véritable esprit scientifique sait mettre à profit même ce dernier résultat. A défaut de la vérité qui lui échappe, il s'empare de la difficulté qui la lui a dérobée; séparant avec soin, dans la question, ce qui est connu de ce qui ne l'est pas, il constate avec précision la nature de cette difficulté ; il en détermine avec détail les circonstances, et l'étendue et les causes; il explore en un mot l'écueil qu'il n'a pu franchir; et, s'il ne laisse pas le problème résolu, il rend du moins à la science le service de le lui laisser nettement posé.

Souvent ces recherches purement négatives conduisent à un résultat plus important encore. Il peut arriver qu'en approfondissant la nature de la difficulté qu'elle n'a pu surmonter, la science découvre que cette difficulté est insurmontable en elle-même. Alors ce n'est plus la limite de la puissance de l'individu qui est rencontrée et marquée, c'est celle de la puissance même de notre raison. Or, ce résultat n'est pas moins grand que la découverte même de la vérité. Il y a deux manières, pour l'homme qui pense, d'avoir l'âme tranquille et l'esprit calme : la première est de posséder la vérité ou de croire la posséder sur les questions qui intéressent l'humanité; la seconde est de connaître clairement que cette vérité lui est inaccessible, et de savoir pourquoi. Nous ne voyons pas l'humanité se révolter contre les barrières qui limitent de toutes parts sa puissance. Devant les orages du ciel, les tempêtes de l'Océan, les convulsions de la nature, l'étroite prison de ce monde, les maladies, la mort, elle reconnait son infirmité et se résigne; et pourquoi? Parce que cette infirmité est démontrée et que la révolte serait inutile. Quoiqu'infiniment moins restreinte que son pouvoir, l'intelligence de l'homme a aussi ses bornes, bornes fatales qu'elle essayerait en vain de franchir. Les faits que nous pouvons observer étant limités, les inductions que nous pouvons tirer de ces faits le sont également; la science a donc son horizon, au delà duquel elle ne saurait voir : il lui appartient de le déterminer peu à peu, à mesure qu'elle le rencontre. C'est là, Messieurs, sur l'extrême frontière de son domaine, qu'elle doit se séparer de la poésie, à qui seule il convient d'aller plus avant; elle le doit, sous peine de s'abdiquer; elle le doit à l'humanité, à qui elle a mission de faire connaitre la vérité, et qui n'a que trop souffert pour l'avoir espérée et cherchée là où elle lui était, là où elle lui sera à jamais, inaccessible. La méthode à suivre pour résoudre les questions que nous avons posées est indiquée par le bon sens. Nous l'avons déjà montré : ces questions ne sont point étrangères les unes aux autres; une certaine dépendances les unit. Si cette dépendance existe, il s'ensuit que la solution de l'une peut n'être pas inutile à celle de l'autre, et que, par conséquent, il n'est pas indifférent, pour les résoudre, de les aborder dans tel ou tel ordre. Or, il y a un moyen bien simple de découvrir ces dépendances : c'est de prendre l'une après l'autre chacune des questions dont il s'agit, et, après nous être fait une idée précise de la difficulté qu'elle pose, de chercher ce qu'il faudrait savoir pour que cette difficulté fût résolue. Il est clair qu'en procédant ainsi, nous mettrons en évidence tous les rapports de dépendance qui peuvent exister entre ces questions ou, en d'autres termes, toutes les manières dont chacune de ces questions peut présupposer la solution de toutes les autres. Nous allons donc suivre cette méthode, qui est à la fois très-simple et très-sûre. Cette revue sera rapide, parce que tout y est clair, et que, dans la leçon précédente, j'ai déjà signalé la plupart des dépendances dont il s'agit.

Parmi les problèmes que nous avons à examiner, considérons d'abord celui qui fait l'objet de cette science qu'on appelle *Droit naturel*. Que se propose cette science? Vous le savez, Messieurs : de déterminer quels sont les droits et les devoirs respectifs des individus vivant en société. Or, pour résoudre cette question, que faudrait-il savoir? Essayons de le déterminer. Qu'est-ce que tout homme a le droit de faire? Évidemment il a le droit de faire tout ce qui est indispensable à l'accomplissement de la fin pour laquelle nous sommes ici-bas; là évidemment est la source du droit; c'est parce que nous avons une certaine destinée à accomplir, une certaine fin à atteindre en ce monde, que nous avons le droit de faire certaines choses. La fin de l'homme ici-bas doit donc être préalablement déterminée : autrement, il est impossible de dire ce qu'il a le droit de faire, et ce que nul autre n'a le droit de l'empêcher de faire. Nos devoirs remontent à la même source : le droit chez les autres constitue le devoir en nous, et réciproquement; en d'autres termes, nous devons respecter en eux tout ce qu'ils ont le droit de faire, c'est-à-dire tous les actes qui sont indispensables à l'accomplissement de leur destinée, et, à leur tour, ils doivent respecter en nous tout ce qui est nécessaire à l'accomplissement de la nôtre; et, comme leur fin et la nôtre sont identiques, il s'ensuit qu'il y a une parfaite identité entre nos droits et les leurs, entre leurs devoirs et les nôtres : ce qui constitue l'égalité morale et civile de tous les hommes.

On ne peut donc déterminer ni les droits ni les devoirs des hommes réunis en société, à moins de connaitre la fin de l'homme ici-bas. Il y a donc une évidente dépendance entre le problème du droit naturel et le problème de la destinée de l'homme en cette vie : pour résoudre le premier, il faut nécessairement avoir résolu le second ; et l'ordre dans lequel ces deux problèmes doivent être abordés résulte immédiatement de cette dépendance.

Arrêtons maintenant notre attention sur un autre problème non moins important, celui que la science du *Droit politique* a pour objet de résoudre. Il suffit que les droits et les devoirs de chacun soient déterminés pour que les bases de la société soient posées : car chacun sait alors ce qu'il peut faire dans l'association et ce qu'il est tenu d'y respecter. Mais ces règles, qui forcera les individus à les suivre ? L'expérience démontre que, parmi les membres d'une association, il en est toujours un grand nombre qui essaient d'étendre leurs droits au détriment de ceux des autres. De là, dans toute société, la nécessité d'une puissance supérieure, instituée par elle avec la mission de faire respecter par chacun les droits de chacun. Mais cette mission, purement négative, n'est pas la seule que le pouvoir politique ait à remplir. Si la société n'avait d'autre effet que de mettre en contact et par conséquent en guerre les droits de ses membres, elle serait un mal plutôt qu'un bien, et l'humanité aurait à se plaindre de porter en elle les penchants et les affections qui la forment. Mais il n'en est point ainsi. L'effet principal, l'effet positif de l'association, est d'augmenter le pouvoir de chacun de ses membres du pouvoir de tous les autres, et, par conséquent, de rendre chaque individu infiniment plus capable qu'il ne l'est à l'état d'isolement d'aller à sa fin. Mais cet effet est plus ou moins produit selon que l'association est plus ou moins parfaite, c'est-à-dire, selon que l'organisation politique de la société est meilleure. L'institution politique a donc une double fin : l'une négative, qui est de faire respecter par chacun les droits de chacun ; l'autre positive, qui est de conduire la société à sa destination, c'est-à-dire de faire concourir le plus possible les forces de tous au bien, ou, ce qui revient au même, à l'accomplissement de la destinée de chacun. Quel est le meilleur gouvernement possible, ou quelle est l'institution politique la plus propre à opérer ce double résultat : tel est le problème que la science du droit politique a pour objet de résoudre. Or, les notions que la solution de ce problème présuppose ne sont pas difficiles à déterminer. Il est évident qu'il faut connaitre quels sont les droits de l'homme en société pour déterminer quelle est l'institution politique la plus propre à garantir à chacun l'exercice de ces droits. Donc, sous ce rapport, le problème politique présuppose la solution du problème du droit naturel, qui présuppose elle-même la solution du problème de la destinée de l'homme. Il est évident, en second lieu, qu'il faut connaitre la fin de l'individu pour connaitre celle de la société, et celle de la société pour déterminer quelle est l'organisation politique la plus propre à conduire la société à cette fin. Si vous ignorez la destination de l'homme ici-bas, celle de la société, qui est d'aplanir à chaque homme l'accomplissement de la sienne, vous échappe ; et, si la fin de la société vous échappe, sur quelles données vous appuierez-vous pour rechercher la meilleure organisation possible de la société ? Donc, sous ce second rapport comme sous le premier, le problème politique présuppose la solution des deux problèmes de la destinée de l'homme et du droit naturel : d'où il suit qu'on ne peut, qu'on ne doit aborder le problème politique qu'après avoir résolu les deux autres; d'où il suit qu'il ne doit prendre place dans la science qu'à leur suite.

Maintenant, Messieurs, de même qu'il existe des rapports entre les individus, il en existe entre les sociétés; et, de même que la science du droit naturel a pour objet de régler les premiers, celle du *Droit des gens* a pour but de régler les seconds. Quels sont les droits qui appartiennent à chaque société, et que toutes les autres doivent respecter? tel est, en d'autres termes, le problème du droit des gens. Or, il est évident que ce qui fait qu'une société a des droits, c'est qu'elle a une fin. Si l'individu n'avait pas une destinée à accomplir, il n'aurait aucun droit : car tous ses droits se résument en dernière analyse dans le droit d'accomplir cette destinée que sa nature lui impose. Il en est de même de ces individualités collectives qu'on appelle sociétés : c'est parce qu'elles ont une destination qu'elles ont des droits; et, chez elles comme chez les individus, ces droits ne sont et ne peuvent être que les conséquences diverses du droit fondamental d'accomplir cette destination. Il suit de là qu'une société a le droit de faire tout ce qui est utile au plus grand accomplissement possible de sa fin ; et, comme cette fin est la même pour toutes, pour les plus petites comme pour les plus grandes, le droit qui appartient à l'une appartient à toutes, et impose à toutes à l'égard de chacune le même respect et, par conséquent, les mêmes devoirs. Ici, comme dans la morale sociale, le devoir est corrélatif au droit: l'étendue de l'un détermine celle de l'autre, et tous les deux sont engendrés et mesurés par la destination de l'être auquel ils se rapportent. La fin de la société, voilà donc ce qu'il faut connaître pour déterminer les droits et les devoirs des sociétés. Le problème du droit des gens présuppose donc la solution du problème politique; il lui est subordonné comme la conséquence l'est au principe.

Vous voyez se réaliser, Messieurs, ce que nous avions prévu : en recherchant les données nécessaires à la solution de chaque problème, les dépendances qui existent entre eux se révèlent, et, à mesure que ces dépendances se manifestent, nous voyons une hiérarchie se dévoiler et s'établir entre les questions. Le droit des gens présuppose le droit politique; le droit politique présuppose le droit naturel ; et ces trois sciences elles-mêmes présupposent la solution du problème de la destinée de l'homme. Cette hiérarchie des questions est l'ordre vrai dans lequel elles doivent être abordées. On voit que jusqu'ici toutes viennent se rattacher au problème de la destinée de l'homme, comme à leur racine commune. Les droits et les devoirs des individus, la fin de la société, la meilleure organisation du pouvoir politique, les règles qui doivent présider aux relations des peuples, tout cela implique, tout cela présuppose la connaissance de la destinée de l'homme ici-bas; là est la lumière qui doit éclairer et résoudre tous ces problèmes.

Mais ce grand problème de la destinée de l'homme n'est point simple lui-même : il se subdivise et s'est subdivisé dans tous les temps en plusieurs autres. Ces subdivisions ont leur principe dans deux événements qui commencent et terminent la vie actuelle, l'événement de la naissance et celui de la mort. L'homme, comme tous les êtres créés, ayant une nature déterminée, a certainement aussi une fin qui lui est propre. Si toute l'existence de l'homme était renfermée dans les limites de cette vie, il est évident que toute la destination de l'homme s'accomplirait ici-bas. Mais l'existence de l'homme commence-t-elle réellement au moment de la naissance, finit-elle réellement au moment de la mort? Ce sont deux questions sur lesquelles il ne serait pas sage de prononcer légèrement. Ainsi que nous l'avons dit, il est au moins douteux que la naissance soit un véritable commencement, que la mort soit une véritable fin. Or, si la vie de l'homme avait commencé avant l'heure de la naissance, et devait se prolonger après celle de la mort, sa vie actuelle ne serait qu'un fragment de sa vie totale, et sa destinée ici-bas qu'un chapitre de sa destinée complète; en d'autres termes, sa destinée, comme son existence, n'aurait en ce monde ni son vrai commencement ni sa véritable fin; et le rôle que l'homme remplit sur la terre ne serait que le milieu d'un drame, dont l'exposition aurait eu lieu dans la vie antérieure, et dont le dénoûment ne devrait s'opérer que dans la vie future. Supposez la prémisse démontrée, la conséquence est incontestable. Mais la prémisse ne le serait pas moins, si c'était la conséquence qui fut prouvée. Admettons en effet qu'en examinant la destination que l'homme accomplit ici-bas, on reconnût qu'elle ne se suffit pas à elle-même, qu'elle n'est qu'un drame mutilé, qui manque ou d'exposition, ou de dénoûment, ou de l'un et l'autre à la fois : ne s'en suivrait-il pas rigoureusement ou que l'homme a préexisté à la vie actuelle, ou qu'il lui survivra, ou l'un et l'autre tout ensemble? Sans aucun doute, Messieurs. Voilà donc deux voies ouvertes pour franchir les limites de la vie présente. L'humanité les a suivies l'une et l'autre, et ses croyances semblent attester qu'elle ne l'a point fait inutilement. Mais, sans nous autoriser de ces croyances, il suffit que le doute existe, il suffit que sur ce doute la vie et la mort, la nature de l'homme et sa destinée actuelle puissent être interrogées et puissent répondre, pour que la science n'ait pas le droit de supprimer sans examen des questions que tout le monde se pose, et de déclarer *a priori* que toute la vie et par conséquent, toute la destinée de l'homme, sont renfermées entre le berceau et la tombe.

La destinée de l'homme comme son existence, et son existence comme sa destinée, se partagent donc en trois parts distinctes : l'une. certaine, qui a pour limites la naissance et la mort, et les deux autres possibles, par delà ces deux limites. La question de la destinée de l'homme ici-bas n'embrasse donc pas tout le problème de la destinée de l'homme; par delà cette première question, deux autres s'élèvent : l'homme a-t-il existé avant son apparition en ce monde, et, s'il a existé, quelle a été sa destinée dans cette vie antérieure? L'homme survivra-t-il à la mort, et, s'il doit y survivre, quelle sera sa destinée dans cette vie postérieure?

Ces deux dernières questions, Messieurs, sont l'objet de la *science religieuse ;* la première est celui de la *science morale* proprement dite; et de la solution de ces trois questions résulte celle du problème général de la destinée de l'homme, au sein duquel nous les avons trouvées.

Tels sont, Messieurs, les éléments du problème de la destinée de l'homme. Or, des trois questions dans lesquelles il vient se résoudre, il y en a deux qui présupposent évidemment la solution de la troisième. Pour savoir si l'homme a existé avant cette vie et s'il existera après, je l'ai dit, Messieurs, il n'y a que deux faits à interroger, en premier lieu sa nature, et en second lieu sa destinée ici-bas. Admettons que sa nature fidèlement analysée suffise pour résoudre la question, et la résolve affirmativement : il restera à déterminer la destinée de l'homme dans ces deux vies, l'une antérieure et l'autre postérieure à la vie présente. Or, pour pénétrer dans le mystère de ces deux portions de notre destinée qui nous échappent, il n'y a évidemment qu'un moyen, c'est d'interroger la portion que nous pouvons connaître, c'est-à-dire la destinée que l'homme accomplit ici-bas. Si l'homme a préexisté à la vie actuelle et doit lui survivre, la destinée que l'homme accomplit ici-bas doit manquer de véritable commencement et de véritable fin. Le commencement qu'on trouvera qu'elle présuppose, le dénoûment qu'on trouvera qu'elle exige, seront précisément la destinée antérieure et la destinée postérieures cherchées. Ainsi, en supposant même que la nature de l'homme suffise pour démontrer une vie antérieure et postérieure, le problème de la destinée de l'homme dans ces deux vies présupposerait toujours la connaissance de sa destinée dans celle-ci. A plus forte raison donc la supposerait-il, si la nature de l'homme ne pouvait à elle seule éclairer la question de la vie antérieure et postérieure, et s'il fallait avoir recours à la destinée de l'homme ici-bas pour la résoudre. Donc, de toutes manières, le problème religieux, et les deux questions qu'il embrasse, présupposent la solution du problème moral, ou la connaissance de la destinée de l'homme ici-bas. Le problème religieux ne doit donc être abordé qu'à la suite du problème moral dans l'ordre légitime de nos recherches.

Et maintenant, Messieurs, si la destinée que l'homme accomplit sur la terre peut n'être pas toute sa destinée, si cette destinée peut avoir, hors des limites de cette vie, un commencement et une suite qui l'expliquent, il s'ensuit qu'on ne peut avoir une véritable intelligence, non-seulement de la destinée tout entière de l'homme, mais même de sa destinée actuelle, tant qu'on renferme ses recherches dans les limites du problème moral et qu'on ne les a pas étendues au problème religieux. Par conséquent, toutes les questions qui présupposent la solution du problème moral présupposent aussi celle du problème religieux. C'est à ce titre, Messieurs, que je subordonne au problème religieux le droit naturel, le droit politique et le droit des gens. Assurément, ces trois sciences n'ont directement rien à faire de la destinée de l'homme hors de cette vie ; la destinée de l'homme ici-bas est la seule donnée qu'elles exigent. Mais, cette donnée, peut-on dire qu'on la possède ; cette destinée de l'homme ici-bas, est-il possible d'en avoir l'intelligence complète, quand on ne sait qu'elle, quand on l'isole de ses antécédents et de ses suites, quand on ne la voit pas à sa place, entre la destinée passée et la destinée future, poursuivant l'une et préparant l'autre ? Non, Messieurs. Il n'y a point de morale intelligente sans religion ; et d'une morale qui n'est pas intelligente on ne saurait tirer un droit naturel, un droit politique, un droit des gens qui le soient. Aussi, toutes les grandes doctrines qu'ont enfantées ces trois problèmes portent la marque des opinions religieuses sous le règne desquelles elles sont nées, et il n'est pas une grande doctrine religieuse qui n'ait modifié les opinions de l'humanité sur ces problèmes. L'examen de la question religieuse précède donc dans nos recherches celui de ces questions : telle est la place que la raison lui assigne dans la hiérarchie des problèmes que nous avons posés.

J'ai dit, Messieurs, que la question de la destinée de

l'homme conduisait à celle de la destinée de l'espèce. L'histoire des religions témoigne de l'alliance intime de ces deux questions. Nous les voyons toutes associer la solution des deux problèmes, comme si l'un ne pouvait marcher sans l'autre dans la pensée de l'humanité. A côté de cette grande expérience, la nôtre nous apprend que nous ne saurions méditer longtemps sur nous-mêmes, sans songer aussi à cette espèce dont nous faisons partie, sans nous demander d'où elle vient et où elle va, où l'ont prise et où la mènent les révolutions qui modifient perpétuellement sa condition, enfin quel est le sens et l'intrigue du long drame qu'elle joue sur cette terre. J'ai fait voir que cette singulière inquiétude se réveillait même dans les intelligences les moins cultivées, et qu'ainsi la question de la destinée de l'espèce n'est pas moins humaine que celle de la destinée de l'individu, à la suite de laquelle elle se produit constamment. Nous ne briserons point, Messieurs, une association si naturelle, et nos recherches iront aussi loin que les préoccupations de l'humanité. La question de la destinée de l'espèce nous occupera donc à son tour; nous devons donc lui assigner sa place dans l'ordre scientifique des problèmes.

Assurément, Messieurs, l'histoire de l'humanité est le principal élément dans la solution de ce problème. On peut même à la rigueur essayer de le résoudre avec ce seul élément, et c'est même ainsi qu'on a constamment procédé dans ces derniers temps. Prendre les plus anciens peuples dont l'histoire fasse mention, constater quelle fut leur condition et quel esprit les anima, voir ce que devint cet esprit, quelles modifications subit cette condition dans les peuples qui recueillirent leur héritage, continuer le même travail, de peuple en peuple jusqu'au temps présent, et, comme les origines nous échappent, étudier, pour combler cette lacune, les populations sauvages, interroger les traditions obscures et les rares monuments de l'époque primitive, puis de tous les éléments donnés par ce vaste travail, essayer de tirer par induction la marche qu'a suivie l'humanité, et, de cette marche même, la loi qui la gouverne, voilà ce qu'on peut entreprendre avec l'érudition seule, et ce qu'on a essayé. Mais, Messieurs, bien qu'il n'y ait pas un seul de ces éléments historiques qui ne soit utile, indispensable peut-être à la solution du problème, je ne pense pas qu'à eux seuls ils puissent la donner. Avec quoi comprenons-nous les actions de nos semblables ? avec la connaissance que nous avons de nous-mêmes : les mobiles qui agissent en nous nous révèlent ceux qui agissent en eux ; le secret de notre conduite nous explique l'énigme de la leur ; et mieux nous nous connaissons, plus cette révélation est complète ; et sans cette connaissance leurs actes seraient pour nous un spectacle inintelligible. L'intelligence de l'histoire est soumise à la même loi. L'homme, étant l'élément de l'humanité, contient tous les mobiles qui peuvent la mouvoir. La fin de l'homme étant le résumé de tous ces mobiles, l'homme impose sa fin à l'humanité tout entière, comme il l'impose à chacune des sociétés qui la composent. En d'autres termes, la vie d'une société n'est que l'effort des individus qui la composent vers leur fin, et la vie de l'humanité que la succession de ces efforts. Donc, pour comprendre la nature et le résultat de chacun de ces efforts, il faut connaître la fin de l'homme et celle de la société, qui en sont le but. Car si vous ignorez ce but total, auquel les sociétés aspirent sans cesse sans l'atteindre jamais tout entier, vous ne pourrez ni démêler le sens et la portée de leurs tentatives, ni apprécier la valeur plus ou moins grande des résultats obtenus. Vous lirez donc l'histoire de chaque peuple, sans y découvrir l'œuvre de ce peuple dans le grand travail de l'humanité. Et si la nature et la valeur de chacun des éléments de ce grand travail vous échappent, comment pourrez-vous saisir la loi selon laquelle ce travail s'est opéré jusqu'à présent? Et si la loi selon laquelle il s'est opéré dans le passé vous échappe, comment en induirez-vous celle selon laquelle il se poursuivra dans l'avenir? Et comment enfin vous élèverez-vous à la loi générale et totale de ce développement, à la loi de l'humanité, que vous cherchez, qui est la solution même du problème que vous agitez, du problème de la destinée de l'espèce? Une chose est donc plus évidente que la lumière du jour: c'est que les faits de l'histoire, tels que la simple érudition les donne, ne suffisent pas pour résoudre le problème de la destinée de l'humanité; c'est que, tant qu'on n'a pas médité profondément sur la fin de l'homme et de la société, ces faits demeurent de véritables hiéroglyphes dont on n'a pas la clef; c'est qu'enfin, le problème que la *philosophie de l'histoire* a pour objet de résoudre présuppose la solution de tous les problèmes qui précèdent, et ne doit venir qu'à leur suite dans l'ordre légitime de nos recherches.

Actuellement, Messieurs, je ne vois plus qu'une question qui soit intimement liée au grand problème qui nous occupe, c'est la question *théologique*, qui est comme le couronnement de l'édifice dont nous dessinons les contours. La même loi de la raison, qui, en s'appliquant tour à tour à l'individu, à la société ou à l'espèce, fait concevoir à l'homme que les individus, les sociétés et l'espèce sont ici-bas pour une fin, en s'appliquant à l'univers au sein duquel l'humanité n'est qu'un phénomène, lui fait concevoir aussi que cet univers en a une, et, comme la partie ne saurait être contradictoire au tout, que la fin de l'humanité doit concourir à cette fin totale, n'en être qu'un élément, et par conséquent avoir en elle sa raison et son explication dernière. Ainsi, par un mouvement irrésistible, la pensée s'élève de l'ordre individuel à l'ordre social, de l'ordre social à l'ordre humain, et de l'ordre humain à l'ordre universel. Là, seulement elle peut s'arrêter, parce que là seulement elle rencontre le dernier mot de l'énigme qui la tourmente, la dernière raison des phénomènes dont elle cherche le sens. Mais je me trompe, Messieurs, elle va plus loin encore, et elle doit le faire. L'ordre universel lui-même n'est qu'une loi, loi suprême, il est vrai, qui résume toutes les autres, et qui contient la raison dernière de tous les phénomènes, mais qui, dans l'ordre ontologique, n'est encore qu'un fait, et présuppose un être intelligent qui l'ait conçue et par conséquent réalisée. En d'autres termes, l'ordre universel suppose l'ouvrier universel, dont il est tout à la fois la pensée et l'œuvre. L'intelligence humaine va donc jusqu'à Dieu, et là enfin elle se repose, parce que là enfin elle trouve la source de ce fleuve immense que l'inflexible logique des principes qui la gouvernent l'oblige de remonter. Dieu trouvé, l'aspect de l'univers change : l'ordre devient la providence, et les mille rameaux de la loi universelle deviennent les mille résolutions de la volonté et de la sagesse divine. L'âme humaine échappe avec joie à l'empire de l'inflexible fatalité, et se range avec bonheur sous celui de la sagesse et de la bonté de Dieu. Les rapports paternels du créateur à la créature succèdent aux rapports sévères de la loi et du sujet; et la question suprême et dernière, qui était de savoir quel rôle joue la destinée de l'espèce humaine dans la destinée totale de l'univers, revêtant des formes plus consolantes, devient celle de savoir quels sont les desseins de Dieu, c'est-à-dire d'un être souverainement sage et bon, sur l'homme, c'est-à-dire sur un être, faible par son pouvoir, mais semblable à lui, et supérieur à tout le reste par le don de l'intelligence. Or, sous cette dernière forme comme sous la première, le problème théologique présuppose tous ceux que nous avons envisagés jusqu'à présent, et d'autres encore qu'il attire ainsi dans le vaste problème de la destinée de l'homme. En effet, pour pénétrer le rôle de la destinée de l'espèce humaine dans la destinée totale de l'univers, il faut partir à la fois, et de la fin vers laquelle nous voyons aller l'humanité, et de celle vers laquelle semble graviter la partie du monde physique que nous pouvons observer. La science du monde physique s'introduit donc comme élément dans la question ; elle y prend place à côté de celle de l'homme et de l'humanité ; et ces deux sciences deviennent les deux données de celle de Dieu, ou, ce qui revient au même, de celle de l'ordre et de la fin universelle de toutes choses. C'est dans le sein de cette vaste science, et par la comparaison de l'ordre physique et de l'ordre moral, que la question de la supériorité de l'un de ces deux ordres, et, par conséquent, de la subordination de l'autre, se pose et peut se résoudre ; c'est là que, jetant tour à tour dans sa balance la nature et l'homme, la raison se trouve appelée à décider si la nature est faite pour l'homme ou si l'homme n'est qu'un fragment de la nature ; si elle est le théâtre préparé pour le drame de notre destinée, ou si nous ne sommes qu'une goutte d'eau entraînée avec mille autres dans le courant d'un fleuve dont les profondeurs et les rivages, la source et la destination, nous sont inconnus? Question suprême et formidable, qui est celle de la pensé même de Dieu, et qui ne prétend à rien moins qu'à en pénétrer l'énigme; question qui nous conduit à soulever toutes les données que la création peut nous fournir, pour en tirer, sur la providence du créateur, tous les renseignements possibles; question qui, dominant et résumant toutes les autres, a presque toujours été posée et agitée avant elles, mais qui, ne pouvant être résolue qu'à la lumière des solutions réunies de toutes les autres, ne doit être abordée qu'après elle dans l'ordre légitime de la science.

Tels sont, Messieurs, et les questions qu'embrassent le problème général de la destinée humaine, et l'ordre rigoureux dans lequel elles doivent être abordées et résolues. Vous voyez qu'elles ne sont point indépendantes et isolées, mais qu'elles sont unies et forment un système, comme les rameaux d'un arbre qui tous, du plus petit au plus grand, viennent se lier directement ou par des intermédiaires au tronc qui les nourrit et les soutient. Le tronc commun des questions que nous avons parcourues, c'est la question particulière de la destinée de l'homme dans la vie actuelle: de loin ou de près, immédiatement ou par des questions intermédiaires, toutes viennent s'y rattacher, toutes en présupposent la solution. C'est donc celle là, Messieurs, que la science doit s'efforcer de résoudre la première. Aussi va-t-elle devenir le premier objet de nos recherches, et, comme elle est vaste, le sujet de cette première année de nos leçons. Oublions donc l'ensemble du système que nous venons de tracer, oublions tous les autres problèmes qui le composent, et concentrons notre attention tout entière sur le problème moral, le seul qui doive désormais nous occuper.

En abordant ce problème, Messieurs, nous resterons fidèle à l'esprit qui préside à ces leçons. D'abord et avant tout, nous chercherons à en comprendre parfaitement le sens ; puis nous examinerons les moyens qui existent, et déterminerons la méthode qui doit être suivie pour le résoudre ; enfin, le but fixé et la route tracée, nous marcherons.

Trois grandes formes ont été données au problème moral depuis qu'on l'agite. La première est celle sous laquelle je l'ai posé moi-même : Quelle est la destinée de l'homme ici-bas ? La seconde est celle qui a dominé dans les écoles grecques, et qu'on pourrait appeler sa forme antique : Quel est pour l'homme le véritable ou le souverain bien ? La troisième enfin est celle qui a prévalu de nos jours et qui est devenue sa forme vulgaire : Quels sont les devoirs de l'homme, ou quelle est la règle qui doit présider à sa conduite ? Que ces trois questions couvrent le même problème, c'est ce que je vais montrer en peu de mots : en le dégageant de ces trois formes, j'aurai atteint mon premier but, qui est d'en fixer le véritable sens.

Évidemment, Messieurs, si toutes choses nous étaient indifférentes, nous n'aurions point de raison pour agir d'une façon plutôt que d'une autre, et, par conséquent, nous n'en aurions aucune pour agir. Agir, c'est vouloir ; agir d'une manière plutôt que d'une autre, c'est préférer ; et nous ne pourrions rien vouloir, et nous ne pourrions rien préférer, si notre nature avait été constituée de manière à ce qu'il n'y eût pour elle rien de bon, à ce qu'il n'y eût pour elle rien de préférable. C'est évidemment parce qu'il y a pour elle du bien qu'elle agit, parce qu'il y a pour elle du bien et du mal qu'elle choisit ; et, s'il est bon qu'elle fasse certaines choses, et s'il est mauvais qu'elle en fasse certaines autres, c'est encore pour la même raison. D'où vous voyez, Messieurs, qu'il n'y a lieu de demander ce qu'il est bon que l'homme fasse que parce qu'il y a du bien pour lui, et que la seule manière de l'apprendre, c'est de déterminer en quoi consiste ce bien. Donc, la question de savoir s'il y a une morale ou une règle possible de nos actions est précisément celle de savoir s'il y a du bien et du mal pour nous; et celle de savoir quelle est cette morale ou cette règle est justement celle de savoir en quoi consistent pour nous le bien et le mal. Ces deux dernières questions ne sont donc qu'un seul et même problème sous deux formes différentes. Seulement, quand on demande en quoi consiste le bien et le mal pour l'homme, on pose la question sous une forme plus profonde : car, la règle étant la conséquence, et le bien le principe, il faut, pour établir la règle, avoir préalablement déterminé en quoi consiste le bien.

Et maintenant, Messieurs, si vous voulez chercher à quel titre les choses nous paraissent bonnes ou mauvaises, ou ce que notre intelligence entend quand elle les qualifie ainsi, vous allez voir que la question : *En quoi consiste le bien et le mal?* est à son tour identique à cette autre : *Quelle est notre destinée ici-bas?*

En effet, Messieurs, quel que soit le cas qu'il vous plaise de choisir, et la situation dans laquelle il vous convienne de vous placer, vous trouverez toujours que, si vous appelez telle chose bonne et telle autre mauvaise, c'est que celle-là convient à votre nature, est en harmonie avec sa destination, tandis que la mauvaise répugne à votre nature, est en opposition avec sa véritable fin. Un exemple grossier vous fera saisir ma pensée,

N'est-il pas vrai, Messieurs, que, si nous n'avions pas

été organisés de manière à ressentir un certain appétit qu'on appelle la faim et un autre qu'on appelle la soif, tout ce qui touche à la satisfaction de ces appétits nous serait absolument indifférent ? N'est-il pas vrai que, sans l'existence en nous de ces appétits, le pain et l'eau ne seraient pour nous ni bons ni mauvais ? Et les deux actes de boire et de manger seraient-ils qualifiés bons, et aurions-nous quelque raison de les produire, sans l'existence de ces appétits ? Nullement. La raison dernière de la bonté du pain et de l'eau, la raison dernière de la qualification que nous appliquons aux actes de boire et de manger, est donc dans la constitution de notre nature et dans la convenance qui existe entre sa destination d'une part, et ces choses et ces actions de l'autre ; c'est, en d'autres termes, la propriété qu'elles ont de satisfaire à certaines tendances de notre être, et de seconder ainsi sous ce rapport l'accomplissement de notre destination, qui constitue leur bonté et la constitue exclusivement. Supprimez en nous ces deux appétits, ces mêmes actions, ces mêmes choses, nous deviennent complétement indifférentes ; elles n'ont plus pour nous aucun caractère. Mais, dans cette hypothèse même, si nous connaissions qu'un certain être est pourvu de ces deux appétits, bien que le pain et l'eau, bien que l'acte de boire et de manger nous fussent entièrement indifférents, nous n'en jugerions pas moins ces choses et ces actes bons pour cet être, et nous les qualifierions ainsi par rapport à lui.

Ce qui est vrai dans ce cas, Messieurs, est vrai dans tous, et cet exemple trivial vous révèle ce qui fait qu'il y a pour l'homme, ce qui fait qu'il y a pour un être quelconque, du bien et du mal. Ce qui fait qu'il y a pour un être du bien et du mal, c'est qu'il a reçu de Dieu une certaine nature, et, avec cette nature, une certaine destinée qui en est la conséquence et à laquelle il aspire. L'accomplissement de cette destinée, voilà pour un être, je ne dis pas le souverain bien, mais le seul bien ; le non-accomplissement de cette destinée, voilà pour lui le seul mal. Tout ce qui est bon pour un être ne l'est qu'à ce titre qu'il contribue à produire ce bien unique ; tout ce qui est mauvais ne l'est qu'à ce titre qu'il contribue à produire ce mal unique. Donc, pour déterminer ce qui est bon ou mauvais pour un être, il faut préalablement avoir déterminé en quoi consistent pour lui ce bien et ce mal suprêmes ; c'est-à-dire, Messieurs, qu'il faut préalablement avoir déterminé quelle est la fin, quelle est la destinée de cet être. D'où vous voyez que la question : *En quoi consiste pour l'homme le bien et le mal, quel est pour lui le véritable, le souverain bien*, est parfaitement identique à cette autre : *Quelle est la destinée de l'homme en ce monde?* Seulement, de ces deux formes du même problème, c'est la dernière qui est la plus profonde : car il faut connaître la fin de l'homme en ce monde pour déterminer quel y est son bien, comme nous avons vu qu'il fallait savoir quel y est son bien pour déterminer ce qu'il doit y faire, et fixer ainsi la règle de sa conduite.

Vous le voyez donc, Messieurs, c'est, en dernière analyse, le même problème qui se trouve exprimé dans les trois questions que nous venons de signaler ; mais il s'y montre saisi à différents degrés de profondeur. Or, quelle que soit la forme sous laquelle on le pose d'abord, il faut toujours, pour le résoudre, finir par le ramener à la plus profonde, à celle qui met à nu la véritable difficulté. C'est donc celle-là qui est la vraie forme, la forme scientifique du problème ; c'est aussi sous celle-là que nous l'avons posé.

Le sens du problème fixé, arrivons à la méthode à suivre pour le résoudre.

Deux voies s'offrent à nous pour y parvenir, Messieurs : l'une qui consiste à chercher la solution de la question dans la nature de l'homme, l'autre qui consiste à la chercher dans le spectacle de la vie humaine que nous avons sous les yeux. Or, je dis que, de ces deux routes, la dernière est indirecte et semée d'incertitudes, et que, pour connaître la destinée de l'homme, la seule méthode à la fois prompte et sûre, c'est de la demander à une analyse exacte des principes constitutifs de sa nature.

De ces deux méthodes, toutefois, ce n'est pas la dernière qui semble au premier coup d'œil la plus naturelle : aussi n'a-t-elle pas été la plus communément suivie; en général on a préféré l'autre, en vertu d'un raisonnement, fort juste en apparence, mais qui ne tient point compte des difficultés pratiques de la méthode à l'appui de laquelle on le fait.

Il ne dépend point d'un être de choisir sa fin : elle lui est imposée par sa nature qu'il ne peut modifier et qui finalement y aspire. Pas plus qu'aucun être l'homme ne peut changer sa nature, et cette nature, pas plus qu'une autre, ne peut devenir infidèle à ses propres principes. L'homme est donc invinciblement déterminé à tendre à sa fin; il suffit donc de constater où l'homme va, pour connaître sa véritable destination. — Voilà le raisonnement, Messieurs; les prémisses en sont justes; mais on ne fait pas attention à deux circonstances qui ne permettent pas d'en admettre la conséquence : la première, que l'homme est intelligent et libre; la seconde, que la fin de l'homme se résout, dans la pratique, en une foule de buts particuliers, et le mouvement de la nature humaine vers cette fin en une foule de tendances partielles et diverses. Sans ces deux circonstances, la méthode qui prétend trouver la fin de l'homme dans le spectacle des choses humaines pourrait aboutir; mais ces deux circonstances la rendent aveugle et impuissante, et vous allez le comprendre.

Les tendances primitives par lesquelles la nature humaine manifeste sa vocation et y aspire ne sont point très-nombreuses; et, quand on les étudie directement dans le sanctuaire de la conscience où elles agissent sur la volonté et déterminent la conduite, il est aisé de les démêler, et de comprendre la fin définitive et totale à laquelle elles conspirent. Mais ce mouvement, très-simple à sa source, se brise en rencontrant les choses extérieures, et se décompose en une multitude infinie de poursuites différentes. En effet, le monde qui nous entoure présente à chaque passion de notre nature une infinité de buts différents; et, quoique la passion reste la même dans la conscience, elle reçoit au dehors de cette diversité de buts auxquels elle s'attache, une diversité infinie de formes qui la déguisent de mille façons et la métamorphosent pour le spectateur en une multitude de passions distinctes. Et non-seulement le spectateur, mais l'acteur lui-même, s'y trompent: préoccupé du bien particulier qu'il poursuit, chacun de nous prend la passion qui l'y pousse pour une autre passion que celle de son voisin, chez qui elle aspire à un autre but; et c'est ainsi que, pour tous, ce qui est simple au dedans, la vocation de la nature humaine, se traduit au dehors en une variété de directions et de poursuites qui égale en quelque sorte celle des grains de sable du rivage.

Ce n'est pas tout, Messieurs: tandis que les choses extérieures brisent ainsi la fin de notre nature en des milliers de fragments, notre nature, parce qu'elle est intelligente et libre, laisse là le tout pour la partie, et semble, dans chaque individu, s'attacher exclusivement à quelques-uns de ces fragments et oublier tout le reste. En effet, entre cette foule de buts particuliers, dans lesquels notre fin se décompose au dehors, l'expérience prouve que l'homme choisit, que ses choix varient infiniment d'individu à individu, et que souvent il choisit d'une manière absurde, sacrifiant à des intérêts misérables les intérêts les plus élevés de sa nature. Il est bien peu d'hommes, s'il y en a, qui embrassent la fin de l'homme dans toute son étendue, et qui en poursuivent l'accomplissement tout entier. Presque tous sont dominés par une passion, préoccupés d'un bien exclusif; et c'est au service de cette passion, à la conquête de ce bien, que se consument toute leur activité, tous leurs efforts, toute leur vie. Et de là, Messieurs, cette diversité infinie de sentiments sur ce qui mérite véritablement d'occuper la pensée et l'activité de l'homme. Chaque individu a pour ainsi dire une opinion particulière sur ce point; chaque coterie a la sienne. Parcourez les mille mondes différents que contient cette grande ville, et vous serez confondus de voir combien ce qui agite, ce qui absorbe l'un, semble peu important, semble nul à l'autre. Non-seulement donc la fin de l'homme, simple au dedans, se montre décomposée au dehors en une foule de fins particulières, mais, par les choix exclusifs et divers de la liberté humaine entre ces fins, au lieu d'une vocation commune à tous, il semble qu'il y en ait autant que d'individus et que chacun de nous ait la sienne.

Ce sont ces deux circonstances, Messieurs, qui, comme je vous l'ai dit, frappent d'impuissance la méthode qui prétend induire la fin de l'homme du spectacle des actions humaines. Sans doute cette méthode a raison quand elle suppose que la multitude de directions diverses, dans lesquelles s'ébranchent au dehors le petit nombre des tendances primitives de notre nature, expriment et traduisent comme elles la vocation de notre nature. Toutes en effet émanent de ces tendances, qui ne sont elles-mêmes que les expressions diverses d'un seul penchant fondamental, celui qui entraine notre nature vers sa fin. Mais qui ne voit d'abord que, de ces deux traductions, l'une immédiate et composée d'un petit nombre de signes, l'autre éloignée et qui en contient une multitude, il est absurde, quand toutes deux sont également sous nos yeux, de laisser là la première pour interroger la seconde? Et qui ne comprend ensuite qu'on ne peut lire la fin de l'homme à travers cette dernière qu'à la condition d'avoir ramené toutes les directions variées de la vie extérieure au petit nombre de tendances intérieures d'où elles émanent, et qu'ainsi, sous peine de ne pas aboutir, la méthode qu'on préfère est en définitive obligée de venir demander à celle qu'on repousse la solution du problème moral.

Et, en effet, Messieurs, veuillez le remarquer : quand bien même, avec une exactitude presque impossible, vous seriez arrivés à recueillir tous les buts divers que les hommes poursuivent en ce monde, vous n'auriez encore qu'une somme de buts particuliers, et il vous resterait à réduire cette liste immense, à extraire de toutes ces fins de détail le petit nombre de fins principales dont elles ne sont que les variantes. Or, cette induction n'est possible qu'à une condition, c'est que vous laisserez là la conduite extérieure des hommes pour interroger les mobiles de la conduite de l'homme et les principes de sa nature. En effet, ce n'est point au dehors que toutes ces conduites diverses se rallient, c'est au-dedans. Au dehors, les buts poursuivis sont distincts et les conduites divergentes; vous ne trouverez rien là qui vous autorise à les identifier. Mais ces conduites divergentes peuvent être inspirées au-dedans par une même passion, par un même principe de notre nature, en sorte que, malgré la différence des buts extérieurs, elles n'aient cependant qu'une seule et même fin ; c'est ainsi que les conduites les plus diverses en apparence peuvent cependant être identiques. Mais où se révèlent ces identités ? Elles se révèlent dans ce qui les constitue, c'est-à-dire dans les principes de notre nature. Vous ne pouvez donc prononcer sur l'identité ou la distinction de deux conduites que par la connaissance même du fait que vous prétendiez en induire, c'est-à-dire, du motif qui les a déterminées. Cette méthode est donc un cercle vicieux, puisqu'elle suppose ce qu'il s'agit de trouver. Et cela est si vrai, qu'une action peut être produite par les motifs les plus opposés, sans cesser de paraître la même. Les maximes de La Rochefoucauld en sont une preuve frappante. Prenez toutes les actions possibles, prenez-les en elles-mêmes et telles qu'elles apparaissent au spectateur, La Rochefoucauld se charge de démontrer qu'il n'en est pas une, non pas même celles qui ont l'air d'être les plus généreuses, qui ne puisse s'expliquer par un motif égoïste : et en effet il n'est point d'action qui ne puisse être faite par un tel motif. Mais s'ensuit-il qu'elles ne se fassent jamais par un motif désintéressé ? Nullement; elles se font tantôt par un motif désintéressé, tantôt par un motif égoïste. Et comment, dans un cas donné, savoir par lequel des deux ? Elles-mêmes ne peuvent vous l'apprendre : c'est le secret de la conscience qui les accomplit. En se bornant à interroger les actions humaines, on ne peut donc arriver à rien de certain sur les motifs qui les déterminent, ni par conséquent sur les véritables fins de la conduite humaine : elles se prêtent avec la même facilité aux interprétations les plus diverses et justifient avec la même complaisance les systèmes les plus opposés. Il est donc impossible de tirer du spectacle des actions humaines la solution du problème de la destinée de l'homme. Il faut donc chercher ailleurs la révélation de cette destinée : il faut la chercher là où elle est écrite en caractères précis et certains, c'est-à-dire dans les principes constitutifs de la nature humaine.

Ainsi, cette question que toutes celles qui doivent nous occuper présupposent, cette question radicale de la destinée de l'homme ici-bas, en présuppose elle-même une plus radicale encore, celle de la nature de l'homme. Qui ignore la nature de l'homme ne peut la résoudre ; qui ne connaît qu'incomplétement cette nature ne peut en trouver qu'une solution incomplète : cela n'est pas seulement vrai, cela demeure pour nous rigoureusement démontré. Aussi bien, la question de la destinée de l'homme ici-bas n'était pas encore une question de faits, une question que l'observation pût immédiatement résoudre. Que l'homme ait une fin ici-bas, la raison le conçoit comme une nécessité ; mais cette fin n'est point un fait observable, qui tombe sous la conscience et les sens ; cette fin n'est encore qu'une idée générale à déterminer, et qui ne peut l'être que par des faits. Tant qu'on n'est point arrivé à une question de faits dans une recherche, on n'en a point trouvé le véritable commencement. On ne devine pas les desseins de Dieu, qui sont les lois de la création ; il faut les découvrir, et on ne peut les découvrir que par l'étude de la faible partie de ses œuvres qu'il a livrée à nos regards. Toute lumière émane pour nous de l'observation ; et toute recherche, à moins qu'elle ne soit impossible, recèle dans son sein une question de faits dans laquelle elle vient se résoudre. Le génie de la méthode, qui est celui de la science, consiste uniquement à découvrir cette question, à l'exprimer du problème. Cela fait, tout est fait : car le cadre est tracé, et la patience humaine finit toujours par le remplir. Dans la recherche qui nous occupe, cette question de faits est celle de la nature de l'homme. Cette nature de l'homme est une chose observable, une réalité qui est là, présente à nos regards. Pour la déterminer, il n'est besoin d'aucune donnée antérieure, il suffit d'ouvrir les yeux de la conscience et de regarder. A ce signe, nous reconnaissons une question véritablement première, nous avons touché au véritable commencement de notre recherche. L'homme connu, la détermination de sa fin s'ensuit ; sa fin, déterminée, détermine celle de la société et de l'espèce ; et, la fin de l'humanité déterminée, la place de l'humanité dans l'œuvre de la création peut être légitimement cherchée. Voilà le cadre de la science, Messieurs, son cadre rigoureux et vrai. C'est ce cadre que nous allons essayer de remplir. Mais, vous le savez, la science de la nature humaine n'est pas pour nous à faire : nous nous en sommes longuement occupés dans les années précédentes. Nous partirons donc des résultats que nous avons obtenus, et nous entrerons immédiatement dans la science morale proprement dite. C'est un droit que de laborieuses recherches nous ont acquis.

FIN

# TABLE DES MATIÈRES

### PHILOSOPHIE DE L'HISTOIRE

| | | |
|---|---|---|
| I. | Comment les dogmes finissent. | 1 |
| II. | De la Sorbonne et des philosophes. | 20 |
| III. | Réflexions sur la philosophie de l'histoire. | 36 |
| IV. | Bossuet, Vico, Herder. | 59 |
| V. | Du rôle de la Grèce dans le développement de l'humanité. | 64 |
| VI. | De l'état actuel de l'humanité. | 73 |

### HISTOIRE DE LA PHILOSOPHIE

| | | |
|---|---|---|
| I. | De la philosophie et du sens commun. | 105 |
| II. | Du spiritualisme et du matérialisme. | 121 |
| III. | Du scepticisme. | 162 |
| IV. | De l'histoire de la philosophie | 172 |

### PSYCHOLOGIE

| | | |
|---|---|---|
| I. | De la science psychologique. | 189 |
| II. | De l'amour de soi | 202 |
| III. | De l'amitié. | 216 |
| IV. | Du sommeil | 225 |
| V. | Des facultés de l'âme humaine. | 243 |

### MORALE

| | | |
|---|---|---|
| I. | De l'éclectisme en morale. | 273 |
| II. | Du bien et du mal | 280 |
| III. | Du problème de la destinée humaine | 297 |
| IV. | Méthode pour résoudre le problème précédent | 344 |

FIN DE LA TABLE.

Coulommiers — Imp. PAUL BRODARD. — 460-1901.

www.ingramcontent.com/pod-product-compliance
Lightning Source LLC
Chambersburg PA
CBHW070439170426
43201CB00010B/1147